U0581495

《存在与时间》导论讲读

赵卫国 著

人民出版社

出版序言

　　与海德格尔"结缘"，是在读博士期间，那时系里突然让我们做开题报告，当时刚刚处于胡乱看书阶段，一时不知所措。情急之下，突发奇想，准备对于"间"做一番"哲学"探究。又是训诂，又是考证，忙乎了一半天，理出个"体系"，结果自然是被导师们痛斥一番。怎么办呢？又必须定个什么，当时正巧借了一本《海德格尔选集》，于是决定，写他算了。结果，这些年就靠他了。

　　工作以后，给本科生读《存在与时间》"导论"，一读就是好几年，本来中间想换换其他文本，或模仿其他一些老师，从头读到尾，学生随机跟进。在《纯粹理性批判》上试了两学期，感觉学生接受效果不佳，就放弃了。这样，"导论"读多了，有些感想，于是，就想把课堂上说的整理一下，叫了几个学生帮忙，就凑成了。

　　之所以没有改读海德格尔其他文本，也是觉得《存在与时间》毕竟还是最经典的，尤其是"导论"，比这部残篇本身更"全面"，思路都规划了，除了很后期的一些思想，基本在其中都有萌芽。我在每一届学生面前只能"亮相"两次，一次被德国古典哲学占用，只有一次机会展示海德格尔，不拿出绝活解释经典，似乎两方都对不住。而且，经典可解释的空间大。

　　由于采取讲稿录入稍加润色的方式，语言上显得随意，甚至有点儿粗俗，还难免上课时的废话和重复。之所以没再"进一步"润色，一是常年来的讲课习惯，形成这样的俗风，太正经了没灵感。其二，本人认为哲学的功能之一，其实是让人能够日常思维，因为我们的时代，恰恰是不让人正常思维，概念、理论太多了。其三，海德格尔俗，这个我们都知道，据说，他本人也很土，爱住小木屋，我们能看到的是，他谈完锤子谈农鞋。鉴于以上，就基本保持了原貌。

至于"序言"本该对所写对象做个背景介绍或全面概括，这个本人实在不擅长。前几天还和同事忏悔，在师范院校教书多年，居然"总结"的本领不过关，甚至一节课能讲多少内容都把握不好。盖因多年来一直都在做原著导读，读到哪儿算哪儿，原著在手，才有底气。今后定加强教学技能训练。托词的话，本来"导论"就很概括，不用画蛇添足。

目　录

讲读前言

咱们今天开始读《存在与时间》，先唠叨几句它的作者。海德格尔，生于1889年，死于1976年，比我们的毛主席大4岁，同年去世。他们完全是同时代的人，都是大时代的人，赶上的都是大事，只是处在地球的不同方位，干着不同的事业。有一点共同，大时代的大人物，总是光彩夺目。哲学家们的生活给大家的印象大体相近，康德最死板，散步都是定时准点的，其他有的活套一些，但总的来说，肯定都比不上毕加索、齐白石那些，80多岁还春心荡漾，时有艳遇。他们无非讲课著书而已，那个时候，课题、评奖、翻转课堂之类的事物还不流行。所以，我只说几点海德格尔与众哲学家不同的"亮点"。

首先，海德格尔最早成名据说是靠讲课，善于鼓动和啰唆，孔夫子说的"巧言令色"。但啰唆得还挺有意思，也有深度，拿手戏是对西方哲学史独具一格的解读，在当时令人耳目一新。善于小题大做，一个泥壶，一只破鞋，能发挥好几万字。第二，早年师从胡塞尔，接触现象学，但很快就有了新想法，可是在评到教授之前，一直很恭顺。后来两人关系逐渐疏远，胡塞尔去世，他没有礼仪表示，到晚年对此有所反悔。第三个亮点最亮，就是和纳粹的纠缠，除了入党和热心于各项活动之外，标示性事件是在纳粹支持下，1933年当选了弗莱堡大学校长，但转年就辞职了。让欧洲人疑惑不解的还有后半段，对此，他至死都没有明确表示过悔悟，甚至还语出惊人。第四算是个小花絮，就是有一段爱情绯闻，本来这在西方也算不上大新闻，但对象非同一般，那就是著名的阿伦特，于是，绯闻变成了佳话。第五点往往为中国人欢喜，在他被停课打压，意志最消沉之际，遇到了中国学者萧师毅，据说在被"天将降大任于斯人也"的一番鼓励之后，两人共同翻译《道德经》，于是，后期的思想中明显融入了"中国元素"。第六点是文风问题，特别是后期，常常天马行空，遣词造句，时不时要搞搞训诂考据，喜欢的人，说他功力深厚，不喜欢的，说他故弄玄虚。我觉得理解一个思想家，要抓住三点：一是他的时代；第二当然主要是他的思想本身；第三就是他的经历和性格。上述除了和阿伦特的那一点外（可能也除不了），其余的，对于我们理解他的思想本身均非戏言，我们在课上将会逐步涉及，并给予解释。

眼前的这本《存在与时间》，被认为是20世纪最重要的著作之一，在西方不同学术评价机构进行的多次排名中，这部书都名列前茅，而且多为第一，最差第二。就连不喜欢海德格尔的人，也说它重要。此书成于1926年，海德格尔37岁，据说是在小木屋中写就的，那里没雾霾，为评教授需要，次年就在胡塞尔主编的《哲学和现象学研究年鉴》上发表了。我要提醒大家注意，这是一部残篇，没写完，它本身的计划很大，我们课上会看到。但其中规划的内容，海德格尔后来基本都做了，只是不在本书中。记住"没写完"这一点很重要，为啥重要，我们以后会说明。这部书给人的总体感觉比较"阴暗"，这个"阴暗"是相对于去年我们讲的康德哲学而言的。本书三个重点词，"烦"、"畏"和"死"，都不阳光，但其实含义都是很中性的。可是，我们会奇怪，既然如此，他为什么非要找三个让人丧气的词呢？只能说，因为海德格尔是大师。什么叫大师呢？时代精神的代言人，黑格尔的话。看看那个时代的绘画吧，有个叫蒙克的，他的代表作就叫《呐喊》，另一幅叫《彷徨》，画上的人面容扭曲，惊恐无措。还有个叫凡·高的，大名鼎鼎，20世纪80年代日本人牛哄哄的时候，一幅画花8000多万美元买。画的什么呢？疯长的向日葵，黑压压的稻田，上面飞着黑乌鸦，还有割掉耳朵后的自画像。为什么有人买呢？因为买的人也一样。另外一些后现代绘画，最大的特点，四个字：胡涂乱抹。一句话，不健康。可是，这些都被叫作大师。为什么呢？还是那句话，时代精神的代言人。只是画家们不善言语表达，不行了就割耳朵。而哲学家，本来是应该当王的，在这个时代，肯定也是没戏了，但还不至于面部扭曲，可也有顶不住的，如尼采。海德格尔还算坚强，身体也不错，活了87岁，算个长寿的，尽管如此，他思想里反映出来一些消极的、不太健康的内容，我们觉得也很正常。不可能说，同一个时代，它的画家画出来的画欣欣向荣，而这个时代的哲学家说出来的话很不提气，要么他不是大师，要么不在一个时代。我们讲，这样一个大师级思想家，他反映了他那个时代的精神，而那个时代的困惑，其实有些也延续到了我们当今的这个时代。这些哲学家，我们经常批评他们，说他们是小资产阶级思想家，找不着改造社会的道路，不如马克思那么牛，所以只能自己在那儿憋着，越憋越阴暗，你去看看维特根斯坦的那种眼神，明显的焦虑抑郁。这些反映的，其实就是资本主义发展到帝国主义时代，各种矛盾充分暴露之后，当时人们的一种状况。而重要的是，资本主义的发展，市场化、经济化的这个过程，它是一个全球化趋势，用海德格尔的词，这是一个技术时代，我们中国作为一个地球村上的一个村子，难免卷入到那个潮流之中。因此，作为一个1976年去世的思想家，他提出的困惑，对我们当今也有所启示。但是，我们学哲学的，一定要知道一个事物永远是两个方面。一个事物两个方面，不是说它有好有坏，我就可以把坏的去掉，光留好的。实际情况是，那些好的，本身就是坏的。所以，以后你们谈恋爱，发现这个人优点很多，看上他了，记住，这个优点，本身就是他的缺点，找了他，你就认了吧。比如说，他积极向上，那他一定会有点儿亢奋，他心胸宽广，就是大大咧咧，把坏的去掉，好的也没了，就是这样。所以我们学哲学，一定要学会用理性的眼光来看待事物，现代性这玩意儿，也不光是消极的、异化的，我们的iPhone6、互联网和高铁，都是技术时代的产物，好不好，你自己说了算。就海德格尔而言呢，情结上来说，我们讲，他确实不太喜欢现代的这种生活方式，甚至妄想着纳粹能抵挡一番，但是，你从学理角度来讲，他又是非常冷静地来给大家展现时代的矛盾和困惑。

　　而大师的另一个特点是，不拘小节。我们面对的这本书叫《存在与时间》，其中不会给你涉及农民工讨工资问题，没有留守儿童教育问题，里面都是些不着边际的词，"存在"，最空洞的概念，然后和"时间"连一块去。时间是什么，我们不知道，也无须知道，反正每天都在时间里混着。只是无聊的时候好像跟时间有点关系，我们打发时间，其余就想不起来什么了。可是，一个大哲学家，就是能把这些琐事，提炼到一种很高的、很宽泛的哲学层面上，居高临下地审视这些最具体、最现实的事情，切实发生在生活中的我们身边的事情。我们的生活方式，与我们的时间观，与我们对时间的理解，它们是密切相关的，所以，这本书就叫《存在与时间》。存在和时间是一体两面的，这样的话，以时间来说事儿，就等于说把这个时代的一些细枝末节，统统纳入这个大的框架里来。我们觉得，这就是一个一流的大哲学家，一个时代精神的代言人，他应该做的事情。下面呢，咱们还是紧扣文本，咱们一字一句地读，从中领会一下大师的风范，看似金字塔中，实则代表时代。

　　当然，还是要给大家提醒一下，现代生活不完全是那些悲观、失望、压抑的东西，我觉得，之所以战后西方小资们精神不振，除了时代精神，更多还是跟个人的性格有关。这个跟哲学，跟什么专业，跟学哪个哲学家的思想，都没什么关系。如果你是一个很积极向上，很乐观的人，你再学这玩意，也没啥关系，如果你本来就有一点阴郁情调，碰上一个像海德格尔这种用词不当的，你可能就会着迷，你会喜欢看，但却不是件好事。所以，国内海德格尔研究很热，现在好像凉了一点儿。总体确实比较热，这与我们的时代精神，我们的精神面貌，是有一定关系的。当然，海德格尔恰恰是非常反对把哲学当"世界观"的，因此呢，一个哲学家，对某个人产生了什么影响，我觉得还是跟这个人的性格有关。我觉得，这是个人的事情。但是我建议，你若真的要把哲学当世界观的话，大家最好是多读一点儿古希腊哲学、德国古典哲学，我个人认为，那个健康。如果你这个人就容易着调，就容易被说服，你就喜欢用某种思想指导你的行动的话，你最好是读一些比较乐观向上的。像尼采啊、海德格尔啊，这些玩意儿，你只当锻炼你的大脑，锻炼你的思维水平，别把它当成一个世界观的指导，因为哲学本身不完全是这个功能。黑格尔哲学和海德格尔哲学相比，展现的面貌就是不一样，就是积极向上，充满力量，尼采有点过了，物极必反。但是，你如果从理性角度，从训练思维的角度来讲，海德格尔不乏他的深度，至于他的这些阴暗面呢，你就要有所警醒。咱们既然学哲学，就不要轻易被说服，要学着思考，海德格尔自己是反对把哲学当"世界观"的，如果你恰恰是那种非得要被世界观来指导的，那就找个健康一点儿的。海德格尔思想，不是人生观和世界观，你如果读出了这些，肯定都是消极的。有的同学说，他不是说过"诗意地栖居"吗，还是很浪漫的嘛，这句话只有一个用处，就是被房地产商们当广告。这是闲话，咱们打开第一页，就是还没进入正文的那一页，先是一小段说明。

扉　页

开头引用柏拉图《智者篇》里的一句话："当你们用到'是'或'存在'这样的词，显然你们早就很熟悉这些词的意思，不过，虽然我们也曾以为自己是懂得的，现在却感到困惑不安。"英语通常用"Being"表达"存在"，德文是"Sein"，它们可以根据性、数、格变化为 is、are、was、were 等。我们知道，语法这东西是国外传过来的，西语里最基本的句式是"A 是B"，即判断句，"是"是系词，也就是说，你只要说话，基本上里边都带"是"。当然，你也可以表面上不用"是"，如"我很快乐"，其中没有"是"，但可以翻译成：你是快乐的。所以西方人说的话里边大多都有"是"。那些过去时、现在时、将来时等，大多也需要加这个助动词来表示，也就是说，表示时态时也少不了"是"。所以说，从句子角度来讲，我们很早就熟悉它，整天都在用，不用这个，西方人说不成话。大家会写现代诗不？很好写，你正常说几句话，然后把"是"和"的"去掉，再没规律地把它弄成一段一段的，就变成现代诗了，不信试一下。那不就不顺了吗？不顺了，就是现代诗了。

我们用"是"或者"存在着"意指什么？我们今天对这个问题有了答案吗？没有。海德格尔说：没有答案。每天都在说或用，就像"道"一样，但百姓日用而不知。"存在"就是这样，我们本来就"存在"着，然后呢，你现在"是"什么？现在"是"学生，为什么？因为你正"在"听课，刚才"在"吃早餐，将要去购物，is going to buy something。

所以现在要重新提出存在的意义的问题。重点号标注的是"存在的意义"，德语"意义"是"Sinn"，在字典里其含义非常宽泛，从"低级"的到"高级"的，什么意思都有，感觉、知觉、官能、性欲，高级的有：精神、思想、意念、性情、鉴赏力，还有意义、意思等。其实"意义"本身的意义就不是那么好理解，《存在与时间》中两次谈及"意义"，第一次是在第三十二节"领会与解释"中，第二次在第六十五节中。海德格尔虽然大致是说"意义是某某东西的可领会性的栖身之所"，但还是不好理解。某个东西要得到领会，它就处于意义之中，就得有意义。我记得上小学时候问过一次老师，历史老师讲抗日战争的伟大意义，我问什么叫"意义"，老师也模棱两可，后来回答说：意义就是"作用"。我就记住了，意义就是作用，抗日战争的伟大作用。那么这里存在的意义，存在的"作用"，就必须说说。因为坊间流传着一句话，说海德格尔的哲学不研究"存在者"而只研究"存在"，在他的哲学里有一个词叫"存在论差异"，"存在者"和"存在"被区分开，于是，流行的说法是，海德格尔后期不再研究"存在者"了，直接研究"存在"本身。没错，海德格尔确实说过这样的原话。但是，"存在"它肯定是针对一个什么东西的，我们说，这整个一大部《存在与时间》实际上讲的大多是"此在"，讲此在的"时间性"，不是存在与时间，而是此在与时间性。仅从这个角度来看，"存在"的意义，它一定是与某个东西发生关联，对某个东西有"作用"，作用于某个东西。显然，这东西就是人，或者叫"此在"，人领悟"存在"，感受到了存在的"意义"或作用。所以，这个词里边的"感受"、"感觉"、"知觉"等含义都成立。也就是说，海德格尔并不是要抽象地谈论"存在"，谁要是抽象地谈论"存在"，谁就肯定是疯了，"意义"一定是两个东西之间的某种有关联的状况。

以前我们讲《判断力批判》，康德讲情感、审美或美感。我们知道，西方哲学认为广义的理性包含知、情、意三个方面，传统逻辑对"知"做了很多研究，传统哲学里边有一部分是伦理学，对人的意志方面也做过相当多的探索，但是知、情、意中的这个情感方面，在传统哲学里确实提的不是太多。康德最初也是勉强提一下，他认为"情"或"感"顶多是主观的东西，没有先天原则，后来他才意识到"情"或"感"这东西也似乎可以上升到某种形而上学的层面，《判断力批判》就是把"情"或"感"提出来了。但是在传统哲学的框架之下，《判断力批判》对于美感这样的东西还是没有充分肯定，康德说某一种东西"好像"是美的，"好像"这个东西是有目的的，不能把它当成一种客观的知识，他将其纳入了形而上学视野，又不想把它的地位提得太高。而到了现代西方哲学，情况就有所变化了。随着叔本华、尼采这些所谓的非理性思潮的兴起，对传统逻辑意义上的，或者说泛逻辑化的理性进行批判之后，新的东西就慢慢出现了，"情"或"感"其实就是其中的一个方面。翻译成"存在的意义"，这完全正确，但是，我们在讲的时候，我认为可以突出"感"这一点，它确实有存在"感"的内涵。为什么这样说呢？你对照一下海德格尔提的"存在的遗忘"，现代人由于生活的忙碌，对自己切身的个体的那种"存在感"反而比较缺失，为什么呢？忙嘛，人在江湖，身不由己。特别是如果从海德格尔的"本真"和"非本真"状态这个角度来讲，对本真的、作为你个体的那种存在的感受，现代人因忙碌而尤其缺失。再从"存在的遗忘"这个角度，重新唤起存在感，领会存在对人的意义，感受存在对人的作用，做这样的解释和发挥，还是有一定道理的。存在"感"的这个"感"，不是教科书上说的，抽象接受外在事物的刺激意义上的"感觉"，而是前知识的、先于逻辑的、前存在论的原初感受，先有存在感，随后建立存在"论"，即传统哲学，这也符合海德格尔的意思。所以，不要认为海德格尔会抽象地去谈论存在本身，虽然他说过这样的话，存在一定是指向某个能够领会它的那个存在者，这就是此在，此在对存在有感，存在对之有意义。另外，我们再回到海德格尔对意义的"定义"：意义是某某东西的可领会性的栖身之所。对某物有"感"，某物对你有"作用"，交互"感应"，就有"意义"，你就能理解它。一句话，存在的意义，某种方面可以理解为存在感，并与此在相关。

　　然而我们今天竟还因为不懂得"存在"这个词就困惑不安了吗？不。答案是否定的，随着现代生活节奏的加快，大家谁还去领会存在啊！第一，存在用不着领会，不领会我们也照样存在着；第二，我们忙还忙不过来呢，整天七八节课，不停地应付各种考试，现在学校的活动也很多，学生们搞的积极的、消极的活动、网上的活动等等，哪还有时间去思考存在啊，更谈不上什么困惑不安。可是存在这玩意，在你闲暇的时候，会突然侵袭你。哲学起源的一个条件就是闲暇，亚里士多德早就说过。在你忙得不可开交的时候，突然某个时刻停下来，没事做了，现代人才会感到自己的存在。海德格尔在《形而上学的基本概念》中把这种"感"或情绪叫作无聊，无聊其实就揭示着因忙碌而被你遗忘了的存在，就是当纯粹的作为你的个体的存在对你彰显出来的时候，你的感受，按理说也谈不上什么消极的东西，但他用的词就是"无聊"，和"烦"、"畏"、"死"一样，没办法，这就是那个时代人的精神面貌，发达资本主义时代给人造成的氛围。

所以现在首先要唤醒对这个问题本身的意义的重新领悟。"唤醒"这个词在海德格尔哲学中出现频率是非常高的，"唤醒"这个词在传统哲学里也应该不太上档次。唤醒就有相对的沉睡、睡着，从这个意义上来讲，我刚才说了，我们很忙，我们在平常忙于事事物物，海德格尔的词叫作"操劳"，那么在你忙于各种事务的时候，存在的本真意义对你是封闭着的，或者叫遮蔽着的。王阳明也说，你用不着学太多的东西，只要你把蒙蔽你的东西去除掉，"减担"即可，希腊的"真理"概念原意就是去掉遮蔽，从昏昏沉沉状态中将你唤醒，就是面向真理，面对存在本身。所以唤醒对存在意义的领悟，和沉睡就是相对应的，而这种唤醒不是一本书就能完成的，因为人们不断地会沉迷于日常事务，我们说，浑浑噩噩。

具体而微地把"存在"问题梳理清楚，这就是本书的意图。其初步目标则是对时间进行阐释，表明任何一种存在之理解都必须以时间为其视野。前面重点号标在"存在"上，后面标在"时间"上，所以这本书叫《存在与时间》，很可惜一样都没完成，写了个"此在"，写了个"时间性"，到末尾了有那么点意思，要论述时间了，却戛然而止，成了一个著名的残篇。当然了，这也不奇怪，海德格尔很多著作都是残篇。但不是赫拉克利特的那种残篇，写的很多东西都找不见了，就剩下只言片语了。而现代西方哲学很大的一个特点是，它们本来也不想成为一个体系化的东西，比如德里达，或宽泛地说，后现代的那些玩意，从哪儿结束都可以。海德格尔呢，我们知道他有一些文集叫《林中路》，就是道路，还有的叫《路标》，有学者还称其道路为"返回之路"，而海德格尔的思想，后现代是比较认可的，后现代把他尊称为祖师爷。的确，"时间"一旦真正引入到思想之中，想建立一个完整的、放之四海皆准的体系的那种思路就必须放弃了，因此，海德格尔哲学就是领着大家不断地去思考，去展开一个新事物，新的世界，展开一种新的、对那个事物的重新领会，或者是，换一个视角、视域来看待那个事物，这就是他的所谓的哲学。其实，这个时候哲学也就不能叫哲学了，顶多叫"做"哲学了，他有时候叫"思"的事情。因此，作为残篇也无所谓，这本书作为一个准备性的工作，作为后来探讨存在与时间的一个路标，先走这一段，接下来再做别的事情，这个意思我们在文本里慢慢会看到。当然，这里要对时间做些解释，"时间是领会存在的视域"，这是海德格尔的话，作为视域的时间是极其重要的话题，开篇我们不准备详细讲述，留待后面慢慢展开说明。现在至少可以简单地说，我们做任何事情，我们理解什么东西，我们活着，每天的应酬，都是在时间之中的，甭管本真也好，非本真也好，仅从日常角度来讲，干任何事儿都得"花时间"。时间的本质到底是什么？这个问题太复杂了，奥古斯丁有一句说时间最使人困惑的话，被人们广为引用。牛顿、爱因斯坦、康德、莱布尼茨、柏格森、海德格尔，包括近现代物理学除爱因斯坦之外还有很多探讨时间的科学家。时间可逆还是不可逆，是客观存在的还是人的幻觉，或者是由于一种关系造成的，或者是一种既非主观又非客观的影像，从物理的角度探讨，还是从哲学的角度探讨，这些都不一样。这里只先粗略地说，你的任何行为举止，都以你的存在为前提，而这些活动都要在时间中进行。当然，"在时间中进行"，在海德格尔看来，这是流俗的领会。

在此之前，我们还需要一篇导论来说明我们为什么设立这一目标，说明我们的意图将包含和要求哪些探索，说明达到这一目的需要选择何种道路。"道路"这又是个不太上档次的词，而海德格尔后来竟然把老子的"道"也粗俗地解释为道路。当然，细想这也不太粗俗，你从他那种"做"哲学的态度来看，我们永远是"在途中"不断地去探索的某个存在者之存在。为什么？因为我们没本事一下子知道全体，从时间来看，我们只能知道我们所存在的这一段时间的东西，再前的、再后的我们看不太清楚。虽然有人说自己"前知五百年，后知五百载"，但这事不是谁都能做到，也不知其真假。所以，我们只能走一步看一步，摸着石头过河，而这就叫"实践"。另外，德语的"道路"（Weg）还有途径、方法的意思。有人说20世纪哲学多谈方法，现象学本身就被称为方法，而所谓现象学方法，并不是一些特殊的技法，就是要求我们"不断地"去揭示新事物，实践的最高原则就是实事求是，即"面向事情本身"，这含义和前面说的"走在路上"相一致。

导　论
概述存在意义的问题

第一章　存在问题的必要性、结构和优先地位

第一节　突出地重提存在问题的必要性

我们的时代虽然把重新肯定"形而上学"当作自己的进步，但这里所提的问题如今已久被遗忘了。这里提到的重新肯定形而上学，很可能是基于之前"拒斥形而上学"的这么一个时代背景。我们知道，我们国内的现代西方哲学教科书通常会从唯意志论或从实证主义开始，而实证主义，甚至英美哲学的传统，骨子里边不太喜欢形而上学这样的东西。什么理念、精神、灵魂、道德根据等等，都被视为形而上的、贬义的东西。我们也曾强调过，英美哲学有英美哲学的好处，比如我们讲的英国经验论，其最重要的原则是什么呢？教科书上通常说：凡在理智之中的，无不先在感觉中。我自己提炼出来的经验论原则是：老实点！看见啥说啥，别瞎白话。"形而上"恰恰就是看不见，摸不着，英美人对于这种东西敬而远之，所以实证主义、逻辑经验主义、语言分析，这是英美人擅长的，形而上的东西说了半天云里雾里的，那咱们还不如看看你说话时，是不是在语法上、语义上或逻辑上出了什么毛病，我们把它清理一下，把含义搞清楚，这样就会避免很多麻烦。再不行，实证主义告诉我们，那就拿点看得见、摸得着的证据来，让咱们大家摆在桌面上看一下，这是硬道理。我们有眼里的或感觉中的"太阳晒"，接着有触觉中的"石头热"，至于客观的因果关系，因为天上的太阳晒，所以地上的石头热，咱就别提它了。我们按习惯性联

想也照样可以生活，这种传统真的很可爱，休谟说：习惯是人生伟大的指南。不搞形而上学的人比较老实，生活中有英国经验论的水平其实就足够了。但是德国人喜欢搞虚的，康德就说，形而上学人之本性也。他们会反对说，真正形而下的东西，你告诉我，这是什么？"这"是形而下，但你告诉我，这是什么？你说，"这是粉笔"，对不起，形而上了，"粉笔"不光是"这"根，"那"根也是粉笔，你用的是普遍的概念或共相。没办法吧，不光道德、上帝、宇宙整体、灵魂是形而上的，任何概念都不是形而下的，甚至黑格尔说，连"这"都是共相。所以尽管唯名论说的没错，实际存在的就是看得到的、敲一敲有声响的这个东西，但你一旦给我表述一下，它是什么？你总得说吧，一说就必然涉及形而上。当然，形而上更多是指精神、意义、存在、神、实体、同一性这些东西。

所以，海德格尔的这句话肯定针对的是经过了一番拒斥形而上学之后，在英美哲学那里，走着走着后来也发现，比如蒯因，必须有"本体论承诺"，还是得承认某种本体性的东西，哪怕是预设。谈本体，就是形而上学，本体或实体，贝克莱早就看着不顺眼了，但是其继承者们兜了一圈又回来了。可见，形而上学去不掉，而德国哲学向来都没有中止过对形而上学的追问，可是对"形而上学"的理解是不一样的，在海德格尔这里，"形而上学"大多数情况下是指传统哲学，是他所批评的对象，但是他自己也写了一本叫《形而上学导论》的著作，所以说，其含义不同。但有一点一致，那就是，"存在"肯定是形而上学探究的内容之一，存在者是形而下的，其存在肯定是形而上的。这句话表明，海德格尔认为只有"存在"配得上形而上学来探究，而以往形而上学都不停地在探究，虽一度有些衰败，但毕竟又重新肯定了。那为什么存在问题依然还是"久已被遗忘"呢？答案是，方法有误，把探究"存在"的方法用到了探究"存在者"上了，真正的形而上学应该面对"存在"本身。

人们认为自己已无须努力来重新展开 gigantomachia peri tis ousias[巨人们关于存在的争论]。然而。这里提出的问题却绝不是什么随随便便的问题。它曾使柏拉图和亚里士多德为之思殚力竭。当然，从那以后，它作

为实际探索的专门课题，就无人问津了。这话当然说得有些绝对，海德格尔的意思是，只有柏拉图和亚里士多德曾探讨过存在问题，从那以后作为专门课题就无人问津了，这事情我们要自己看。的确，如果把柏拉图的理念论和亚里士多德的实体论，看成是对存在问题的专门探讨的话，特别是到近代哲学以来，对这些东西的讨论确实是少了。中世纪到底有多少，我自己看到的材料有限，不好说。但就我们能看到的资料，近代以来，包括康德这么大的哲学家，专门对存在问题的讨论确实比较少，我们听说过的只有"存在不是一个实在的谓词"，真的不多，他谈论知识，谈论范畴、自我意识，然后，谈论绝对命令、自由、美。黑格尔呢？第一个范畴是存在，而纯粹的"有"就是"无"，一下子就过去了，虽然他的整个的哲学体系都是这个存在范畴的展开和深化，但毕竟在内容上，它只是第一个逻辑范畴，一闪而过；而且，亚里士多德说范畴是用来描述实体的，而这里存在直接被降为一个范畴。尽管比较特殊，但两位最重要的哲学家都这样，所以从这个意义上，海德格尔说的也对，无人问津，至少表面上看来，专门探讨存在的人不多了。

这两位哲人赢得的东西，以各式各样的偏离和"润色"一直保持到黑格尔的"逻辑学"之中。柏拉图和亚里士多德的问题及其争论，无疑构成了以后西方哲学的主要内容，但最根本的"存在"问题，虽然没有脱离哲学的视野，哲学家们一直都在探究存在者之存在，然而却偏离了道路。黑格尔作为集大成者，《逻辑学》中只给"存在"留有了第一个范畴的位置，无规定的直接性，就是说，任何一个东西抽空了其全部具体内容之后，剩下的就是"存在"。虽说后面的范畴就是存在的展开，但关键问题是：这样探究的"存在"被彻底范畴化、逻辑化了。康德的意思也一样，当你说"这支粉笔存在"的时候，这里的"存在"没必要说，它没有实质性的内容，"这支粉笔"本身就暗含了它的存在，所以不像"这支粉笔是白色的"，"白色"是有规定的，是实在的谓词，而存在是无规定的，不是实在的谓词。光说这个"有"，那个"有"，等于啥都没说。

曾经以思的至高努力从现象那里争得的东西，虽说是那么零碎那么初

级，早已被弄得琐屑不足道了。这里我们可以看到海德格尔对希腊哲学的双重态度，写《存在与时间》这本书时他三十六七岁，正值要评职称，需要一点标新立异、语不惊人死不休的架势，这很正常。这个时候无论对康德、黑格尔、亚里士多德或柏拉图，他都会批评多于恭敬。对希腊思想的态度也是一样，他认为从希腊开始，哲学就堕落了，至少埋下了衰败的种子。对于存在问题，就开始朝着一个不尽人意的方向进行探究了，以至于到近代就基本被埋没掉了。但他对柏拉图、亚里士多德还是网开一面的，而黑格尔则成为他最大的批判靶子。大家记住，后面我们也要不断地用到黑格尔这个靶子，因为他确实是传统哲学的集大成者，虽然其思想包含了太多解释的可能性，但如果特意用于解释海德格尔思想，却可以成为最好的参照。亚里士多德和柏拉图之前那些比较含混的思想，主要是巴门尼德、赫拉克利特等，海德格尔是很重视的，为啥呢？说得不好听点儿，因为那时留下来的都是残篇，说得不太清楚，不太完整，任意发挥的空间大。当然，客观地讲，海德格尔对哲学史的解读，确实使我们对西方哲学史有了一个不同于以前的认识。海德格尔思想的"基本内核"，我们也用这个词，和尼采有诸多的渊源，但尼采是那种诗性特别强的、天才式的，甚至不能叫哲学家的思想家，他对西方传统的批判甚是厉害，可是让他从"学理"上给咱们说两句，尼采就没那么大本事了。他比较像样的学术化一点的著作只有《希腊悲剧时代的哲学》，讨论日神和酒神的那本《悲剧的诞生》还算是结构清晰，剩下的都是那种读起来很过瘾的格言警句，尽管也可能是有意为之。而海德格尔呢，吸收了尼采的基本内核，而他是有哲学史功底的，他对柏拉图、亚里士多德的解释，还有后来，《存在与时间》之后，对康德和黑格尔这些大哲学家的解释，真的就使我们看到了一条完全不同的思考哲学史的途径。说得简单一点儿，以前哲学史更多的是从认识论角度进行梳理，现在海德格尔从存在论的这个角度来给你解读，确实给人一种耳目一新的感觉。我们现在可能已经不觉得新鲜了，但你想在新康德主义统治的那个时期，海德格尔那样给大家讲一种完全另类哲学史，真的会给人一种非常强烈的冲击力。据说，海德格尔就是通过讲课赢得了很多粉丝，具体来说，就是通过他的这种颠覆性的哲学史解读而成名的。

不特如此。根据希腊人对存在的最初阐释，逐渐形成了一个教条，它不仅宣称追问存在的意义是多余的，而且还认可了对这个问题的耽搁。人们说："存在"是最普遍最空洞的概念，所以它本身就反对任何下定义的企图；这里说存在问题被耽搁，从希腊时期就开始了，并逐渐成为自明的教条。人们认为存在是最普遍的概念，同时也没法定义，这些说法，下面两页专有论述。任何一个存在着的事物，你抽掉它的那些种和属，那些具体的性质或规定，逐步减少内涵而扩展外延，最后剩下的只能是"存在"。我们以前讲巴门尼德，把"存在"作为万物的本源，就是这样讲的，虽说这样讲可能不太好。可是从练习逻辑思维的角度也可以这么讲，粉笔和桌子有什么共同特点？都是用具。它们和树有什么关联呢？好像没啥关联，只能说都是物，那么物和脑袋里面的那些来来去去的闪念有什么共同点呢？心和物共同的，就只剩下"存在"了。而存在就是最高的了，无与伦比了，因此对它也就没法定义了。

而且这个最普遍并因而是不可定义的概念也并不需要任何定义，每个人都不断用到它，并且也已经懂得他一向用它来指什么。在西语里面，"是"作为系词、助动词，人们不停地在用，西语最基本的是判断句，所以西方人说话离不开"是"。而汉语翻译为"有"、"存在"这样的词，似乎也是不言自明的东西，海德格尔后面还要详细地讨论。

于是，那个始终使古代哲学思想不得安宁的晦蔽者竟变成了昭如白日不言而喻的东西，乃至于谁要是仍然追问存在的意义，就会被指责为在方法上有所失误。如果仅从逻辑上或知识方面来讨论存在，确实没什么好谈的，而西方哲学随后的发展，恰恰就是将"存在"知识化或泛逻辑化地解释，于是，它本身变得不证自明，无须再问及。

在这部探索之初，我们不可能详尽地讨论那些一再散布存在问题为多

余的成见。这些成见在古代存在论中有其根源。这里出现了一个非常关键的词，就是"存在论"，现在先不详细讲解。先请大家记住，"存在论"在海德格尔的话语体系中，约等于"传统哲学"，和"形而上学"、"哲学"差不多。比如，他说"哲学的终结和思的任务的开始"，而存在论就是对于"存在"发表言论，论述存在，传统哲学就是这样。那么，为什么说传统哲学遗忘了存在呢？海德格尔认为坏事就坏在这个"论"上，存在不能仅以理论的形式去"论"。这意思我们后边再讲，先记住"存在论"大多数情况下等同于海德格尔不太看好的那种传统哲学。当然，有时他把自己的探究"存在"本身的哲学也叫存在论，甚至还写了一本《形而上学导论》。这需要在上下文中具体辨别。

然而反过来，如果就范畴的论证是否适当是否充分来考虑存在论基本概念所产生的基地，则只有以澄清和解答存在问题为前提，古代存在论本身才能得到充分的阐释。海德格尔对存在论的不满，重点在于后边这个"论"上。我们说，传统西方哲学，甚至包括海德格尔自己的哲学，如果跟中国哲学相比，更多的有一种"知识论"传统。而知识论传统，就是用概念、范畴、逻辑来表述这个世界，来表述对自然、人生、宇宙的某种看法。虽然海德格尔，特别是晚期，试图超越西方传统的那种说哲学的方式，但是他在多大程度上真的超出了他的传统，说实话，值得怀疑。我个人认为，他作为一个西方人，虽然对老子、庄子的东西有所关注，我们中国人也很高兴，但毕竟他是从西方传统出发，试图借鉴东方的某些东西来突破他的那个传统，这个很难，他晚期的论文虽玩得花哨，涉及诗、艺术、瓦罐、农鞋等好玩的对象，但格式单一，表现出来的，更多还是西方人思想的冲突和矛盾气质，从未像老庄那么超脱逍遥。"存在"被逻辑化、范畴化的这个传统是非常强大的。

所以，我们愿意把对这些成见的讨论限制在一定的范围内，只要它能让人明见到重提存在的意义问题的必要性就行了。下面分三个方面来说。开篇只是要说一下重提存在问题的重要性，就和我们一般组织一个活动，首先要给大家讲一讲做这件事的意义，海德格尔也一样，因为这本《存在与时间》相对来说还是比较规范的，是要拿来评职称的，得正经一些。海德格尔花了不长一段时间就把它写完了，发表之后，胡塞尔退休了，就把教授给了他。

1.“存在”是“最普遍的”概念：to on esti katholou malista panton。“无论一个人于存在者处把握到什么，这种把握总已经包含了对存在的某种领会。”大家记着，海德格尔翻译的文本，千万别全信。不是说完全不信，放到他的思想里边你就可以相信，但是，如果你想写篇柏拉图的文章，你又发现海德格尔转了一句柏拉图的话，你把这句话引到论文里去了，那可就上当了，他这个歪嘴和尚，把经念得歪得厉害，“六经注我”，大家所为，没办法。咱们还是解释这句话吧，就是说，如果你面对一个杯子，它为啥叫杯子？因为能喝水。现在你面对一个存在者，它为啥叫一个存在者呢？还不就因为它存在嘛，就这么简单。无论你把握到什么，也是以存在为前提的。比如，我认为这个杯子是纸做的，那这个杯子的存在，你首先已经把握了，然后你才判断那杯子“是”纸做的，那是一种性质的存在，就是这样。“我觉得这人很不错”，这里没有“是”，还是但包含着存在之领会，别的具体性质都抽掉后，首先肯定是说，有这么个人，进而，他有一个很好的品性，这个性质与这个人可以联系起来，就是客观存在着这么一个情况。无论你怎么去理解一个事情，说出来也好，不说出来也好，对存在的领会永远是先行的。

但**“存在”的“普遍性”不是族类上的普遍性**。什么叫族类上的普遍性呢？比如，我手里的这个东西，iPhone6，你们在座的有iPhone5，新近出了iPhone7，全都是一个普遍的iPhone系列。此外还有三星，还有什么诺基亚、华为等等。苹果手机相对于iPhone6，它就是一个族类上的普遍性，手机相对于各种牌子的手机，又是一个族类上的普遍性。我又拿了一个新玩意儿，录音笔，再归纳一下，可统称为电子产品。然后跟这个粉笔放一块儿，咱们刚才讲过，可以叫用具或工具。跟老虎放一块儿，可统称为物，再和灵魂往上抽象一步，就变成“存在”了。这就叫族类上的普遍性，也就是概念之间的那种包含关系。

如果存在者在概念上是依照类和种属来区分和联系的话，对存在者的规定就是通过类和种属的区分，富士苹果是某个地方种的一种苹果，不同于国光苹果，富士苹果里边也分不同的级别，如果是这样的话呢，**那么"存在"却并不是对存在者的最高领域的界定；oute to on genos[存在不是类]**。海德格尔说，存在者可以上述方式规定，但存在不是这样抽象上来的。哲学史上讲的，巴门尼德说万物的始基是存在，最好也别这样从逻辑方面讲，而意识到这样讲不妥，就是由于海德格尔的启发。当然，因材料少，巴门尼德的原意也无法探究了。海德格尔强调的是，族类的这种普遍性，这些都属于存在者，存在是一个与众不同的东西。虽然我们刚才从具体的东西逐步抽象，好像最终必然推出"存在"，但是这最后的一推有问题，海德格尔认为，不能这样类比。

存在的"普遍性"超乎一切族类上的普遍性。按照中世纪存在论术语，"存在"是"transcendens[超越者]"。这句话很重要，其中的道理我们可以利用基督教的话语来解释，以便大家好理解。"存在"的普遍性与其他族类的普遍性不是一个档次，它是一个唯一的、出类拔萃的东西。我们可能还记得学哲学史的时候，学到斯宾诺莎，斯宾诺莎被人家给判成了一个异教徒，别人离他不准近于四腕尺，就是说，必须跟他保持距离，孤立他。细想这很严重，而这就是因为他那著名的论断：神即自然，上帝即自然，他捅娄子的话就是这句话。可是，斯宾诺莎也挺冤枉的，我们讲过圣餐，信天主教的人吃饭前总要念叨：感谢主，赐我食。在基督教早期受迫害的时候，人们传言说基督教这帮人太坏了，吃人肉喝人血，我们讲，这并不冤枉。基督徒，特别是比较正统的那种，他们吃的那个圣餐，12月25号去教堂，早上就会给你发些，那面包，那牛奶，那都不是说上帝"变"出来的东西，不是上帝"制造"了五谷杂粮，然后你把它弄成了馒头，这种理解不正宗。因为上帝是无处不在、无时不在的，我手里的这支粉笔，就是上帝的化身，这个杯子也是。我在这里讲《存在与时间》，这件事也是他老人家给催的，不是我在讲，是他老人家在讲。我有一个好念头，一闪的念头，也是他的一种化身，所以圣餐就是上帝的化身。而且那个上帝不光是这会儿在，三千年前的每一个事物就都是他，五百年后的每一个事物也还是他。你认为他够伟大了吧？还不够！斯宾诺莎说：上帝即自然，无处不在，无时不在，不就是这样吗？他还是被制裁了。为什么？我们讲过中世纪的那些上帝存在的证明，这些证明的目的是，除此之外，还要证明一个独立于这个世界之外的存在者。虽然这个存在者不像杯子这样，我们难以看到或摸到，我们难以把握，但是，所有的上帝存在证明，都是要证明一个超越于所有存在者之上的真实存在者。它既在这里那里，又不是这些全体。伟大就是要伟大到这个程度，既要在每一个环节之中，又作为一个独立的东西，那么和这个大神对应的，就是"存在"的地位。所以，海德格尔说，世俗上的这些普遍性再牛，什么因果关系啊，同一性啊，实体牛不牛，哪个东西能离开它的基体，对不起，这些东西在"存在"面前，都是"世俗"的普遍性，"世界"中的东西，世界就有世俗的意思。康德那些为自然立法的范畴，就是为了保证普遍性，但管不了存在，它是一个地地道道的超越者。从这个角度，你把海德格尔叫神秘主义，也不冤枉他，当然，他实际上是彻底的不神秘主义，走到一个极端，你就很难定义到底是神秘主义还是不神秘主义了。概念、范畴、规定，甚至词汇，没一个能用到存在上，就像普罗蒂诺的那个"太一"本体。普罗蒂诺也很明确地说，你不能用语言来描述"太一"本体，就人的那几个范畴，还想描述存在啊，但是不是神秘呢？不神秘，海德格尔说这个普遍、这个存在其实很俗，但你必须在切身的实践的意义上来领会它，光在那儿进行理论探讨，存在只能显得很神秘。

亚里士多德已经把这个超越的"普遍〔者〕"的统一性视为类比的统一性，以与关乎实事的最高族类概念的多样性相对照。你看，这个统一性恰恰不应该是那样往上一步一步推，按照那种方式最后"推"出"存在"是不对的，那个统一性恰恰和它之下的多样性形成一个对照，就是说，上帝高高在上，俯视着的这个世界，这些都是俗物，只有那一个神圣的东西。所以，从这个意义上来讲，我们想一想，西方哲学史上的那些先天证明、后天证明、自然神证明，海德格尔虽然没有像康德那样给予批判，但是在他看来，真的都是在装神弄鬼。就从这个超越的统一性来看，上帝存在的先天证明者对后天证明者的批评就是这样。A 是由 B 推动的，B 是由 C 推动的，C 是由 D 推动的，最后，这一系列运动有一个终极推动者。持先天证明的反驳说，前面的推论都没问题，是经验性的，而这个最后一步推论是有问题的，只是一种类比，利用了人的思维惯性，骗人的。所以，咱们讲巴门尼德那样逻辑地推出存在，估计也不太适用。以前这样讲，可以说是类比，我们现在意识到这里边有问题。存在的超级普遍性只是"类比"族类的普遍性，所谓"关乎实事的"，"实事"就是具体的规定性，"白"、"圆"、"勇敢"、"物"，各层次概念都具有一定的普遍性，但都是关乎实事的。只有"存在"，它是一个与众不同的东西。

不管亚里士多德多么依附于柏拉图对存在论问题的提法，凭借这一揭示，他还是把存在问题置于全新的基础之上了。诚然，连他也不曾澄明这些范畴之间的联系的晦暗处。从这句话中首先可以看出一点，亚里士多德和柏拉图分歧没那么大，虽然哲学教科书上说一个是理念论，一个是实体论。大家也学过理念论，可是，柏拉图提出理念，最终就是要使得感性世界上的东西保有其真实性，可以对之理解和言表，即所谓拯救现象。我面前的这个东西，我们说，它既是粉笔又不是粉笔，这是赫拉克利特告诉我们的，没错，它一会儿就将变成粉笔灰。我们很害怕啊，所有东西都既是又不是，我们咋办呢？于是柏拉图说，没关系，我们还是可以断定这"是"一支粉笔。为什么？因为你回忆起了理念世界中作为原型的粉笔，面前的这支作为一个既是又不是的东西，虽然很虚幻，但是我们还是可以斩钉截铁地说，这"是"一支粉笔。我对你说：去，到教师休息室，给我拿一支白色的粉笔，你一定拿得对，你知道什么叫白色，你知道什么叫粉笔和教师休息室，恰恰是"粉笔"这个概念，把这个白乎乎的东西给立住了，一句"话"把要做的"事"儿搞定了。否则的话，真的像赫拉克利特的学生说的那样，一切皆虚幻，我们一次都不能踏进同一条河流。所以，柏拉图的理念论恰恰是给你保证了感性世界多多少少的一些真实性，虽然不像理念世界那么真实。至少我们可以对着现实的东西说说话，就是说，理念肯定还会落到实处。再说亚里士多德，他表面上批评理念论，我们可以就东西论东西，用不着把本来的一件事说成两件事，这就是思维经济原则最早的亚里士多德版，事物之根本就在这儿，哲学的对象就是"这"，只能做主词不能做谓词的东西：第一实体。就这么简单。可这是什么？曰：这是粉笔。于是，他不得不承认，第一实体是"这"，没错，那好，你给我表述一下，只好说：这是一支粉笔。凭什么表述呢？亚里士多德说，形式、种属、甚至第二实体，但说了一大堆，其实就是柏拉图的理念。从这个意义上来说，"一"与"多"的关系，人认识世界的矛盾就被揭示出来了，实际就是这样，只不过一个人偏重这，另一个偏重那，仅此而已。这是第一点。我们不要看到"吾爱吾师，更爱真理"，就以为亚里士多德要造反，人世间就那点儿事，哪个哲学家能反到哪儿去。

第二点，海德格尔对于二者还是有所偏重的，海德格尔从亚里士多德思想中可以发挥的地方更多，对于柏拉图，他批评的地方更多。柏拉图的理念，最后就演化为共相，再后来就变化为本质、隐秘的质，再后来成了性质、规律，总之，是普遍性和客观性的根据。而亚里士多德提出形式和质料说，质料就有点不定形的意思，一大堆泥，不知其所是，把它弄成长方的，晒干了才能断定：这是一块砖。所以，形式高于质料。一个只会哇哇叫的小孩，是啥呀，亚里士多德不好意思说不知道，只好说，是潜在的人，然后我们教育他，让他知道买东西时排队，礼让三先，有纪律，守法律，投票选举，最后变成人了，赋予形式，质料就变成人了。但是如果丢到山里去了，被狼叼走了，变狼孩儿了，被狗叼走了，变狗孩儿了，这同时也表明了质料的不确定性。虽然通常说形式高于质料，但亚里士多德较之柏拉图，保留了质料的不确定性。那么，海德格尔作为一个现代西方哲学家，他要强调的恰恰是这一点，存在高居于存在者之上，具有生化万物的统一性和不确定性。他从亚里士多德那儿可说的东西更多一些，所以，他就会更多把柏拉图和黑格尔当靶子。而康德，保留物自体的不可知性，那么海德格尔为了发挥人的有限性，就会对康德更亲近一些。不存在谁对谁错，就是要看你要用哪一部分，这也不是随意的，是时代需要弘扬什么精神所决定的。可见，当他说把存在问题置于全新的基础上时，还是给亚里士多德留有更多的余地。存在不同于存在者，不能用只具有族类普遍性的范畴或概念确定地规定，就好像不确定的质料不能被规定，却又是所赋予的形式之基础那样。当然，海德格尔又说亚里士多德也不太行，要评教授，口气总得大一点儿。

中世纪的存在论主要依循托马斯主义和司各脱主义的方向对这一问题进行了各种各样的讨论，但是没能从根本上弄清楚这个问题。中世纪的材料我看得不多，具体内容讲不太清楚。但是，就存在这个问题，还是可以说两句，存在问题如果是最高的，在那个时代就一定会变相为神的问题。托马斯和司各脱代表了两种路线，这没有问题，托马斯代表的这个路线，黑格尔接受的比较多，即用理性来论证上帝的存在。黑格尔好像在某个地方说过：哲学的唯一任务就是论证上帝的存在，说这话都不像个哲学家，所以有人就把黑格尔的哲学体系叫上帝创世说，一种用逻辑术语描述出来的上帝创世说。黑格尔遵循的是托马斯·阿奎那的路数，他们认为，人是理性的动物，神为啥给你理性啊，不就是让你用来论证上帝存在嘛。通过论证就可以达到信仰，这不就挺好的嘛，你不信，不信我给你讲道理，用理性说服你，讲通了你就信了。那么另一条司各脱路数，我们知道英国后期经院哲学三杰，司各脱、奥卡姆，还有那个叫罗杰尔·培根的。这三个人在我们的教科书上是"好人"，早期经验论者、唯物主义者，把实体都给剔掉了，其中就有上帝，因此是我们阵营里边的，代表农民阶级。其实这帮人是坏人啊，我们一定要认清他们的本性，他们告诉我们的是，理性归理性，信仰归信仰，这恰恰也是康德继承的路数。神，或变相的存在问题，不是知识所能表述的，怎么办？就把它留给信仰，你去"信"，而不是去"论证"上帝的存在，这是他们实际的主张，这样才能信得坚定。显然他们不是我们这方面的，是代表地主阶级的坏人。海德格尔不是一个神学家，他当然对这两条路数都不满意，黑格尔是他的靶子，把存在或神范畴化了，这显然是不行的。那么按照司各脱传统，把那个存在神秘化，他作为哲学家，显然也是不能容忍的。我们的任务就是要道说存在，原来的路数不行，怎么办呢？找一种新的方法来重新探究真正意义上的那个"存在"，这就是现象学的方法。所以说做哲学，在海德格尔看来只有一种方法，就是现象学方法，现象学就是用来"做"哲学的。海德格尔写这句话的内涵，就先猜测这么多。总之，他认为中世纪也没能从根本上弄清楚这个问题。然后又是批黑格尔，黑格尔算是倒了霉了。

黑格尔最终把"存在"规定为"无规定性的直接性"，《逻辑学》作为整个体系的第一部分，黑格尔专门讨论了以什么开端的问题，他认为不能像费希特那样以"我"为开端，因为在说"我"的时候就已经意味着"有"我，"我"比"存在"内涵多，不能做开端，所以他反对将"我思故我在"的自我意识作为第一个范畴。他认为"存在"是第一个直接的、无所包含的东西。**并且以这一规定来奠定他的《逻辑学》中所有更进一步的范畴阐述**，因此，很多人把黑格尔的《逻辑学》称为黑格尔的"存在论"，甚至夸张一点，黑格尔的整个哲学体系，包括他的自然哲学、精神哲学、法哲学、历史哲学等，都是对"存在"这个范畴的展开、深化和阐明。就是说，上帝创世你总得慢慢来嘛，开始少，后来多，到最后，世界、历史就全都出来了，这个就是黑格尔哲学的一个特征，但是作为第一个范畴，什么都没有，内容是空的。**在这一点上，他与古代存在论保持着相同的眼界**，这指的就是把"存在"范畴化，这是海德格尔针对黑格尔最大的批评，黑格尔是传统哲学最典型的一个代表。你看亚里士多的那个"实体"，就是要用范畴来规定，实体的属性，它的性状。这样，海德格尔认为就把"存在"遮蔽了。

只是亚里士多德提出的与关乎实事的"范畴"的多样性相对的存在统一性问题，倒是被他丢掉了。就是说，在海德格尔眼里，黑格尔只注重了范畴的多样性，并且演绎了这个多样性的范畴体系，但是呢，纵使你把这些东西加起来，也加不出个"存在"来，存在的统一性不能"化"为范畴之多样性。一个事物，它不是各种性质的总和，存在不等于被感知，各种片面的总和，就像西方教堂中的马赛克图像那样不完整。我们搞素质教育，素质也不是数理化、史地生、音体美的总和，你从多个方面研究某个东西，然后想把它加起来，但怎么加，加再多，也加不出一个完整的那个东西。

因此人们要是说："存在"是最普遍的概念，那可并不等于说：他是最清楚的概念，再也用不着更进一步的讨论了。"存在"这个概念毋宁说是最晦暗的概念了。存在问题，任重道远。

2."存在"这个概念是不可定义的。这是从它的最高普遍性推论出来的。这话有道理——既然 definition fit per genus proximum et differentiam specificam[定义来自最近的种加属差]。我们知道"定义"也是亚里士多德鼓捣出来的，他是逻辑学的创始人。最典型的定义：人是有理性的动物，动物比人在逻辑普遍性的层次高一些，在动物圈里，人具体与猪有什么不一样呢？它有理性，或者说，会说话。我们也说：人有人言，兽有兽语，鸟语花香，这个先不提了。那句话翻译得更直一些：人是逻各斯的动物。种加属差，A 是 B，但是如果要定义"存在"，存在"是"某某，可那个系词本身就是"是"，此外也没有比"存在"更高的种了，属差也就没了意义，它已经是最普遍的了，从逻辑讲，就没法定义了。

确实不能把"存在"理解为存在者，enti no additur aliqua natura：令存在者归属于存在并不能使"存在"得到规定。这就是存在和存在者的不同了，这二者，Being 和 beings 的区别是很关键的，既然这里谈到定义，咱们就从这个角度来讲。不要一说存在者，大家就首先就想起桌子、杯子、树这些"硬货"，想宽泛一点，一个历史事件，一个念头，我正在讲课，这些都是存在者。从逻辑这个角度来讲，从定义这个角度来讲，凡是能被定义的，能够用"是"，用判断句，用范畴来规定的东西，都是存在者。鬼"是"一个吓人的东西，人死了以后就变成鬼了，再宽泛一点，凡是你能规范言表出来的东西，都叫存在者。那么"存在"呢？就是不能用范畴来规范的，语言勉强言之，但"道可道，非常道"。一定要从这个角度来理解存在者。于是，传统哲学的问题就来了，传统哲学其实并没有遗忘存在，某种意义上一直都在研究。亚里士多德说，有一种学问就是研究存在及其属性，或者说，存在者之为存在者及其属性的那么一门科学，他写《形而上学》探讨实体，不就是在研究存在吗？海德格尔为啥还是说这种研究是有问题的呢？主要还是从方法上，当然，与方法相关也必然涉及对象。因为我们探讨杯子、桌子，探讨人、自然，探讨美、道德，之后，只不过再探讨"存在"，和对待前面的事物一样对待存在，从理论上对其说三道四。黑格尔又是个典型，尽管他那个体系很美，是存在的一步步展现，恰恰正因为如此，他就是把存在当成一个和"这个"东西同样的东西，尽管他是用辩证法说的，而不是用英美的定义或种加属差的方式说的。然而，只要你把存在用范畴及其关联言表出来，弄出一个体系来，试图将其说"定"，那么，存在的生动性、活泼性、丰富性就被闷死在这个体系里边了。从这个意义上来讲，什么叫存在者，大家一定要记得，可规范、定义的东西都是存在者，不仅限于杯子、桌子。

存在既不能用定义方法从更高的概念导出，又不能由较低的概念来表现。存在不是存在者，定义或概念之高下只能运用于存在者，存在只能在生存中展现。然而，**结论难道是说"存在"不再构成任何问题了吗？当然不是。结论倒只能是：**"存在"不是某种类似于存在者的东西。凡存在者我们都能把它研究出来，尽管研究的深入程度有别，有些东西恍恍惚惚，我们搞不清楚，比如灵魂，还有做梦，但是至少可以去探索这些东西，用某种理论给予说明，可是存在，它真不是个东西。所以，**虽然传统逻辑的"定义方法"可以在一定限度内规定存在者，但这种方法不适用于存在。**存在没法定义。

其实，传统逻辑本身就根植在古希腊存在论之中。传统逻辑是亚里士多德搞出来的东西，他认为"实体"是哲学的研究对象，那什么叫实体呢？他首先从逻辑角度讲，是只可作主词不可作谓词的东西。他发明的三段论，一方面是探讨哲学的得力工具；另一方面本身就有哲学意味，比如大前提和结论之间的所谓归纳和演绎关系，会使我们想起解释学的前理解和解释对象。所以，逻辑学本是哲学的分支，哲学下的二级学科，这是有道理的。但是现在很少有人真正能从逻辑学里探讨一些纯粹哲学问题，逻辑学已经科学化了。中山大学将之与心理学联系起来，清华大学和计算机一起研究，完全从科学的认知角度来研究逻辑学。海德格尔有一本书叫《逻辑学的形而上学根据》，就是在探究逻辑学形而上学层面的内容，看来，只有这个级别的大师，才可能从中探讨真正的哲学问题。**存在的不可定义性并不取消存在的意义问题，它倒是要我们正视这个问题。**

　　3."**存在[是]**"**是自明的概念。**"存在"也可以翻译成"是"、"有"、"在"。**在一切认识中**（苏格拉底必死）、**一切命题中**（那棵树是绿的），**在对存在者的一切关联行动中，在对自己本身的一切关联行止中，都用得着**"**存在[是]**"。对于存在者，如我去拜访一个人，他存在，我存在，拜访这件事存在。我正在做某事，I am doing something。对自己本身，比如，我把我反省一下，我最近怎么这么背，想一想我哪儿不对了，提高一下自己的修养。我对我本身进行一个关注，前提是：我存在。这些认识或行为都以存在为前提，都用得着"是"，都可以理解到这个"是"。**而且这种说法**"**无须深究**"**，谁都懂得。**谁都懂得"**天是蓝的**"、"**我是快活的**"**等等。尽管我们说是"蓝蓝的天上白云飘"，没说"是"，但天"是"蓝的，"有"白云"在"飘。我很快活，翻译一下：我"是"快活的，等等。

　　然而这种通常的可理解不过表明了不可理解而已——它挑明了：在对存在者之为存在者的任何行止中，在对存在者之为存在者的任何存在中，都先天地有个谜。（德语的"in"可以翻译为"在……中"，也可以翻译为"在……方面"）。使存在者之为存在者的那个东西，就是存在。"存在者之为存在者"这个词在亚里士多德《形而上学》中出现，说有一门学问，探讨"存在者之为存在者"，吴寿彭先生翻译成探讨"实是之为实是"。到底怎么翻译各有说辞，也有翻译为探讨"存在之为存在"，也有的翻译为探讨"存在者之存在"。具体说来，就会涉及希腊词的各种变格，按照海德格尔本人的德文翻译是：存在者之为存在者。翻译成什么，其实无关大局，用不着较真，学哲学关键是要理解内涵，使存在者成为存在者的那个东西，那就是它的存在。我们说使一棵树成为一棵树的那个东西值得探究，有很多具体内容，它能使我乘凉，可以当木材，可以打家具，所以它是棵树。那个东西能让我用来喝水，所以它是杯子，里面的东西能灭火，所以它是水。但是使一个东西成为存在者的那个东西，那没别的，只能是它的"存在"。所以，存在者之为存在者，就是因为其存在，所以，翻译成"存在者之存在"也说得过去，翻译成"存在之为存在"，反正就是探讨存在的嘛，明白了意思就行，过分咬文嚼字，只能说明，没弄明白。

我们向来已生活在一种存在之领会中，而同时，存在的意义却隐藏在晦暗中，这就证明了重提存在的意义问题是完全必要的。请大家注意，这个"已"或"已经"是海德格尔使用的一个高频词，还有一个就是"方法"。还有一个挺流行的词，可能更是因为萨特流行起来的，就是"被抛"，而我们从"被抛"这个词中就能领会到时间意义上的"已经"，德语动词的被动态，都有前缀"Ge-"，这前缀本身就代表过去时。我们知道，现代西方哲学某种意义上是在有意识地对抗近代主体哲学，而主体哲学最大的一个特点，就是充分弘扬人的主观能动性。康德的主体不仅可以为自然立法，还可以通过道德行为建立一个理想的目的王国。黑格尔的绝对精神，某种意义上就是人的类意识。主体很厉害，是积极的、主动的、有作为的主体。而现代西方哲学，我们知道，产生于两次世界大战前后，而之前的资本主义时代，资产阶级们带着理想，带着观念，把人性的优点和缺点全部研究出来，比如说霍布斯吧，把人的优点、缺点摆明，人都想多拿，越多越好，于是人与人就像狼与狼一样，人人都怕死，估计狼也怕死，事实就是如此，怎么办？没关系，我们有理性啊，我们的理性就是用来想办法的，我们根据人的这些弱点和优点，设计一个好的制度，经济制度或政治制度，在把人的活力、创造力发挥的同时，把人性的那些缺点进行限制，于是就好了。大家很乐观地举例说，比如澳大利亚，一群犯人，被我们的制度建构改造成了一群文明的国家公民，这就是我们理性的胜利。然而，随着我们从胜利走向胜利，我们突然打起来了。欧洲各个国家都实行资本主义，西方世界都是按照美好的理想，都是按照同一种好模式去建构的，只准备着通往大同世界了，结果呢，打起来了，打得还挺厉害，要是当时原子弹多的话，可能就没我们了，幸好当时少，日本吃了两个，大多没轮着，下一次就难说了。到这个时候，西方才开始意识到，看来我们的那些积极性、主动性，我们的理性和理想，它是不是有一定限度的。于是，思想上必会有反弹，原来说：人是有理性的动物，这是人的本质，用来规范其不确定的存在，使潜在的人实现其本质，本质先于存在。萨特颠倒为：存在先于本质，人是一个说不清楚的动物，他的存在先于你对它的规定。打成那个样子了，哪儿还有理性？德国人对待犹太人，然后，盟军对待德国人，德国打完了基本上就是瓦砾堆了，人哪有什么理性啊。所以，这个时候悲观情绪蔓延，而这些又是你必须承受的，你被抛到这种现实境况中，这个时候，主体的主观能动性就遭到了怀疑。人啊，看来首先是被抛在这个世界上，你的每次选择，你觉得很积极，实际上也得在你被抛存在的基础上，"已经"存在了，才有选择的主动，即使想死也得先活着，存在着，对不对，否则的话，死人还有能力去死吗？所以，人的被动性、接受性、被抛性，说得更宽泛或中性一点，"已经"如此这般的、由不得自己的存在，就慢慢浮出来了。所以这个"已经"，时间的过去环节，就揭示着你那当下现实的、不可改变的状态。已经生活在一种存在之领会中，就是被抛于一种存在之领会中，只不过由于生活的忙碌，你个体的那种本真的存在被日常忙碌所遮蔽，你将其遗忘了。你积极地、不断地规划着明天，但是这不表明你不是被抛地存在着，甚至更根本，它只是表面上处于晦暗中。所以，重提存在问题是有必要的。

"自明的东西"，而且只有"自明的东西"——"通常理性的隐秘判断"（康德语）——应当成为并且应当始终保持为分析工作的突出课题即"哲学家的事业"。我们知道康德在《纯粹理性批判》的先验感性论中证明的两个问题就是：二加二为什么等于四？两点之间为什么直线距离最短？这种问题在我们看来就是公理，公理就是不证自明的。两条平行线永远不相交，我们说这也是公理，是其他推论的前提，欧几里得几何学对圆的定义：平面上与一个点距离相等的点的集合。但是，这些公理其实是有前提的，就是要在同一平面上，而这个平面必须以均匀无限的时空观为前提。如果宇宙如爱因斯坦所言，不是无限的，连直线都根本就不是直的，那么，这些定义就不是公理了，据说，按照黎曼几何学和罗巴切夫斯基几何学，三角形内角和也不是 180 度。我们说，如果这样一想，科学革命就出现了。是不是欧几里得几何就是唯一"正确"的几何学？答案正确与否，两点间的距离是否直线最短，这并不重要，康德以之为例想要告诉我们的是，这个原理或几何学对象，是我们构造出来的，于是，主体的能动性就被提出来了，不是说天底下自然就有什么"直线"，而是说主体参与建构了公理及其所指涉的对象。这就表明，人并不是被动的，像动物一样，接受外界给予的刺激。

再比如，在康德、黑格尔时代，就是资本主义初期，整个时代欣欣向荣，社会发生了翻天覆地的变化，人们获得了高度的自由，谁都觉得较封建社会，这个制度带来的好处实在太多了。但是马克思，甚至黑格尔，在很早的时候就给我们揭示了市民社会的毛病，资本主义社会对人的异化，发展到今天，我们再回顾一下，那时全地球都以为不证自明的"好"东西，是不是就没有问题了。康德的《纯粹理性批判》对知识的限制，如果我们想一想，知识在如今更多地被等同于科学，而科学的无度扩张给人们带来的困惑，我们不得不惊叹康德对自明的好东西的警醒。所以，如果说哲学多少会承担一点社会批判功能的话，那它大概就是对那种大家都认为是好的，或不证自明的东西进行某种反思。哲学家有时候就是在和熟知的东西作对，苏格拉底把人们搞烦了，人们就把他搞死了。

如果确实如此，那么，在哲学的基础概念范围内，尤其涉及"存在"这个概念时，求助于自明性就实在是一种可疑的方法。逻辑上的或形式上的存在是自明的，但如果涉及其内容，那它就太丰富了。

　　以上对这些成见的考虑同时也使我们明了：**存在问题不仅尚无答案，甚至这个问题本身还是晦暗而茫无头绪的。所以，重提存在问题就意味着：首先要充分讨论一番这个问题的提法**。这里加重点号的有"答案"、"提法"或"方法"，20 世纪哲学对"方法"的重视，确实值得注意。尽管以前的存在论反复对存在的问题进行讨论，柏拉图或亚里士多德，从理念或实体方面都对存在进行过探讨，后续哲学也没有遗忘存在，但海德格尔认为提法是错误的。与之相应，上面还说到了尚无"答案"，传统哲学力求给人答案、观点或世界观，即使康德的批判哲学，他也说过，一旦他把批判的事情做完，剩下的只是在此基础上增砖添瓦就可以了，因为地基已经打好了。我们从海德格尔，乃至之后的现代西方哲学突出的特点来看，根本就不主张有答案了，以德里达那种形式做哲学的话，就更没有答案了。其关键在于，胡塞尔不情愿地，海德格尔有意地将时间引入哲学，时间一进来，方法就得变，就没有了答案。

　　小结一下本节：三个论点不足以否定重提存在意义问题的必要性，一是说存在是最普遍的概念，这是从逻辑学的角度讲的，它是一个最高的种属。我们把所有事物抽掉它的特殊性，剩下来的抽不掉的，就是它空洞的普遍性。海德格尔认为存在是一个超越者，与上述普遍性不同，我们用基督教神的超越性进行解释，神这种最高端的普遍性，是生成一切的普遍性，一般的普遍性与之相比，恰恰是多样性。第二，因为它是最高的种属这个意义上的普遍性，因此它就没法定义。这里我们强调一点，就是存在与存在者的区别，我们不要把它想象成"虚"的和"实"的东西之间的差别，还是可以从逻辑角度看，存在者都可定义，存在本身不能定义的，需要采用别的方法来探究，这是关键。第三，存在是自明的。黑格尔就说过：熟知非真知。英美哲学通常仿照欧几里得几何学的形式，提出公理、原理，再推论出全部学说，认为前提就是"事实"。而德国哲学与之不同的特点之一就是喜欢和"前提"较真，对自明的东西追根问底，而存在是所有存在论本身的自明前提，本身大有疑问。

第二节　存在问题的形式结构

　　**存在的意义问题还有待提出。如果这个问题是一个基本问题或者说唯
有它才是基本问题，那么就须对这一问题的发问本身做一番适当的透视。**
我们教科书上通常说，哲学的基本问题是存在与思维的关系问题，海德格
尔似乎认为形而上学问题就是存在的意义问题，好像"思维"这个环节没
有了。我们前面讲过，意义本身就暗含了某种相关性，存在的意义要被此
在来领会，海德格尔说的"思"的事情，就是与存在的发生相感应，所以
并没有少什么环节，且本残篇大部分讲的是"此在"。但如果以前的探究
方法有误，那么，问题就有待"提出"。康德说，我们做哲学之前要先对
理性进行一番批判，而海德格尔说，要对发问本身做一番透视。前者对
搞哲学的主体进行一番批判，后者对领会存在的存在者的发问进行一番
探究。在这个意义上，海德格尔也表现出对康德的亲近。我们说"批判"
严格来说不是康德的形而上学，批判和哲学毕竟还不是一回事。后现代
讲"解构"，按照传统哲学的要求，它们无意提什么"世界观"，而传统哲
学还是要提出点什么来的，现代西方哲学却有意识地在瓦解各种体系、观
点。海德格尔说的"发问"，已经就是时间中的无止境活动了。

　　**所以，我们必须简短地讨论一下任何问题都一般地包含着的东西，以
便能使存在问题作为一个与众不同的问题映入眼帘。**随后探讨的是存在问
题的三个环节。这本书我们知道海德格尔是要拿来评职称的，而且胡塞尔
很可能要看一下，显然这本书把胡塞尔给骗了。胡塞尔看了几眼就把它通
过了，后来发现有点不对劲，但是已经来不及了，已经评完教授了。我个
人认为，这也许可以算作《存在与时间》这本书的好处，那就是，海德格
尔还是按照那种较传统的德国哲学路数来写作的，虽然词语方面有点怪
异，但是全书的结构、分析层次、逻辑关系还是与传统做哲学的形式是
一致的，就是说，比较学院化。我们对照他后期的著作，甚至到了 20 世
纪 30 年代，他的说话方式已经与传统哲学不一样了，而且是有意为之的。

所以这本书从形式来讲，还是比较规范的哲学著作。

任何发问都是一种寻求。任何寻求都有从它所寻求的东西方面而来的事先引导。我们说，你喜欢一个东西，肯定是那个东西吸引着你，可能是有意识的，也可能是无意识的。逛街的时候，你和我关注的东西有的一样，有的不一样。我们经常议论新闻的客观性，从哲学的角度来讲，纯粹的不以人的意志为转移的客观性是没有的。作为一个记者，你为什么对那个事物感兴趣，虽然你的镜头对着的是"客观"事物，但是，当你扛上镜头对着"那个"事物的时候，那事情如何发生当然你左右不了，甚至你都不知道会发生什么，采访对象说些什么。可是，你为什么瞄向了"那个"而不是"这个"，肯定对你瞄向的那个事物、那个方面或那个人感兴趣，它事先引导你去客观地记录它，采访他或她。

发问是在"其存在与如是而存在"（Das-und Sosein）的方面来认识存在者的寻求。这种认识的寻求可以成为一种"探索"，亦即对问题所问的东西加以分析规定的"探索"。发问（Fragen）就是对存在者的探究，这里叫寻求（Suchen），认识性或知识性的寻求，可以成为一种规定性的"探索"（Untersuchen），在这本书中，加引号的词多数情况代表非本源性的、派生意义上的东西。这里用了前缀"Unter-"，本身就有"之下"的意思，这里或许是指"次一级"的"Suchen"，但派生不是贬义，反倒可能是指理论性的、明确的分析规定。

发问作为"对……"的发问而具有问之所问（Gefragtes）。这里用的是"fragen"的被动语态，直译就是"被问的东西"，这当然就是指"存在"本身。和英文动词加后缀"-ed"一样，德文动词加前缀"Ge-"，既是被动态，又可代表过去时。

一切"对……"的发问都以某种方式是"就……"的发问。发问不仅包含有问题之所问，而且也包含有被问及的东西（Befragtes）。德文动词加前缀"Be-"，本身就是使不及物动词变为及物动词，于是就是被问及的东西，就是将存在具体化的存在者，存在一定是存在者的存在，桌、椅、人、粉笔的存在。**在探索性的问题亦即在理论问题中，问题之所问应该得到规定而成为概念。**此一句可表明，前面所谓"探索"确实是派生的理论性寻求，对所问的东西加以概念或范畴的规定。

此外，在问题之所问中还有问之何所以问（Erfragtes），这是真正的意图所在，发问到这里达到了目标。问之何所以问，就是发问的意图，发问之所指，德文的这个前缀"Er-"有"开始"、"发动"的含义，向前指向某某，就是意图、目标。这里对存在意义追问的三个环节：Gefragtes，被问的或所问的是存在，而我们"已经"被抛于存在之领会中，这里就有"过去"的内涵；Befragtes，被问及的东西，存在一定是某个"当下"显现的存在者的存在，它因存在而"当下"显现，时间的"现在"维度；而Erfragtes，发问之所指，其目标，是指向"前"的，"开始"或"发动"追问，蕴含着"将来"这一时间内涵。所以，追问存在的意义问题，一开始就和时间，和时间性的生物紧密相关。我们知道《存在与时间》更多地探究了此在及其时间性结构，此在最与众不同之处就是它能积极地响应存在，一方面，它主动地向前发问；另一方面，已经被动地领会存在的意义，并现实地操劳于当下的存在者或自身，它是时间性的存在者。存在问题的形式结构，就已经暗示出时间结构。

既然发问本身是某种存在者即发问者的行为，所以发问本身就具有存在的某种本己的特征。这个时候哲学就不是说，你跳出世界，把世界"观"一下，随后给我们解释一下这个世界是什么样子的。现在这个发问者的行为就被考虑到哲学活动中去了。不一样的地方于是就浮现出来了，以后的解释学就是在这个路径上发展的。

发问既可以是"问问而已"，也可以是明确地提出问题。发问有真正揭示存在的那种问题，也有一种叫"问问而已"的问题。那么什么叫问问而已呢？比如某位大领导，突然喜欢哲学了，于是就找几个哲学工作者来探讨一下哲学。他不断地"提问"：世界是这样的，对吧？物质是本源，对吧？他官大，被询问者只能说：对，是的！这个就叫作"问问而已"。我们试着用解释学话语来说明一下，解释学里面有"他者"这个概念，他者就是不能以你的知识或规范，来认识或衡量的一个对立者。就如同苏格拉底对话的时候，必须"自知自己无知"。你首先不要把你所想的那些成见强加于对方，你必须从他那里听到一些真正不同的东西，来改变或修正你的前理解，这种"问"就不是问问而已了，文本或一个对话的对方的丰富内涵就打开了，存在者的"存在"就显现了。所以，揭示存在的意义，特别是海德格尔说的本真存在的意义，就是在日常生活中，我们大家对事物都有了固定的、成见性的、人云亦云的判断，那怎么样才能出现新事物呢？解释学告诉我们，你得承认你不理解的东西，让它真正给你点儿"刺激"，这样才是真正的"存在感"，才有所谓"视域融合"。我们现在说文化之间的交流和对话，如果把自己的意识形态强行推广，那么就没把对方当他者。你要承认对方不同于你，然后相互对话，才能产生出新的东西。面对新事物，这就是一种本真的存在方式，这个时候就不是问问而已了。**后者的特点在于：只有当问题的上述各构成环节都已经透彻之后，发问本身才透彻。**明确提出问题，真正面对存在，只有真正进入到时间之中，因为存在问题的各环节就暗示着时间的各环节。

存在的意义问题还有待提出。所以，我们就必须着眼于上述诸构成环节来谈论存在问题。存在意义问题被遮蔽已久，不要说解决，"提出"都需要一番周折。

作为一种寻求，发问需要一种来自它所寻求的东西方面的事先引导。所以，存在的意义已经以某种方式可供我们利用。我们曾提示过：我们总已经活动在对存在的某种领会中了。这里又连续出现"已经"这个高频词，我们已经被存在的意义"事先"引导，海德格尔总说"存在的遗忘"，看来，想忘也忘不了，哪怕非本真状态下，你仍然被抛性地存在着，只是你忙得不得了，做不完的事儿，意识不到，也用不着意识到你的存在，但已经存在。

**明确提问存在的意义、意求获得存在的概念，这些都是从对存在的某种领会中生发出来的。我们探究存在的冲动，传统存在论其实也是基于这种冲动，恰恰是由于我们已经领会了存在的某些什么，这里就可以看到一个循环，就像苏格拉底的学习悖论，学习是学已经知道的，还是学习不知道的东西？学已经知道的，知道了就不用学了；学不知道的，不知道你怎么知道去学。柏拉图回答说：学习就是灵魂回忆，已经有了，但你现在忘了。

我们不知道"存在"说的是什么，然而当我们问道"'存在'是什么？"时，我们已经栖身在对"是"的某种领会之中了，"知道"被打了重点号，知道的对象是"知识"，知识要用"是"来表达，A是B，存在却不能用"是"来定义或表达。而我们说，传统哲学一直都在探讨存在，就是想把存在也知识化，想"知道"存在"是"什么，虽然不成功，但这样问，本身就表明我们已经"栖身"于，也可以说，被抛于对存在的领会了。做这些追问活动其实是有前提的，当然不是理论前提，是生存前提：栖身。只有对存在有所领会，才能建构传统的存在论，这意思很明确。如果我们要领会存在，就要栖身投入，不能只是理论性的观察，要进到哲学活动中。现在流行"沉浸式"教学，要进去。海德格尔的意思是，我们在发问的时候，就已经进入到哲学之中了。像他那样的大人物的追问，本身就改变了哲学史，毛泽东发问，就改变了历史。我们也一样，只是作用小一些，但我们都是演员，都对历史有贡献。

尽管我们还不能从概念上确定这个"是"意味着什么。我们从来不知道该从哪一视野出发来把握和确定存在的意义。这就是说，对存在的领会是先于知识的，前存在论的，不能说"是"的。把握存在的意义的视野，当然就是时间。以前哲学也探讨时间，亚里士多德、奥古斯丁、柏拉图都有过各种探讨，时间是永恒的影像，心灵计算运动所得之数，时间很难说明，等等。但是，既然存在没有被把握，和它共属一体的时间肯定也一样，反过来，也不知道从时间视野去探究存在，准确点儿说，以前只是在非本真时间视野中去探究存在，而非本真时间，只能和存在者相匹配。**但这种平均的含混的存在之领会是个事实**。这里出现了"平均"这个词，海德格尔在这本书中论及了此在的本真与非本真状态，请大家注意，这本书的上半部是对此在非本真状态的探讨，后半部分那些向死存在、罪责、良知呼唤等词汇出现，才进入到此在本真生存结构及时间性的探讨。在国内海德格尔早期研究中，产生过一些误解，认为上半部分海德格尔探讨此在在—世界—之中—存在，搭建因缘关联整体的操劳活动是此在的本真状态，而非本真状态仅被归给理论观察式的，主客二元对立的，做科学理论研究时的那种状态。与此相应，把此在对物操劳的上手状态，就是用锤子用得得心应手、"物我两忘"的状态，误解为本真状态，而理论观察某物的状态、现成在手状态，被说成非本真状态，于是，海德格尔成了"技术批判者"。实际上，理论观察状态，与我们用着某个东西到了不知不觉的状态，统统都属于非本真状态，只有下半部《存在与时间》才探讨本真状态。这里的"平均"指的是，无论在本真还是非本真状态，都包含存在之领会，有时还有"平均无差别状态"这样的说法。当然，必须指出，"平均"一词有时确实具有消极的含义，平均、一般化，对应着"常人"，这可能和尼采的影响有关。尼采说超人和末人，"末人"是什么，不一定是指奴隶，更中性的含义就是指一般人，平均的人，一样的人，千人一面。超人，即与众不同的、有个性的人。"平均"就是没个性，非本真状态的主角"常人"就是我们大家，包含你，但不是你自己本人。

这种存在之领会不管怎样摇曳不定时隐时现，甚而至于仅流于单纯字面上的认识，但这种向来已可供利用的存在之领会的不确定性本身却是一种积极的现象，虽然这种现象还有待廓清。这种平均的含混的存在之领会，时隐时现，虽然说它不太确定，但是我们恰恰可以利用，平均状态并不是什么"消极"状态。不是说我们读过《存在与时间》后有所感悟，加上现在空气不好，雾霾太多，汽车噪音大，就去秦岭隐居了，以为就是本真状态了，这是在做梦。我上课时讲得津津有味，你们听得全神贯注，甚至感觉不到这件事本身，更忘记了其余杂事，这个时候恰恰也不是本真状态，而是非本真态。但这是积极的现象，日常正常的现象，这里面就有着对存在的领会。所以，"常人"、"沉沦"这种词也不要从道德的角度来理解，认为和某种堕落或智力低下有关。从这些积极的现象中，可以逐步揭示出本真的时间性结构。

探索存在意义的工作不宜在开端处就来阐发这种现象。只有凭借成形的存在概念，阐释通常的存在之领会的工作才能赢得它所必需的指导线索。借助于存在概念以及这一概念本身所包含的明确领会这一概念的诸种方式，我们将能够弄清楚：变得晦暗的或尚未照亮的存在之领会意指什么？有哪些方式可能或必然使存在的意义变得晦暗，可能或必然阻碍鲜明地照亮存在的意义？ 这里也在讲存在的"概念"，但不是知识意义上的概念，德文的"概念"也有"把握"、"抓住"的意思，对存在的把握和领会是一切阐释的先行条件。对海德格尔感兴趣的同学，知道他后期的作品大量出现两个词"澄明"和"遮蔽"。海德格尔为了避免"光"的形而上学，即知识论的嫌疑，还专门把译为"澄明"的"Lichtung"解释了一下，他说那个词和光没有关系。他有一本书叫《林中路》，他说"光"照向密林，之所以它能照进去，首先密林中间要有敞开的空间，林中有空地，光才能照进来，以此想表达的是，"光"的形而上学属于传统知识论式的形而上学范畴。他自己用这个词，是想表达前形而上学的含义，我一般把Lichtung这词译作"敞开"。海德格尔说澄明和遮蔽是一个事物的两个方面。当你揭示存在意义的时候，解蔽的时候，就是对存在的遮蔽。这个意思我们讲到他的真理观的时候就更加清楚了。人为什么要动用现象学的方法来探究存在呢？海德格尔会引用赫拉克利特的话：自然喜欢隐藏自己，存在喜欢隐藏自己。当你把它揭示出来的时候，同时也是对它的遮蔽。这不仅仅是"可能"的，而且是"必然"的。当然，遮蔽有各种各样的方式，有的尚未揭示，有的再次遮蔽，这里说，变得晦暗，甚至有双重遮蔽。因为人是有限的动物，你就只能走到哪看到哪，想太多，是瞎想，想抓住永恒真理，是做梦，大概就是这个意思。

平均且含混的存在之领会复又浸透着流传下来的关于存在的理论与意

见。关于存在的理论或意见，这就是传统的存在论，就是传统哲学。教科书上在早期希腊哲学部分，经常会提到"真理"和"意见"，海德格尔用于翻译希腊文"意见"的德文词，也有"观点"、"看法"的意思，从这个角度讲，说哲学就是"世界观"，显然海德格尔是不同意的，他的这种哲学恰恰是要消解各种理论和观点，甚至是消解哲学的哲学，有点像苏格拉底。不幸的是，在教科书中，苏格拉底通常却被描画为追求"定义"，这也不仅是我们中国人搞错了，恰恰是西方近代认识论框架解释古代哲学的结果。

这些流传下来的理论作为这占统治地位的领会的源头，却又始终暗藏不露。——存在问题所寻求的东西并非全然陌生，虽然在最初的确完全无法把握它。如果把哲学理解为世界观，那么各种世界观最根本的部分，一定是关于存在的各种理论，即本体论，它们久而久之被当作自明的来接受，并取得了统治地位，人们不再对之有所反思。虽然我们总有对存在意义先行领会，因此对之并不陌生，但各种理论，甚至就是存在论本身，掩盖着这种领会。我们只接受各种哲学理论成果，但生发出这些果实的秘密，对存在的意义之领会却被掩盖着。

在这个有待回答的问题中，问之所问是存在——使存在者之被规定为存在者的就是这个存在；这里开始的后面三段，是将上面所说的，追问存在意义问题的三个结构环节具体展开说明，被问或所问的，被问及的，发问的意图。可以喝水，使我手中的这个东西成为杯子；每天读书学习，泡图书馆，使得你们成为学生。抛开一切具体规定，使某个存在者成为存在者的，只能就是存在。**无论我们怎样讨论存在者，存在者总已经是在存在已先被领会的基础上才得到领会的。存在者的存在本身不"是"一种存在者。**又出现了"总已经"，存在"先"于存在者。存在不"是"存在者，这就是存在与存在者的差异，海德格尔把它叫作"存在论差异"。这个差异被炒得很热，首先因为海德格尔做了区分；其次因为他的思想有所谓前后期的"转向"，即从探究此在转向探究存在；再次，他在某处确实说过：

我们是否可以不经过存在者直接探究存在；最后再加上他后期的行文非常怪异，不像言说存在者的正常话。这四点使人们认为，海德格尔后来只研究存在，不管存在者了。这是不对的！后面马上会看到。当然，存在论区分是对的，而且很重要。

哲学领会存在问题的第一步在于"不叙述历史"，也就是说，不要靠把一个存在者引回到它所由来的另一存在者这种方式来规定存在者之为存在者，仿佛存在具有某种可能的存在者的性质似的。海德格尔引用了柏拉图《智者篇》中的一句话，后面这句是用来解释所谓"不叙述历史"的，意思就是说，我们对粉笔的规定，我们追问粉笔"是"什么？粉笔是用来写字的"工具"，对存在者的定义，都是用"A 是 B"这个模式。那么这样，我就可以再问 B 是什么？工具是用来工作的"物"。物是什么？海德格尔还专门有一本书《物的追问》。人是什么变的？猴子。猴子是什么变的？鱼。鱼是什么变的？原生物等等。这就是所谓的叙述历史，不断从一个存在者，追溯另一个存在者来说明它。我们结合第一节第二点，存在是不可定义的。存在和存在者的区别从逻辑上来讲，就是它不能定义。不能用一个说另一个，它是绝对的，绝对就是没有相对的东西，说"A 是 A"形式逻辑上看是同义反复，但细究的话，这就是大名鼎鼎的"同一律"，所有知识的根基，使 A 成为 A 的，就是 A 的存在。别忘了，只有神能说：我是我所是。所以，存在作为问之所问要求一种本己的展示方式，这种展示方式本质上有别于对存在者的揭示。不能定义，但也不是无法探究，存在需要"展示"或"揭示"，定义是理论，只对存在者有效，展示必须在实践的意义上去"实施"。

据此，问之何所问，亦即存在的意义，也要求一种本己的概念方式，这种概念方式也有别于那些用以规定存在者的意义的概念。探究存在要用一种展示的方式，这就是存在的独特之处。我们解构历史，展示它，从而来领会存在。对存在者的说明是规定的方式，对存在的揭示是展示的方式。"概念"在德语里和"把握"是一个词，将动词"把握"、"抓住"名词化后就是概念。我对一个东西没有概念，就是我没有理解它，没有把握它。你对粉笔有概念，不是说你学会了粉笔这个"词"，而是你把握了粉笔的用途，知道他是用来这样书写的。来了一只猴子，它不知道这样来使用这根白乎乎的东西，就是说，它对这东西没有概念。存在的意义的本己"概念"方式，有别于规定存在者的概念，需要去揭示它，不断地展开它。定义就是把某物"定"下来，不再变了，其丰富性就没了。存在先于本质，就是说，人总也"定"不下来。

接下来讨论存在意义问题的第二环节：被问及的东西，虽然人们热炒"存在论差异"，好像可以直言存在，但是我们看，**只要问之所问是存在，而存在又总意味着存在者的存在，那么，在存在问题中，被问及的东西恰**·······**就是存在者本身**。只说存在，就是痴人说梦，存在一定是存在者的存在，离了某个存在者，你啥也说不出来。即使海德格尔后期，他也得说个诗，说个画，讲个壶，这是必要的结构环节，头、躯干和四肢，少一个环节，你活不了。

　　不妨说，就是要从存在者身上逼问出它的存在来。但若要使存在者能够不经歪曲地给出它的存在性质，就须如存在者本身所是的那样通达它。这个话听起来好像没什么，实际上什么叫"不经歪曲地"，什么叫"如其本身所是的"？按照通常的理解可能就是，不依人的意志为转移的。我们哲学教科书中反复强调不依人的意志为转移的客观实在，这里咱们也引用一句马克思的话，他说："被抽象地孤立地理解的、被固定为与人分离的自然界，对人说来也是无"。此话来自《马克思恩格斯全集》第42卷，人民出版社1979年版第178页，版本有点老，话不过时，我专门找的。那些所谓的客观实在，对人来说，马克思说那是个"无"，而我们偏偏认为马克思宣扬物质第一性。我们学现象学的口号"面对事实本身"，什么叫事实？我们说，科学家们不就是谋求不经歪曲地，如存在者本身所是的那样来通达存在者吗？特别是到了近代哲学，培根提出"四假象"——种族假象、洞穴假象、剧场假象、市场假象，那个时候人们的理想就是把人们从各种假象当中拯救出来，然后做一个冷静的自然观察者。我们心目中的科学家就是这个样子的，冷静地观察自然，观察事物。比如一根粉笔，它本身的属性，它有多重，有什么性质，由什么组成的。这不是很正常吗？还用得着专门去强调吗？所以这里"被问及的东西是存在者"，我们说，如其本然地、不加歪曲地，这在哲学上恰恰大有说道。

怎么样才能面对事情本身？那个"本身"不依赖于你了，你怎么知道那个东西？这就是海德格尔后面讲的现象学。我们刚才讲解蔽和遮蔽的关系，怎么样这个存在者就是"如其本然"？我们规定，这是一支粉笔。我们觉得这样的规定没有错啊，为什么呢？因为它"本来"就"是"粉笔，不依人的意识为转移，世界上的人死光了，它照样是粉笔对吧？还能是什么呢？实际上人死光了，它还是不是粉笔真的不好说。猴子只能看见白乎乎的一根小圆棍，蜜蜂甚至另有所见。而且，就是这只粉笔，比如说，当我给大家讲亚里士多德时，亚里士多德说重物依其本性就应该在下面，所以当它往上走的时候就越走越慢。当我用它做这个实验的时候，我们说这个东西是什么呢？这就是一个"物体"，无所谓粉笔。有一个同学在打瞌睡，我把这个粉笔扔过去，是不是在使用它？那么它现在是一个什么呢？不要以为这个东西就"是"粉笔，这就是我们讲的"规定"、"定义"的限度。当你用 A 是 B，C 是 D，用概念的、范畴的、逻辑的方式来说明一个事物的时候，恰恰未必是如存在者其本来面目来揭示它的。那么这个存在者的本来面目到底是什么？我们先说答案，恰恰就在于人不断地对它进行一种使用，把它所有的丰富性在实践中发挥出来，那才是"面对事实本身"。恰恰是有人参与，人去揭示，恰恰是一个"主观"的东西去认识它，它才成为一个"客观"的事物。如果粉笔的例子比较勉强，假如说这个存在者是人的话，会怎么样？"存在先于本质"，你对这个"人"下一个定义，无论是人类也好，还是一个个人也好，特别是那种伟人，你把秦始皇给下一个定义，他是一个伟大的皇帝？他是一个无恶不作的暴君？还是其他什么？真的是盖了棺都不能定论。所以说，什么叫"面对存在者"？恰恰是因为存在者的那个"存在"是不断地展现出来的，所以你就要不断地去揭示它，这才叫"面对事实本身"的态度。"路遥知马力，日久见人心"，日久都不一定能见，秦始皇死这么多年了，有谁知道他老人家在想啥。你要是想一下子把握一个人，说他本来就是个什么样的人，这个人"本来"就是一个坏人，一个具有不依人的意志为转移的坏的属性的坏人。我们说，这种态度就叫主观主义，而不是面对事情本身。这意思往下会越来越清楚，海德格尔哲学的特点就是这样。

从被问及的东西着眼来考虑，就会发现存在问题要求我们赢得并事先确保通达存在者的正确方式。不断地强调问题的提法，正确的方式、方法。所以，现象学，如胡塞尔所说，它是一个方法。不是说现象学家这个流派提出了一个什么样的观点，现象学没有观点，它告诉你要回到事情本身，而不是回到康德去。那时提出"面向实事本身"，就是针对当时新康德主义要回到康德去，就如同针对两个凡是的真理标准大讨论。所以现象学就是正确的"方式"，怎么或"如何"从这个存在者上探究它的存在，我们现在探究的是存在者的存在，而不是它的某方面的性质。要是探究性质，那么这个粉笔就是能写字的书写工具，就完了，定了。可是，我们探究的是作为存在者的存在，如果再用定义的方法就不够，它的丰富性就被"定义"给遮蔽掉了。

不过我们用"存在着"[seiend]一词可称谓很多东西，而且是在种种不同的意义上来称谓的。我们所说的东西，我们意指的东西，我们这样那样对之有所关联行止的东西，这一切都是存在着的。我们自己的所是以及我们如何所是，这些也都存在着。在其存在与如是而存在中，在实在、现成性、持存、有效性、此在中，在"有"[es gibt]中，都有着存在。"存在"在海德格尔看来确实是哲学上最高的一个概念了。我们的言说、意指、行为之所指，也包括这些活动本身，都存在着。什么叫"实在"？德国哲学里"实在"就是有内容的、有规定性的。红的、方的、甜的等就是"实在"的谓词，这支粉笔是白色的。那么这些作为可规定的性质，从本体上讲当然也都实在地存在着。"现成性"就是不变化的、固定的属性，固定的事物，一块石头，当然它也存在着。"持存"即持续存在，钻石恒久远，一颗永流传，永恒的爱情虽然它是虚的，但是持存，至少我们希望它持续

"存在"。"有效性"，一个东西有效或无效，这是具体的，但是只有某物存在，才谈得上有效或无效。"此在"这个词是"Dasein"，这个词太重要了，下一段要重点讲。在古典哲学里面一般翻译成"定在"、"存有"，有的时候干脆就翻译成"存在"，指具体的、此时此地的存在。在这里，我认为没必要译作"此在"。在所有的这些情况下，确实都先有"存在"这前提。"有"就更不用说了，es gibt 这个词相当于英文的 there is，"有"本身就是存在。

我们应当从哪种存在者掇取存在的意义？我们应当把哪种存在者作为出发点，好让存在开展出来？出发点是随意的吗？抑或在拟定存在问题的时候，某种确定的存在者就具有优先地位？这种作为范本的存在者是什么？它在何种意义上具有优先地位？这是海德格尔的一种文风，经常在某一段的最后，他就会弄出几个疑问句。当然，这里是要引申出存在意义问题的第三个环节：发问的意图或所指，只有能发问者才会"有意图"，唯一能发问的存在者，"此在"，《存在与时间》里的绝对主角，就要闪亮登场了。

如果我们确实应该突出地提出存在问题，并且充分透视这个问题，那么，依照前此所作的说明，可以知道：要想解决这个问题，就要求把审视存在的方式解说清楚，要求把领会意义、从概念上把捉意义的方式解说清楚，要求把正确选择一种存在者作为范本的可能性准备好，把通达这种存在者的天然方式清理出来。这里又不断提"方式"，存在意义问题的第三个环节是"发问的意图"，于是，"有意"发问的存在者成为关键，他的各种活动，其实都是对存在发生的响应。

审视、领会与形成概念、选择、通达，这些活动都是发问的构成部分，海德格尔的"发问"或追问（fragen）含义极其广泛，无论审视、领会、选择还是通达都可涵盖在"发问"里面。解释学里面有一个"问"与"答"的逻辑，而且伽达默尔在《真理与方法》里面说得很清楚，解释学根本不是在探究解释文本方法技法的学说，而是一个关于真理、关于存在之发生的学说。也就是说，我们的任何一种活动，在海德格尔这里都被归结为一种发问。解释学里的发问，如果不是如前面所说的"问问而已"的话，那么那种有意义的发"问"，一定是有感而发。而这个"感"恰恰是对存在发生的一种应答或响应，是"答"。比如，你作了一首诗，诗作得非常有创造性，不是从前人那里抄来的，一定是你自己有感所发。作诗要有"感"，不能硬憋出来，有感就是对刺激你的东西作答。问一个有价值的问题，肯定也是如此，比如说，同学们三年级了，问的问题已经比较像样子了，回想你们一年级刚入学时候，问的问题自己也会觉得没啥意思，为什么呢？因为你们对哲学还没有"感"，等你有了感受之后，你问的那个问题才有意思，所以当你提出了有价值的问题时，证明你已经有了哲学的感觉，可以与哲学大师们相互问答了。**所以它们本身就是某种特定的存在者的存在样式，也就是我们这些发问者本身向来所是的那种存在者的存在样式**。发问含义如此宽泛，所以这个存在者看来也没别的事干，只剩下发问了。一切活动，在某种意义上，都叫发问，和解释学的"解释"同样宽泛。这个发问者不是别人，就是"我们这些发问者"，我们"向来"，或者说"已经"就"是"的那个发问者。看来，你不想问也得问，勤学好问，人之本性。

　　因此，彻底解答存在问题就等于说：就某种存在者——即发问的存在者——的存在，使这种存在者透彻可见。这就是说，你想把这个存在者说清楚的话，就得依靠对存在的领会，才能把它说清楚，可是，想要对存在有所领会，又要使这个发问的存在者透彻可见。明显的一个循环，下文会专门说明。

　　作为某种存在者的存在样式，这个问题的发问本身从本质上就是由问之所问规定的——即由存在规定的。对存在发问，本身就是对所问的一种回答，对存在之发生的一种响应或应答。喘了半天的大气，现在终于说出来了：**这种存在者，就是我们自己向来所是的存在者，就是除了其他可能的存在方式以外还能够对存在发问的存在者。我们用此在[Dasein]这个术语来称呼这种存在者**。存在的意义问题的突出而透彻的提法要求我们

事先就某种存在者〔此在〕的存在来对这种存在者加以适当解说。主角终于正式登场了！但是登场之后我们还是疑惑不解，海德格尔说了半天"我们自己向来所是"，那他为什么不用"人"？如果用"人"觉得俗的话，用"主体"也可以，为什么非要用一个传统哲学中可以代表任何事物而不是只代表人的词？"Dasein"不过就是指具体的存在，这里要说一说，其实还颇有些说道。第一，从这个词来说，存在是"Sein"，那么仅从词上看，"Person"也好，"Subjekt"也好，显然都不如"Dasein"这个词离它近，"Sein"前面加一个"Da"，"Da"就是"此"、"彼"、"这"、"那"的意思。究竟应该把它翻译成什么呢？现在翻译海德格尔的学者们众说纷纭，我们拿的这本书就翻译成"此在"，我本人也比较倾向于翻成"此在"。那么陈嘉映老师的理由是什么呢？他认为这个词本来就很简单，"Da"就代表"这儿"、"那儿"，就是这个意思，没什么玄妙的，简单的词就简单地翻译，不用夹杂太多，我同意这个意见。

而他的合作者王庆节老师主张翻译成"亲在"，他认为海德格尔在《存在与时间》中区分本真状态和非本真状态，"本真"也可以翻译成"本己"，强调的是切身性，自己、本己，而海德格尔的哲学就是要你去亲身、亲临事情本身：亲临哲学活动，特别是在本真状态下，是对你自己的亲身存在的一种领会，你是独一无二的个体，别人不能代替。比如说"死"，我倒是想替你死，即使我再高尚，可也办不到，这就是你亲身的事情，所以王庆节老师主张翻成"亲在"，这有道理。可是我为什么还是主张简单翻译呢？因为在这个 Dasein 除了它的本真状态以外，还有非本真状态。在日常的非本真状态里面，它可不"亲"，有句话"人在江湖，身不由己"，我现在在这儿讲课，为什么呢？不讲课学校不给我发工资，当然这只是其一。讲课的时候我不是我自己，我消散于外物，我是作为一个教师的存在，这个时候我的身份是可以普遍化的，隔壁的老师同样是作为一个教师的存在，我忙于此事的时候，就不"亲"了，我就不是我自己了。翻译"亲在"，我感觉少了一半意思，而且此在大多情况下不与自己相"亲"，与存在也不亲。

　　张祥龙老师主张把它翻译成"缘在"，因缘关联。强调的是非本真状态下"此在"从"彼"，从与它关联的东西来领会它的"此"。"此在"的非本真状态，就是佛教说的红尘世界，这个世界因缘关联、和合而生，我们说红尘滚滚，就是这个很现实的层面。但是海德格尔可又说，此在本真状态下恰恰是切断了与他人他物的关联，世界毫无因缘。世界没关联了，就把你自己孤独地抛到那里，这时候你的无助感，那个"亲"就出来了，所以"缘在"的翻译又把这个方面是意思掩盖了。当然，本真状态下的此在也会面对他物或他人，而且也可以说是本真的关联或共在，海德格尔还说过"本真的团结"，但"亲"的感觉还是少了些，从世俗上看，就是"没缘"。

　　陈春文老师的主张很独特，将之翻译成"Da 在"，这倒也是个办法，就如同他晚期的"Ereignis"不好翻译干脆直接放在那里。还有各种其他的翻译，如"躬在"等等，这个我讲不出太多。总之，我的态度是，词本身比较简单，翻译为"此在"就可以了，至于以上这些内涵，我们在上课的时候再去阐发。而且"此在"这一词确实是离"存在"最近的。特别是，所谓的存在 Sein 在 Da 这个地方发生了，Dasein 将存在接纳到"此"，而"此"对于本真或非本真是无所谓的。这个词在传统的古典哲学里面一般翻成"定在"，或干脆就是"存在"，正如前面所说，存在向来是存在者的存在，所以在传统哲学里面就很中性地翻译成"定在"。黑格尔《逻辑学》里，"有"就是"存在"，然后是"无"和"变"。"有"或"存在"是无规定的直接性，等于什么也没说，于是就是"无"，有无相生就是变。下一个概念就是"定在"。"有"、"无"、"变"这三个概念都是一种纯粹逻辑上的推演，都还不落实，"变"一定是某个东西在变，于是"有"也跟着落实下来了。就是说，存在一定会显现为这儿、那儿的一个存在，这就是具体的"定在"。所以德语里，有时候表达"这支粉笔存在"，就可以用"dasein"这个词，按照汉语习惯，有时也没必要非得翻译成"定在"。这个"Da"本来就是说，具体地存在在这里或那里，从这个意义上来讲，"Sein"和"Dasein"本身就比较亲密，比人或主体更亲近。

另外，我们从海德格尔的思想角度讲，正因为这种亲密性，它才会比对人的各种定义更加切近一些。此在响应存在的发生，于是存在就在此在这儿展开，因而，此在能够领会存在的意义，这是非常紧密的一种关系，或者说，本原的一种关系。在此基础上，人才会用定义的方式，把人规定为各种各样的东西，比如：人是理性的动物，似乎想把人是什么说清楚或定下来。康德的第四个问题就是"人是什么?"这问题都3000多年了，还没有答出来。人到底是什么? 有理性的动物吗? 看看两次世界大战，哪有什么理性啊，甚至日常生活中也有很多癫狂，儿子杀爹，爹毒死妈，妈掐死儿子，伤天害理之事时有发生，皇帝百姓皆不能免。人是会说话的动物吗? 不好说，谁知道呢，别的动物会说话吗? 鸟语花香，也不好说。

总之，最重要的是"此在"与"存在"的切近。"人"这个概念被传统哲学各种各样的定义规定得太多了，所以海德格尔就不愿意再用这个词。而且它的切身性或当下性，正因为被定义，就远离了存在，所以海德格尔选择了"此在"这个词。当然，"Dasein"从翻译上讲，肯定不能翻译成"人"，我们讲的是他为什么要用"Dasein"这个词描画人。那么，他为什么不用"主体"呢? 主体哲学是时间上离海德格尔最"近"的哲学，当然有它的来龙去脉，在他看来，是希腊在场形而上学的近代表现形式，按照主体哲学的脉络，最终会把对世界的探究完全交给科学，因此，海德格尔某种意义上最鲜明反对的，就是主体哲学。可是，《存在与时间》却一度被说成是主体哲学的极端化，此在就是极端的主体，这实在冤枉了他，这个我们以后再说。现在，此在被提出来了，看来很重要，但是，这里面有一个问题，海德格尔下一段就提出来了。

然而，这样做不是显然莽撞地堕入了一种循环吗? 必须先就存在者的
存在来规定存在者，然后却根据此在这种存在者才提出存在问题，这不是
兜圈子又是什么? 我们这本书的任务是探究存在，结果是先谈此在，要从此在出发，而探究此在，又要从领会存在这一前提来探究，否则就不会在此存在。只有这个问题的答案才能够提供的东西不是在解答这个问题的时候就被"设为前提"了吗？这就是我们讲的循环或循环论证问题。

在原理研究的领域中，人们随时都能轻易地引出论据来指责研究工作陷入了循环论证；我们的辩论赛，一般都会遵照形式逻辑的辩论方式，一旦指出对手有循环论证，你就要被鼓掌了，对方就死掉了，你这个说了半天又回去了，等于啥都没说。错！说回去了，才说的是真事。英美哲学最忌讳循环，但德国哲学关键的地方，都是循环论证，海德格尔可以说把它给合法化了。

但在衡量具体的探索途径时，这种形式上的指责总是徒劳无益的。它丝毫无助于领会事情的实质，反而妨碍我们突入探索的园地。这里就涉及"解释学循环"。我们探究的是存在意义问题，必须从此在出发，此在为什么能探究存在呢？是因为它领会了存在的意义，这里面确实有形式逻辑上的循环。我们为什么不喜欢循环论证呢？因为我们曾经受过欧几里得几何学的训练，大部分西方人也经过这方面的训练，如我们在初中几何所学的对顶角相等、平行线永远不相交等，都叫作公理，两点之间直线最短，等等。无论我们做多少的证明题，都是从这些公理、定理、推论出发的。所以，我们一般所谓的可靠知识，欧几里得几何给人类树立了"光辉的榜样"，你看看斯宾诺莎的《伦理学》是怎么写的，就更证明了这一点。所以，特别是在近代，笛卡尔、斯宾诺莎等，理想的知识就是要像几何学那样，要从几条公理逐步推论出所有的知识大厦来。"我思故我在"是一个基础，然后"我"的里面有先天观念，就是这些公理，而世界被还原为广延及其运动，符合这些公理，于是，这个世界就尽在我们的掌握之中了，这是笛卡尔的理想。这种理想知识它不可能循环，只能无限地增多，从这个基础上不断生发出来，一旦有循环，就被认为有问题。

但是我们讲解释学循环，它确实提出了另外一种东西。特别是德国哲学，对于这种知性的逻辑推导，是有所反思的，而且如海德格尔在下一段所说："何况，在问题的上述提法中实际上根本没有什么循环"，他不承认这是循环。为什么呢？我们讲讲解释学循环吧。它告诉我们，你在认识事物的时候不可能是客观的，虽然我们试图抛开"四假象"，但抛得开吗？

特别是第一假象，即种族假象，你不用人的眼光看待世界，那你给我换个别的眼光试试？有人搞动物伦理，打算用猪的眼光看世界，于是说，我们不想被杀掉，我们要猪权。这视角根本就抛不掉，所以，在解释学看来，前理解恰恰是你接受并理解面对你的存在者的一个桥梁，而不是障碍；虽然这个"前理解"有的时候也可以译成"偏见"，并会真的成为偏见，甚至本来就是一种偏见。无疑，个体的知识框架肯定是有一定的限度，比如作为一个中国人，你看美国学生上课把脚搭在桌子上挺不顺眼的，尽管我们也想搭。为啥？这是我们的一种传统观念，作为前理解，根深蒂固在我们血液中的一个框架，而在美国人看，你这也许是一个偏见。可是，要认识一个事物，比如你想读《红楼梦》，至少你得首先理解这是一部小说，小说是什么，之所以你愿意读，是因为它不是《纯粹理性批判》那种书，虽然《红楼梦》说的具体内容还不清楚，但你奔向的是小说这个事先的引导已经有了。读了两页后我知道它是半文言文，应该不是现代人写的，描述的大概是清朝人的生活，这又积淀在了你的前理解里面。再进一步看，贾宝玉和林黛玉在搞对象呢，那肯定就领结婚证了呗，你情我愿，谁管得着？别急，没弄成，死了一个，出家了一个，慢慢地，你便对这部书理解得越来越多了。而这个过程是循环的吗？好像是，然而，你不就是这样在阅读嘛，你花了一段时间，这是无法倒回去的，这个过程恰恰是不可逆的，它恰恰在时间中就那么过去了，循环了吗？

接着这个思路，我们把《红楼梦》换成这大千世界，世界是一本大书，那么我们的前理解是什么？不就是我们的世界观嘛，对世界的理解就叫世界观，你有这样一种世界观，于是你便这样去行为，世界观决定方法论嘛。按照你的世界观行事，结果碰了钉子，比如，你与人相处总是比较谦卑，结果发现，在与某些人相处的过程中，你越谦卑他越伤害你，由此你的世界观发生了改变：对于不同的人我要采取不同的方式。总之，我通过接触一个"他者"，我起初不理解的东西，我慢慢地发现，要以另外一种方式来对待这个事情，这样，又形成了一种新的世界观，或以前的发生了改变，然后，再带着这个新的前理解去理解世界。我们不就是通过这样成长起来的吗？这个里面有循环吗？真正进入时间当中，你是无法循环的，你倒是想循环来着，老了之后再度年轻，没门儿，哪来的什么循环。

黑格尔谈论"根据"的时候，他说我们所认为的典范自然科学才是循环论证。例如，什么是万有引力？你会说，万有引力就是使苹果落地的那个力，那苹果为什么落地呢？是因为万有引力。黑格尔把这种论证叫形式的根据，把真正的、历史事实发生的根据叫作内容的根据，这是不同的。真正在时间中的东西没有循环论证，而它表现的恰恰好像是我所讲的那种循环。而上面那种貌似没有逻辑循环的论证，其实它才是循环反复。比如说，卖假药的说，某种药能增加抵抗力。什么叫抵抗力？抵抗力就是不生病的那种能力。你为什么不生病？因为你有抵抗力。这药能增加抵抗力，这等于啥都没说，就贴了个词上去。还比如，洗衣粉广告里面说，这种洗衣粉是高科技的，里面有速洁因子，就是说那洗衣粉洗的衣服干净嘛，它起了个名字叫速洁因子。啥叫速洁因子，不就是能把衣服洗干净的那个东西嘛，它为啥能洗干净，答曰：速洁因子。所以啊，很多词是似是而非的，如果你仔细甄别的话，真的就是一个空词，就是一个修辞学意义上的"词"。正因为不涉及内容，所以才会循环论证，但是听起来很好听，大家都争相购买，所以，大家其实是喜欢循环论证的。用抵抗力来解释它能够抵抗疾病，用万有引力解释苹果落地，这些理由充分吗？其实万有引力的真正根据，牛顿是不给予解释的，这是一个事实，他并不解释。

所以呢，德国人的哲学一般就是这种循环论证。什么叫主体？被客体充斥的东西。什么叫客体？被主体意识到的东西。什么是先验自我意识？综合了感性材料才成为先验自我意识。感性材料怎么样才统一起来了？就是因为有这个先验自我意识。自由是绝对命令的存在理由，绝对命令是自由的认知理由。这就是循环论证。人为自然立法，就是主体客体之间的相互构造，形成了这个客观的世界。英美人为什么不明白呢？因为他们的脑海里没有循环的思路。所以库恩的范式论，范式到底是主观的还是客观的，他就搞不清楚，因为他不知道主客观是相互建构的那么一个循环的过程，没有这种思维方式，所以他就没法理解。

何况，在问题的上述提法中实际根本没有什么循环。就是说，有循环也没有关系，更何况，我们认识世界和改造世界的活动，本来就是以这样的方式进行的。循环是这种活动的结构，正因为这种结构，它才是真正在时间中单向前行的一个不可逆的过程。**存在者满可以在它的存在中被规定，而同时却不必已经有存在意义的明确概念可供利用。**存在者可以被五花八门地规定，这就是说你对存在者的存在有所把握，对时代精神有所把握，但并不一定就能用概念的方式明确化，比如像黑格尔那样。但是，也并不一定非要明确的概念，有些人敏感，比如艺术家凡·高，他对存在也有所把握，被时代精神所逼促，耳朵都割掉了，除了性格，也是时代造成的，但他肯定不会，也不能以黑格尔那种概念方式言表。

苟非若此，至今就还不可能有存在论的认识，然而实际上确有这种认识却恐怕是无法否认的。从这一句中就可以看到后面第三节的话题：存在问题在存在论上的优先地位。就是说，对于存在，哪怕以前没有明确以海德格尔这样的方式进行把握，但是仍然可以提出各种各样的存在论来。海德格尔要做的就是要追查以往哲学家的哲学的"出生证"，追查他们究竟是"怎么"建构出这些存在论来的。他告诉你，是在对存在有所领会的基础上，才建构出各种哲学来。所以海德格尔这句话的意思就是说，以前一直都有存在论，一直都有哲学，所以，存在之领会是潜藏在它的里面的，而我们没有明确提出来，恰恰是因为我们想着要"明确地"规定它；于是，海德格尔的这种哲学，他自己叫基础存在论，有人将它叫做"前"存在论，其言说方式，让传统哲学看，尤其是英美哲学看，就有点"不明确"。

迄今为止的一切存在论当然都把"存在""设为前提"，不过却并没有把存在当作可供利用的概念——并没有把存在当作我们正在寻求的东西。意思就是说，传统哲学家说了半天存在都白说了，并没有把真正意义上的存在当作寻求的东西。为什么呢？因为他们把存在当作一个存在者了。桌子、椅子、树、人、山、自然、宇宙，旁边还立着个"存在"，传统哲学就是试图用说清楚除其他东西之外的这个存在。海德格尔认为不能这样。

存在之被"设为前提"具有先行着眼于存在的性质，也就是说，一旦着眼于存在，给定的存在者就暂先在它的存在中得到解说。所以说，存在是任何存在论都已经设为前提的东西。你探究存在的时候，就是被存在刺激着去探究的。这种"设为前提"不是理论上的"设为前提"，像知性那样设一个公理，然后去推论，要把它理解成一种生存意义上的前提，这是对存在的领会使然。正如我们具体理解事物，需要带着我们的世界观，哪怕这个世界观是偏见，就是说，你必须有一套看世界的框架。比如说有一个人，他的世界观不怎么样，再不"治病救人"就要坏事了，但即使你想对他进行某种改造，这个人也必须对这个世界有一种人的理解，这就是"前提"，然后，你才能通过给他讲对的和不对的，慢慢改造他的世界观，就是在改造"前提"。如果是一只猴子，你给它灌输共产主义理想，那没有希望。因此这种"设为前提"就不是一种逻辑前提，而是"生存前提"。

这种起引导作用的着眼方式生自平均的存在之领会。事先引导来自对存在的领会，甭管它是本真还是非本真，这就叫平均。**我们自己就活动在这种平均的存在领会之中，而且它归根到底属于此在本身的本质建构。**对存在的领会就是此在的一件事情，属于此在自身的本质建构，意思是，你就是干这事的。我们在世存在的与众不同之处就在于此，那么别的生物怎样呢？德国哲学一般不管这事，德国哲学不考察"子非鱼安知鱼之乐"，哲学就是人的哲学。

这种"设为前提"同假设一个基本命题并由此演绎出一串命题之类的事情毫不相干。显然这个打引号的"设为前提"是指一种被抛的对存在的领会，这个前提是指一种生存论意义上的前提，你已经领会存在了。那么，这种前提就同我们欧几里得几何的那种理论的"设为前提"毫不相干。比如英美政治哲学，先提出几条人性原理，作为前提，然后推论它的结论和体系，霍布斯、洛克都是这样做的。而这种方式，用海德格尔的话来说，是无时间的。其实它恰恰是不在时间中的，为什么呢？欧几里得他本人认为其几何学是放之四海而皆准的，两条平行线今天不相交，明天它还不相交，500 年后也不相交，在美国这样，在中国也是这样，所以这理论是不考虑时间的。霍布斯或洛克也认为，按照我们说的做，早晚一定能成功，人性不会变。

存在的意义问题的提出根本不可能有什么"循环论证"，因为就这个问题的回答来说，关键不在于用推导方式进行论证，而在于用展示方式显露根据。否认循环论证，还可以这样理解，海德格尔的哲学根本就不是"逻辑论证"，解释学也不是理论性的论证，循环是生存的结构，"不可能有循环"是从真正的时间角度来讲的，在时间之中不断展开，这是没有循环的。海德格尔不是要给你论证一个观点，而是让你去看新事物，去看一个新世界，这是他"做"哲学的方式，不是依大前提和小前提搞一个结论，然后让你听他的。我们把哲学理解为世界观，就会这样片面理解，当然，哲学有世界观的功能，但它比世界观"多"一点，比如，苏格拉底给我们提供了一个什么世界观呢？自知自己无知？谦虚？硬要这么说也可以。但更重要的是，他在跟一些僵化的教条的世界观作斗争，这更是其特点，所以他的对话是没有结论的，存在要不断地来展示。

存在的意义问题里面并没有什么"循环论证"，只不过在这里问之所问（存在）明显地"向后关联到或向前关联到"发问活动本身，而发问又是某种存在者的存在样式。存在意义问题形式结构中就包含时间三维度的相互关联，就是前后关联。更重要的，存在需要被揭示，如同绝对精神需要创造对立面，免得孤独，而揭示者就是此在，做发问活动的此在，而此在又是因为它领会了存在，才成为了此在，这就是它们的相互关联，因此才讲存在的"意义"。对谁的意义？对此在来说的一种意义，即存在感，此在感受到了的。此在是时间性的动物，时间就是三个维度的相互绽出关联。

存在问题最本己的意义中就包含有发问活动同发问之所问的本质相关性。这两个东西就是这样像太极图似的缠绕在一起，因此，你说存在就得从此在来入手，你想把此在探究清楚，那又必须依靠存在问题，此在展开多少，存在就显示多少，这就构成了关联。**但这也只是说：具有此在性质的存在者同存在问题本身有一种关联，它甚至可能是一种与众不同的关联。然而，这样一来，不是已经摆明了某种确定的存在者具有存在的优先地位吗？不是已经给定了那应当充任存在问题首须问及的东西的、作为范本的存在者吗？** 这是毋庸置疑的，本书就是在谈论此在及其时间性结构，正因为此在是由时间性所规定的，所以它才能有资格去在时间中追问存在。但是，以《存在与时间》命名的这本书，却把存在与时间两个话题放在了后面，海德格尔比较学理化地探究存在与时间的话题更多见于《康德与形而上学问题》和《现象学的基本问题》这两本书，也就是写完《存在与时间》之后，海德格尔还有一个课题叫"时间与存在"，我们在他的计划中将会读到。之后他的兴趣开始转移，如"技术批判"或对 Erignis 的讨论，但仍然和此在密切相关，比如技术统治，那是存在发生的一种模式，但不论如何，也只能是对此在的统治。

　　前此的讨论还没有摆明此在的优先地位，也还没有断定它可能乃至必然充任首须问及的存在者来起作用。不过，此在具有优先地位这一点已经初露端倪了。 追问存在意义问题最重要的此在这个环节被提出来，这个最重要的环节就构成了海德格尔的特色。我们一定要从发问出发来探究存在问题，所以先得把此在的"资格"，即探究存在的资格搞清楚，因此有的时候我说，《存在与时间》就是此在能够领会存在的一个资格论证。为什么有资格？因为此在是由时间性结构所规定的，你就是这么个动物，所以你有资格做这个事情。资格论证好了之后，由于此在是时间性的动物，就会开出领会存在之视域的时间，然后就该探究时间的问题。而本真的时间中才能面对本真的事物，面对某种新事物，于是，海德格尔大量地解读哲学史，在领着大家解读的过程中，让你看到不同的柏拉图、亚里士多德、康德、黑格尔，这就把哲学带到了一种实践过程中。所以，我认为《存在与时间》是他的哲学宣言，说明我们能做哲学以及做的方法，是解读哲学史的一个预言，而他的解读哲学史活动，就是他在切实地做哲学，也就是我们说的，作为行动的解释学。海德格尔拿哲学史当了他的素材进行一番解释，当然也有解构的意图在里面，所以我们从这里面看到，他的计划都是比较明确的，不存在走不通路了，被迫转弯的困惑。

前面几段，海德格尔费劲地辩解循环问题，他否认对存在的追问里面有循环，我们认为，有循环也没有关系，这个循环是从结构上讲的，以那种循环的方式，恰恰进入到了不可逆的时间之中，真正在时间中的话，你想循环也循环不了。时间本身到底是循环的还是线性的问题，这也可以看作个物理问题，有人把它跟悲观主义和乐观主义联系起来，如果时间是循环的，有人就推论说，干啥和不干啥一个样，总之弄着弄着又回去了，由此得出宿命论、悲观主义的结论。持线性时间观的人说，线性时间让人比较乐观，往前看，有盼头，美好的目标就在前方，而那个循环论就没有个前后之分，没希望。听起来好像是有点道理，很多书上也都这样说，但我仔细想过，这肯定是修辞学的论证，时间观跟悲观和乐观没有关系。即使循环，也可以乐观地对待当下，线性的，恰恰是否认当下，只盯着前面，结果前面还是当下，这样，哪头也抓不到，最终才是悲观主义。所以这都是些修辞学式的论证，我这也是。这是题外话，后面谈到时间时可能还会遇到。

第三节　存在问题在存在论上的优先地位

本节是很重要的一节，学理性强一些，其中最重要的一个词叫"存在论"（Ontologie），而本书涉及这个词时，究竟翻译成"存在论"还是"本体论"也有争议。以前"Ontologie"一词通常被翻译为"本体论"，其含义其实也是关于存在的讨论，译者决定将之改成"存在论"，原因大家可以在书后的译名讨论中去看看。我自己的看法，或者说，我的关注点有所不同，我认为关键不在于叫存在论还是本体论，不在于"论"的"对象"

叫存在还是本体，不在于本体与现象的二分，不利于理解本源性的"存在"，而关键在于：存在的追问方式不该用"论"。于是，这才涉及关键问题，"存在论"在海德格尔那里指什么？我认为，"存在论"在海德格尔文本中大多情况下是指传统哲学，无论翻成本体论也好，存在论也罢，关系不大，而这个"论"是关键的。当然，我完全不否认有些时候海德格尔说存在论，就是指他自己的、探究存在之意义的存在论，这是书后"译名讨论"的看法。咱们在读《导论》的过程中就会发现，甚至海德格尔1935年的讲座就叫《形而上学导论》，可见，他也用"形而上学"这个词。但是，富有他自己特色的话——"哲学的终结与思的任务的开始"表明，海德格尔反对传统哲学、反对存在"论"，那么，具体海德格尔在某个地方用"存在论"这个词指的是什么，我们要具体分析。总之，我主张"存在论"这个词，大部分情况下，海德格尔指的是传统哲学、传统形而上学这个含义。这个大家可以讨论，自己去想，我们下面通过文本具体来看。

以上我们循问题之为问题的形式结构为线索，描述出了存在问题的特征，这样，我们就弄清楚了：存在问题是一个独特的问题，要清理出存在问题乃至解决存在问题，我们需要进行一系列基本的考察。但只有对存在问题的作用、意图与起因加以充分界说之后，存在问题的与众不同之处才会呈现出来。 德语里面的"解决"和解开绳子的"解开"、"松动"一个意思，翻译成"解决"没什么不妥，这是个不重要的词，但如果从海德格尔哲学的特性看，存在问题是永远"解决"不了的，更重要的可能是不断去"松动"成见，这本身就是它与众不同的地方，与探究存在者不同。

到现在为止，我们是这样说明重提存在问题的必要性的——首先因为这个问题源远流长， 源远流长就是说，从古到今都在追溯，说"存在之遗忘"是有特定含义的。**但尤其是因为它没有一个确定的答案，** 这个不奇怪，关键在后面，**甚而至于根本还没有一种令人满意的提法。** 这是关键，提法提错了，"论"了千年也"论"不清楚。

但人们满可以要求了解：这个问题有什么用？它是否始终只是或根本

只可能是对最普遍的普遍性所做的一种虚无缥缈的思辨？ 本书开始一上来就反对说"存在"是最普遍的概念，如果从逻辑的角度来讲，存在真的没有什么好讲的，就是所有事物抽掉所有性质之后，剩下的那个空洞无物、毫无内容的东西。所以，黑格尔《逻辑学》开篇就是那个东西，然后说，它最空洞，跟没说一样。如果我们作那种理解的话，那存在真没有什么好讲的，特别在西方人看来，"有无相生"这样的事情，属虚无缥缈之事，黑格尔就遭人嫌。——**抑或它是最富原则性的又是最具体的问题？** 这当然是答案，它是最具体的问题。这种意义上的"存在"可以与基督教的上帝类比一下，从宗教的角度讲，大家可能好理解，当然也可能不理解，如果你是一个基督徒，你信它，那么上帝对你来说，就会是最丰富的一个东西，你信了，在吃饭的时候，拿起一根火腿，你就看见上帝的化身，但你还是很不客气地把它吃掉。一旦有一个坏的念头，你就听到上帝对你的申斥，按基督教教义，你哪怕有一个作恶的念头，你就完蛋了，那个时候就会有一个声音指责你，你就会感到内疚。或者，你看到个穷人却没帮助，你马上就会感到不安，当然，是不是这样，我不知道，因为我不信。但我们可以理解，按照黑格尔的说法，谁能理解谁，被理解的一方就是低级的，所以他说哲学最高，因为思想能理解宗教那些玩意。一旦信了，神对于信者就不是一个抽象的东西。但如果你是不信的人，就会把神理解为最空洞的普遍性。我讲哲学史讲到基督教的时候，因为我不太信，就着眼于它比较不好的方面讲，比如说，我们中国人讲血缘亲情关系，马克思说，人是社会关系的总和，而基督教就把你从这个具体的关系中抽象成一个"原子"。但如果你信基督教的话，这个原子会和上帝结成一个更大的家庭，爱你的邻人如爱自己。如果你不信的话，就剩个原子，啥都没了，你就成了孤零零的一个东西，这就叫"抽象人性论"。所以我们说，西方或美国遵循的抽象人性论，其实是基督教孕育出来的，但是对不信神的人来说，那它确实就成了一个抽象的、啥都不是的一个个体，既不是父亲，也不是母亲，也不是闺女、儿子，他就只对神负责。而一旦没有了神，不信神，那就是剩下了一盘散沙。西方近代的政治哲学，就是要规范这些谁也不服谁的一群人，以建立一个新的秩序，这事情在柏拉图的理想国里不存在，君君臣臣、父父子子，你有你的位置。现在，人没有位置了，都变得平等了，后来一启蒙，神也被赶跑了，怎么办？建立个利维坦吧，可是，利维坦要是暴君怎么办？人的矛盾就出来了。你真的要信了神，那就好办了，可是，不一定每个人都信它。现在离婚率为什么高？主婚人、证婚人、媒人都是上帝，它一旦变成假的，离就离了。

　　这里的"存在"也是，如果你从逻辑角度讲，它就是最空洞的，啥都没有。但什么叫最具体的，什么叫做哲学？海德格尔给你解读一个文本，这个时候我们就在做哲学，具体不具体啊。而不是说，搞一个什么世界观，像传统哲学那样把世界"说"一通，海德格尔告诉你，咱们来切身看看，世界是什么样子。所以，马克思哲学为什么叫实践哲学，马克思主义活的灵魂是什么？"具体问题具体分析"，没啥神秘的，就是要具体问题具体分析。你不要弄个普遍世界观来指导我的具体行动，当然，可以参考些世界观，但这不够。比如，我发现以我原来的行为方式，跟这个人很难相处，我又想跟他相处，怎么办？修改我的行为举止方式，以适应"对话"。我们讲，中西各种文化的对话、他者，那都是很具体的事情。而最具体的，又是最富有原则的，马克思主义的原则就是：具体问题具体分析。再用宗教术语说，上帝显现在每一件事情、每一个念头之中，可他又是无处不在的、最高的一个普遍者。所以你看，德国哲学主张普遍、特殊、个别三位一体的统一，它不是孤零零的某　环节，所以，存在问题既是最富有原则的，又是最具体的一个问题。

　　存在总是某种存在者的存在。这又是在反复强调，所以，不要老是揪住海德格尔的那句话"不通过存在者而探究存在"，揪住那个存在者和存在的的存在论差异。探究"存在"本身，具体说，毋宁是要探究"差异"本身，这个差异就是存在生发出各种存在者的那原初的东西，不要把二者分开。

　　存在者全体可以按照其种种不同的存在畿域分解为界定为一些特定的事质领域。这些事质领域，诸如历史、自然、空间、生命、此在、语言之类，又可以相应地专题化为某些科学探索的对象。事质领域比较具体。历史，我们的历史文化学院去探究；自然，物理学院、化学学院去探究；空间，一般二流高校恐怕还没人去探究，为什么？这是爱因斯坦或牛顿那个级别的科学家的事情；生命，生命科学学院去探究；此在，咱们学院可以探究，我们有社会学、法学、行政管理，这些都是探究人的。从法学的角度把它抽象成法人，从管理学的角度，把它抽象成被管理者。比如霍布斯，他告诉你被管理者有什么特性。社会学研究作为社会动物的人，他们的互动关系。经济学，把你当作一个经济人，经济主体应该承担什么义务，负什么责任。语言，就是咱们文学院的事。于是，全部存在者的整体，假如说它是一个蛋糕的话，就被各门学科各自瓜分了。当然，这个蛋糕还可以重叠，社会学也研究人，经济学也研究人，甚至人也是物体，服从万有引力和撞击原理，我们不能随便从高处跳下去，这是物理学说的。化学、物理学针对的对象也可以有重叠，这个桌子，在物理学看来就是一个物体，研究它的运动规律，而研究它的成分，就是化学的事。而"人"，各个学科都能来研究，历史也是研究人的历史，自然史是另一回事。而"存在畿域"先于明确的"事质领域"，是你对自己分得的那块蛋糕不太明确的原初领会。

科学研究简单粗糙地把这些事质领域划分开来并开始加以固定。这就是分蛋糕，占地盘，占领更大的研究领域，别的学科的就不要进来了，学科分化，里面就涉及利益，就会产生如"中国哲学的合法性"这样的问题。

藉事质领域的基本结构清理出这个领域，这件事情已经先于科学工作而由对存在畿域的经验与解释完成了，因为事质领域本身就是以存在畿域来划分的。这里翻译成"存在畿域"的德语词是"Seinsbezirk"，是一个很一般的词，就是"存在范围"、"存在领域"，但在这里被赋予了较原初的含义，那么，怎么理解这种畿域呢？后面说，清理事质领域的工作，由对存在畿域的"经验与解释完成了"。"经验"也可以翻译成"体验"，"解释"要宽泛地理解，解释学上的解释可不是理论上把某事物"解释"一番，比如，太阳东升西落，我们用地球自转来解释，解释学的"解释"是很宽泛的。"以往的哲学家都在解释世界"，你怎么样解释这个世界，你就怎么样理解这个世界，你就会怎么样去做。有个人在助人为乐，你把它解释成助人为乐，就说明你认同这个事情，如果你碰到那样的情况，你也会那样去做，这就叫"解释"。换句话说，"解释"在某种意义上，甚至就是你正常的行动，我们说潜意识也好，说它是本能性的也好。从文本里面来说，历史文化学院的人，为何就把秦始皇当作他们历史学的研究对象？这个用不着说，考进历史系的学生跟着老师就去学了，从秦始皇学到毛主席，这还属于近代史，可是希拉里为什么进不了历史研究？这其实是问题，于是就要想，什么叫历史？曰：过去的事情。那么，我的这个 iPhone6 手机，估计马上就要"过去"了，为啥历史系不研究这个东西？而我们学校的妇女博物馆里面展示了一些裹脚布，那为什么就是历史的研究对象？我的这个手机为啥就不是，也不往历史博物馆里放？有人说，你的手机还能用，那裹脚布也能用，只是有点旧，我们的妇女博物馆里就有，历史博物馆里的很多展品都还能用。或说，它还不够古老，那你给我定义一下古老，到哪个阶段就叫历史？这不就是秃子和谷堆的故事吗？悖论就来了，所以，为什么那是历史，这不是历史，这事情实际上是模模糊糊的，但每个做那个学问的人都知道，就是学那个的呀。物理，什么叫物，好像大家都知道，进入物理系，研究的就是这个东西，你叫我研究秦始皇，我是物理系的干嘛要研究秦始皇？那你为什么不研究秦始皇？它是个尸体，也是广义的物体，好像他们也说不清楚。

当然，我们哲学系没有这些恼人的问题，我们不论研究什么都在我们的领域之内。他们不行，他们老师上课瞎讲就是跑题，我跑题跑到天上去，你们去向校长反映，我也不怕，我都是在说哲学，我们是存在论，啥不存在呀。可见，存在畿域是比较原初的"经验与解释"，是你对那个东西的一种不太明确的、模模糊糊的认识。把物理学家叫来问问他，什么是物？他就会哑口无言，你别看他在研究物，他只研究物的性质及其运动规律，他不会去探究什么叫物。生命、此在这些东西也是这样，每个领域，我们都各自有对它的体验和解释，这先于一切理论的把握。所以，正是依照这种前理论的解释，你觉得自己好像不太爱学物理，才能说，我去学语言，我去学文学，或喜欢生命科学。高考报志愿，相信大多数同学对将要学的专业不明确，只有一些对"存在畿域的经验与解释"。

这样生长出来的"基本概念"始终是开始具体开展事质领域的指导线索。"基本概念"打了引号，准确点儿可以叫"前概念"、"前理解"，德语的"概念"本身就是"把握"的意思。解释学的前理解是前还是后？很不好说，前理解是你的一个理解框架，可以说是你历史形成的一个东西，可是在你理解《红楼梦》之前，你就对它"先"有一个清代小说的大致把握，这是前还是后？很难说清楚，时间问题真的是魅力无穷。我从讲台下来往前走，走着走着，就走到后排了。奥古斯丁说时间那么难理解，你真的去探究的话，奥妙无穷。所以这个加引号的"基本概念"，实际上是先于事质领域，你对它的一种"前概念"。你就知道那个东西是物，就要研究那个东西，物理老师们也不用告诉你，咱们研究的是物，照着做就是了。

虽说〔科学〕研究始终侧重于这种实证性，但研究所取得的进步却主要不靠收集实证研究的结果，把这些结果堆积到"手册"里面，而主要靠对各个领域的基本建构提出疑问，这些疑问往往是以反其道而行之的方式从那种关于事质的日积月累的熟知中脱颖而出。往下我们就可以看到以库恩为代表的历史主义科学哲学的影子，就是这一段的后半段，加上下一小段，共半页，其中说的道理是库恩加上拉卡托斯等人，一辈子解决不了的问题，大师和一般哲学家之间真的还是有区别的。我不相信海德格尔会去读库恩的《科学革命的结构》，维特根斯坦跟海德格尔同时代，两人据说好像也没有什么实质性的交流。这两段说的意思，恰好就是库恩的科学范式革命给我们阐释出来的问题。

科学家是怎么搞科学的呢？我们大多没搞过自然科学，但是可以理解，而我们大部分科学工作者就是这么干的，不断地观察，然后寻找规律，从实践中来，提出理论，再到实践中去，我们就是这么理解科学活动的。可是，我们上学期讲康德的时候，提到过科学史上一个倒霉鬼，此人叫第谷，他天天瞪着眼睛看星星，搜集了好几屋子的资料，结果啥规律也没发现，最后怎么出名的呢？是靠他的弟子开普勒，开普勒发现了三大定律，用了他老师的资料。开普勒之后就是伽利略，接着，牛顿体系就诞生了，这个体系很多时候就是用在解释天体运行上面。

牛顿为啥伟大呢？就是居然把苹果落地和天体运行弄到一起去了。这个奥秘何在？我们知道，库恩前面也有理论先驱，比如汉森，他说："观察负载理论"。今天我这微信朋友圈里收到一条视频，我怀疑是我不信佛的朋友，心怀叵测地发给信佛的朋友的，一群和尚在忙着数钱，满桌子的钱，数得不亦乐乎。就这么个画面。对此，几位不信佛的朋友就开始大发厥词，你看这些佛们有多坏，整天在那里数骗来的钱，然后就哀叹：世态炎凉，无佛可信等，不胜感慨。中午我发现，信佛的朋友果然怒了，大喊冤枉，说那是募捐的善款，就要给希望小学了，你们知道什么呀，小人之心度我佛之腹！

于是我又联想到，今年快过情人节之前，有人在网上发了个图：田野中，一只鹅被装在袋子里，放在自行车后座上，另一只"自由"鹅和被捕鹅"亲吻"，这马上就被人演绎成了一个哀婉的爱情故事，凄惨悲凉，生死永别，比化蝶还悲凉，想化蝶都没机会了。我看完了就给朋友圈里发了一句赫拉克利特的话，还专门查了引文出处（《西方哲学原著选读》，商务印书馆2003年版，第26页）："眼睛和耳朵是最坏的见证，如果他们有着粗鄙的灵魂的话"，然后演绎了一下，这个画面讲的故事如下：有人养鹅一只，小的时候让它在水盆里戏水，给小孩子逗乐玩儿。后来长大了，单元房里没法养，再养也养不好了，放生算了，让它到自然里去，就弄了个自行车去放生。刚好想上厕所，把自行车就撂那了，结果那里有一只自由鹅，一看又来了个同类，还穿个袋子，怪新鲜的，就去亲热了一番。恰巧一好事者，咔嚓，相片一拍，发到网上，凄惨悲凉的爱情故事就出来了。

我做的这个解释，也没什么不可能。所以说，你以为你看见了什么，就真的是什么吗？那个信佛的就看见这些和尚在数善款，其实那个短片很短，只有几秒钟，到底是捐给希望小学，还是去花天酒地去了，不知道。不同的人就产生了截然不同的看法，有去美国的老师，回来就说美国好，好得不得了，人素质高，排队不拥挤，助人为乐，车胎爆了马上有人来帮。我也有一次在山里车胎爆了，也来了一群人给我指点怎么顶起来，怎么换轮胎，我也觉得挺好的，中国人也不错嘛！那么，这是怎么回事呢？"眼睛和耳朵是最坏的见证，如果你有一个粗鄙的灵魂的话"，当然，赫拉克利特这句话是贬义，你把它中性地理解，看到了什么，那绝不是眼睛说了算的。但是没有眼睛，你也不要乱讲，这是康德告诉我们的，自己在那里瞎扯构造体系，完全没有眼睛的实证，你也是瞎说，但只信赖眼睛也不可能成为知识，这就是德国哲学讲的道理。但是美国人库恩不懂这些，所以他就搞不懂范式到底是主观的还是客观的，他觉得科学革命是非理性的、主观的，日心说取代地心说，那就是因为人们喜欢，没什么道理，甚至说，因为持地心说的人死完了。可是他又发现，不对，范式共同体能够说到一起，做实验的那些仪器，你所看到的那些实验结果，都是客观的，不是主观的。由于主体、客体在英美哲学里总是两张皮，总搞不到一起，于是，不可通约性、相对主义就都出来了，

在德国哲学里，压根就不存在这样的问题。在这段话里海德格尔就说得很清楚，虽然有实证性，但取得进步，一个范式代替另一个范式，绝不是你单靠搜集证据就能做到的。用库恩的话来讲是这样的，不要拿经验来证明我是错误的，因为你有什么样的范式，你就会看到什么样的经验，比如说太阳东升西落，你说不对，明明是地球转动把我带到了太阳的光亮中，但是如果我以地球为中心的话，我明明看见太阳在动，这有什么好说的嘛！心理学经常用的那个鸭兔图，如果你没见过鸭子，它明明就"是"兔子，它"本来"就是兔子，那还有什么好说的，因为我脑子里没有鸭子只有兔子，那画的就是兔子。所以说，美国好不好，是你认不认同它的那一系列价值观念，或者它的那种文明，再说得简单点，你已经认定了它好或不好，然后再找证据。香港人对于大陆小孩子憋得不行在地上撒泡尿大做文章，我就很讨厌这样的矫情，虚伪到这个程度，还是中国人不？中国人最大的好处就是懂得变通，男女授受不亲，嫂溺怎么办？援之以手。不像康德那样；当然，康德其实也不是那样的，很多人在误解康德。授受不

亲是原则，没错，嫂子掉水里了，你不去救，简直畜生一个。小孩子哪有那么多的理性、那么多的预见，水喝多了受不了，大人们有时忘记提醒，这就上升到文明不文明的高度了，这是吃饱了撑的。美国人排队的原因，让我说：人少。想象一个农民，干活时有痰，随地吐一口，就是不文明吗？广阔的大地，随地大小便又怎么样？

所以，科学革命，不是靠客观地观察自然，而是靠对各个领域的基本建构提出疑问，然后"这些疑问以反其道而行之的方式……从熟知中脱颖而出"是什么意思？就是如库恩所言，"反例"的频繁出现，促使你必须从日积月累的熟知中，从司空见惯的常识中解脱出来。我们为什么说哥白尼革命是翻天覆地的呢？那真是翻天覆地，太阳东升西落看了几百年、几千年了，从我祖先就是这样看的，我爷爷、我爹一直告诉我太阳东升西落，结果你告诉我说，是地球转到太阳光亮里去了，这如果不是思维的革命，指望经验观察，你能观察出来吗？所以你看，这一段虽然话不多，库恩的科学革命思想无非就是这个意思，而且下一段内容还涉及精致的历史主义者——拉卡托斯。

下一小段是精致的历史主义范式论：**真正的科学"运动"，是通过修正基本概念的方式发生的，这种修正或多或少是根本性的，而且对它自己并不清楚。**真正的科学"运动"就是范式革命，修正基本概念，你可以说是由于有"反例"不断出现，解释不了。但就科学理论本身而言，是通过修正理论本身那些基本的，而且是最熟悉的，大家都觉着对，没什么疑问的概念而发生的。比如对三角形内角和180度，甚至直线观念的颠覆，形成新的几何学。修正的深度或根本性，决定是否出现范式革命。

一门科学在何种程度上能够承受其基本概念的危机，这一点规定着这门科学的水平。这就涉及库恩的理论留下的一个困惑。就是说，按照库恩的说法，范式与这个范式下看到的经验共生，你要是在这个范式中，你看到的一定是支持你的经验，别的你根本就看不见。如果这样的话，一旦你承认有"反例"出现，就必须完全更换范式，没办法，纳入不到你的框架之下。可是，真正科学发展的过程告诉我们，革命没那么激烈。科学发展，范式革命的周期不定，有的时候甚至很长时间，没有像库恩说的那样，只要反例一出现，解释不了的事情一出现，马上就要必须修改范式，没有那么简单。于是，后来就出了一个叫拉卡托斯的，把范式的具体结构精致化了，他主张说，每个理论体系中都有一些最最基本的概念，构成硬核，很硬，轻易不变，比如：牛顿力学里面的"质量"，是表达物质多少的量，不随时间地点改变，就那么多。除非遇到相对论这样的大革命出现。但在此概念基础上建立起来的其他概念，力学中那些细枝末节的概念，修正频率可以高一些。他把这些叫保护带，这些是外围的概念，一旦反例出现，可以先通过修正这些外围概念、原理、把不能说明的范例吸纳进来。如果实在是吸纳不进来，反例越来越多，那么危及你的基本概念的时候，这个时候，科学革命才会真正的发生。每个理论有一定的韧度，你攻打指挥中心，你得先攻破外围城墙，所有外围概念都垮掉了，那只好改换基本概念了，这就是所谓的精致范式论。那么，海德格尔说的也很清楚，何种程度上能承受这种基本概念的危机，就证明你这个科学理论的解释力，它的适用范围有多广，你的真理度有多强。

在科学发生这些内在危机的时候，实证探索的发问同问题所及的事质本身的关系发生动摇。实证探索是常新的，总能发现不可解释的反例或现象，于是就会与这个事质领域本身那些概念、原理产生矛盾和张力。解决的办法无非是，要么理论向频繁出现的反例投降，革命，武王推翻了商纣；要么把反例吸纳到这个解释体系框架之下，把它消化了，宋江被招安了。就这两种情况。如果反例大于理论的解释度，那只好再提出一个新的、完全不同的框架来解释这些现象。所以，科学活动其实就是这样进行的，别相信他们看见了真理，其实是人为的建构。当然建构比发现真理可能更牛，这就是"人为自然立法"。

当今，在各种不同学科中都有一种倾向醒觉起来，要把研究工作移置到新基础之上。这句话可以证明，海德格尔生活的时代，虽有战乱，但科学还是蓬勃发展的，各门科学都争着要搞新的基础，所以是量子力学、相对论这种级别的理论出现的一个时代，是科学异常活跃的一个时期。科学上这种大的革命的发生，也促使人们的思维方式，对宇宙、对世界、对时间、空间的理解发生大的改变。这些改变，都不是那些细枝末节的修正。你看当时的诺贝尔奖都是量子力学、狭义相对论这个级别的，咱们现在的这个时代，顶多搞一个青蒿素，这级别是不能相比的。因为这是一个和平年代，搞范式革命不一定有经济效益。爱因斯坦搞个 $E=mc^2$，这玩意没有原子弹爆炸，连证明都难，实验室容不下这玩意，更不消说立竿见影的经济效益。而且，范式革命在初期有的也不太有说服力，比如日心说取代地心说，据库恩的研究，日心说在初期推算出来的天体运行规律还不如地心说，地心说已经搞了很多年，非常成熟了，日心说的偏差反而比较大，为啥要相信你这个范式。伽利略搞落体实验，据说扔完两个球就被赶走了，两个铁球是很难看出哪个先哪个后落地的，守旧的人就会认为，你没推翻我重球先落，轻球后落的原范式，也许手一抖，重球还真的早落了一点，刚好证明了人家旧理论的正确性。所以，伽利略做完那个实验就被赶走了。这更让我们知道了你有什么样的理论，就会看到什么样的经验。所以科学革命这事情，在一个追求经济效益的时代就难了，大的框架变了之后，它是要有一段时间进行反复验证的，不断再成熟，再完善，然后才能产生经济效益，这事我们等不及啊！我们现在的游戏规则大多就是这样，经济游戏规则。这规则实际上对科学反而不一定有促进，当然，某些方面还是有促进的。马克思就看到资本主义制度对科学发展的阻碍，他看到的更多是资本家把一些专利扣下来，iPhone6 还没赚足之前，是不会把 iPhone7 推出来的，这很容易理解。资本主义模式也可以说是宽泛的经济发展模式，其实海德格尔要反省的就是这个模式，这就是他说的技术时代。技术时代有的时候并不是完全促进技术的发展。

貌似最严格构造的最稳固的科学，即数学，陷入了"基础"危机。如何赢得和保证那种本原的方式，借以通达应当成为这门科学的对象的东西——围绕着这一问题展开了形式主义与直观主义之争。以下描述的各门

学科的新气象，由于我不具备那么多专业知识，不能详细解释，只能选了解一点儿的做简单说明。数学上的形式主义和直观主义具体情况说不好，但是这句话"借以通达应当成为这门科学的对象的东西"说明在数学里，我们一般理解的点、线、面、数，也许在某些数学家眼里，大概是成问题的。我们知道欧几里得几何讲直线，平行线永远不相交，但是直线真的就是"直"的吗？比如：按照欧式几何，三角形内角和是 180 度，在黎氏几何和罗氏几何里，可能或大于或小于 180 度，这本身就涉及对直线的理解。比如你从地球的北极往南走，到赤道后拐个"直角"弯，沿着赤道走上 1/4 周，再拐个直角弯向北走，就会回到北极，这个带弧度的三个角形，内角和就不是 180 度了。这就涉及空间观念的一种变化，按照广义相对论，我们所领会的直线，可能是很大尺度的弧线，只是我们视域狭小，发现不了。具体的讲不好了，但可以确定，康德告诉我们，点、线、面、数这些几何、数学的对象本身是构造出来的，那就肯定会有不同的构造方法。

物理学中则有一种倾向，要把自然本身固有的联系如其"自在"的那样提供出来；相对论就生于这种倾向。相对论是为通达自然本身的道路提供条件的理论，所以它试图把一切都规定为相对性，借以保全运动规律的不变性；对于这一点我们可以稍作解释，其一是"如其'自在'的那样"，第二是"通达自然本身"。爱因斯坦有一句名言：上帝不会掷骰子。这是针对量子力学的各种不确定原理而言的，他认为世界还是按照必然的因果规律运行的，这一点上他和牛顿是一致的。爱因斯坦虽然对牛顿有一个革命，但是在这个看待自然的基本态度上，认为"前因后果"不能变，他在这个方面持守经典。但是，正因为要保持前因后果，就必须发生相对论革命。无论探究自然还是日常生活，前因后果都很重要。要没有个前因后果，比如，你碰上一个强盗袭击，然后你正当防卫，到了法庭，那强盗硬说你先打他，他正当防卫，这就难办了。可是在一些非日常的领域里，仍按传统观念，就会出现因果倒置的现象，比如说，按牛顿物理学，一辆车上面站着一个人，他顺着车行驶的方向扔石头，车的运动速度是 5 米/秒，扔的石头速度也是 5 米 / 秒，那么，这个石头的运动速度就是 5 加 5，10 米 / 秒，这是经典力学的公理，不容置疑。但是，如果让这辆车以 0.8 倍光速运行，这个石头也以 0.8 倍光速扔出，加起来就成了 1.6 倍光速了，就出问题了。什么问题呢？比如，我扔支粉笔给你，扔是一个动作，这动作会以光速传到你眼中，被扔的粉笔有一个运动速度，你看见这个粉笔飞向你，这速度应该是光速加上被扔的速度，麻烦了，你"先"看见一个粉笔飞来了，这事在前，所以是因，然后，才看见我扔的动作，这事在后，是果，这样因果就倒置了。这在日常领域不出什么问题，但是如果一旦研究宇宙，比如宇宙爆炸论，当然，我认为这理论也只是猜想，假如爆炸的碎片接近光速，这样你就会先看到碎片，然后看到爆炸本身，这样就乱了，怎么样让它不乱，必须保证光速不可叠加，光速是一个极限。如果按照相对论的体系来解释这个世界，这个问题解决了，但别的问题就出现了。在一个高速运动的条件下，质量就将发生变化，这就是下一句话。

爱因斯坦本来是为了保证运动规律的不变性，因果关系的不变性，保证探究自然本身的合理性，但是，**这样一来，它就和它固有的研究领域的结构问题，和物质问题冲撞起来**。他解决了那个问题，但是按照他的理论框架来考察，"质量"概念就出了问题，我们讲质量是表示物质多少的量，一开始学物理的时候，往往容易和重量混淆，后来就明白了，质量永远不变，三个馒头就是三个馒头，只不过你拿到月亮上会轻一点，在地球上重一点。但在相对论里，速度一高，馒头变六个了，当然，这不是精确的表达，但如果你按原来的质量的概念来理解，它确实发生变化，所以在库恩看来，相对论和经典的力学实际上根本就不是一个世界，而是两种不同的解释方案，这个时候质量就不能用日常的牛顿经验体系来解释。时间是牛顿力学里面一个衡量运动的不变的参数，它是一点一点往后流的，但是在相对论里，一旦高速运动，时间就变长了。天上一天，人间一年，真的就是这个样子，这就和牛顿力学完全没有任何通约性可言了，所以，这些基础的东西，时间、空间的发生变化，时间变长了、尺子变短了、质量增加了，在牛顿力学体系里这没法理解，等于说都错了。这就是我们讲的基本概念、根本框架的变革。爱因斯坦的眼里没有物质和空间的区别，都是统一的"场"的凝结或疏散，凝结了就是物体或物质，疏散了就是空间，空间是物体的延伸，都可以用数学方式来表达，据说这是从马赫那得来的灵感。这就是世界的另外一番图景，或者完全另外的一番解释，你非要拿经典力学去框它，是框不着的。

在生物学中，对机体和生命曾有过机械论的与活力论的种种规定，现在则有一种倾向醒觉起来，要反过头来深入到这种种规定之后进行追问，要重新规定生命体之为生命体的存在方式。机械论最典型的是拉美特利，他有本书《人是机器》，生命体无非是一台复杂机器，只不过比较复杂，以至于连思想都"运转"出来了，但还是可以还原为原子碰撞或上了发条运动的结果。这理论好像过时了，其实不然，你到医院里观察一下，当然主要是西医医院，手术室，要不去光顾一下牙医那里，你就服气了，刀子、剪子、钳子、线，甚至凿子，还有大型器械，和我小时候经常光顾的机电修配厂的车间差不多。活力论就是从内在活力出发解释生命体，细胞就是单元，单元就是自足的，有活力的，我们可以猜测，这肯定的德国人提出来的理论。具体如何不谈，最关键的是，生物学的革命表现在，追问到底什么是生命，生命之为生命的存在方式，真要想号称生命科学的革命，那就要对"生命"本身做一番重新界定。这样才算是重大的科学革命，结构上的革命。那些只会观察实验之流，研究个青蛙早出晚归的规律的，或顶多对象稀有一些，研究娃娃鱼的，那是小事一桩，用库恩的话说，只是常规科学的水平。

在具有历史学性质的人文科学中，透过传承下来的东西、透过这些东西的表现方式及传统而直趋历史现实本身的倾向日益强烈；文献史应当成为问题史。这里提到的历史人文科学，估计和当时的诠释学有关。神学则正尝试着更源始地解释人向上帝的存在，这种解释是借信仰本身的意义先行描绘出来的，并且依然留在信仰的意义之内。神学又慢慢地重新领会到路德的见地——神学教条的系统栖止于其上的基础本身并不主要生自某种信仰问题，实则，信仰问题的概念方式对神学问题不仅不够用，而且还遮盖了它、瓦解了它。这一段我也解释不了太多，神学知识欠缺，但肯定是说，神学也面临着基础性的危机。我对神学的粗浅理解是：先信仰后论证。因为神学毕竟还有个"学"字，毕竟要论证，和宗教学不同就是，先信，然后想方设法论证你信的东西。宗教学可就不一样了，宗教的起源，神是怎么产生的，都能研究。比如尼采就把神说得一塌糊涂，奴隶起义的结果，简直是大不敬。宗教学属于哲学的范畴，研究宗教的人可能有些宗教情结，但不一定信，就是喜欢研究它。总之，这段话虽然有的无法明确解释，但意思很清楚，科学的危机或革命，是整体性框架性的，涉及基本概念和对存在畿域的体验的变革。

一门科学的所有专题对象都以事质领域为其基础，而基本概念就是这一事质领域借以事先得到领会（这一领会引导着一切实证探索）的那些规定。 这就是说，生物学研究"生命"，研究动物、植物等。我们一说生物，似乎都知道那东西了，但真的要"定义"一下，会难倒很多人。即使研究者自己也难，比如有人说，我是搞动物学的，不研究植物学。但发现有一种东西叫冬虫夏草，那你研究还是不研究，这个时候你就要对"植物"或"动物"进行一个明确定义。但是各门具体科学，比如，你问物理学家，物是什么？他不会或不能给你回答，也用不着回答。虽然他受这个基本概念的先行引导，在那个事质领域混迹久已，但物理学只研究物的性质及其运动规律、落体规律、动能势能守恒转换，用不着，也无法研究"物"。"这一领会引导着一切实证探索"的意思是，你进入化学系，那就研究元素的化合分解规律，至于元素是什么，元素周期表上不都找见了吗？氢氦锂铍硼，碳氮氧氟氖，就那些玩意。人也是那些元素化合分解而成的一个复合体。元素究竟是什么？中学化学课本给的解释很让人失望，一个原子核，外面环绕几层电子，好比牛顿说的行星绕太阳。元素之间没有质的不同，一样的原子核，一样的电子，电子少了就是氢，电子多了就是铁，真让人难以信服。但你从事实证研究，却受这种领会的先行引导。

　　所以，只有相应地先行对事质领域本身作一番透彻研究，这些基本

概念才能真正获得证明和"根据"。就是说，哲学要为这些实质领域本身，为这些基本概念进行论证，物是什么，生命是什么，存在者之为存在者，生命之为生命，人之为人。植物人，是生命还是人？这些概念在各自领域通常不证自明，但也常会遭到质疑，需要论证。

但只要任何一个这样的领域都应该从存在者本身的畿域赢得，那么，创建基本概念的先行研究无非就意味着：按存在者的基本存在建构来解释存在者。这种研究必须跑在实证科学前头；它也能够做到这一点。至此，就必须说说"存在论"这个重要概念了。我们说，在海德格尔话语里，存在论约等于哲学。在有些国家，很多学科毕业的博士都叫某某"哲学"博士，Ph D。"百度"上是这样说的："哲学博士的拥有人并不一定修读'哲学'。所谓哲学博士，是指拥有人对其知识范畴的理论、内容及发展等都具有相当的认识，能独立进行研究，并在该范畴内对学术界有所建树。因此，哲学博士基本上可以授予任何学科的博士毕业生。"为什么都叫哲学博士呢？首先可能是因为哲学高高在上，那些科学工作者们要想当大科学家，想着想着就一定会想到哲学问题上，否则就干活儿去吧，不要号称什么科学家。哲学就有这个范儿，没办法，虽然它没啥用。

具体科学，比如物理学，是研究物的存在及其运动规律的科学，你是一个人，但物理学不把你当人，而是把你当物体看，你的运动规律符合惯性定律，紧急一刹车，你没抓好，就向前冲，和垃圾桶一样，用力一推，你就动，劲越大你加速越快，这个时候你就是作为物体及其运动被研究。你说，我道德高尚，我长得美，没用。物理就是研究作为"物体"的存在的及其运动规律的学问。我们听说，哲学可以指导具体科学，一般来说这是空话。牛顿有句话叫作：自然科学家要远离形而上学，啥意思呢？一般的科学工作者，还是少想哲学问题，不要整天想什么是物，而且你也想不出来，那不是你要研究的层次。牛顿的意思可能是，他自己行。他确实行。那么到底什么"是"物，什么"是"光，什么"是"声，什么"是"雷，什么"是"电，世界上为什么"存在"着这些东西，为什么"有"运动，这是科学工作者们永远不会解释的，他们只研究光的波粒二象性那些具体性质，热是分子在做布朗运动。但科学不研究光的"本质"，记住：本质不等于性质，本质和存在在希腊文、拉丁文中都只是不同的变格，没有实质差别。那么这些东西为什么会存在或"有"呢？西方好歹还有个基督教，它告诉我们，上帝说"有"光，于是就"有"了光。为什么自然科学和宗教，尤其是和基督教不太矛盾呢？基督教告诉你，神把这个世界给你创造出来，第一天造光，然后是天地万物，最后一天造人，在此基础上，科学家进而去研究，人有什么品性，光有什么性质，万物各自有什么样的属性和规律。对于声、光、雷、电、语言、历史、生物、人出现在这个世界上的合理性，它为什么"存在"在这个世界上，世界上为什么"有"了这些东西，人的理性为什么能够把握这些东西，就是其合理性，这些问题，具体科学本身完全无法解释，当然也不需解释。而这些问题就得交给哲学，论证存在者之为存在者，或存在者之存在的一门科学，论证物是什么，光是什么，它们"存在"的合理性。在这个意义上，哲学跟宗教解释有相似之处，它为自然科学提供一个基础。这些问题，具体科学不管，万有引力本身"是"什么，世界上的事物为什么运动着而不是不运动？牛顿说，上帝作了第一推动，这个答案本身就不是一个"科学"的答案，它回答是德国人总爱说的"根据"。对于一般科学工作者，它的意思是，你别问了，老老实实研究运动规律去吧。而对世界上"有"运动、"存在"着运动，"存在"着声光雷电，"存在"着万物及其运动的论证，这就叫"存在论"，存在者之存在的学问。

当然，世间存在着很多东西，具体一点儿，比如生命，如何论证生命之为生命，生命为什么是生科院研究的对象，而不是历史学研究的对象，《红楼梦》为啥是文学院研究的对象，而不是物理学研究的对象，即该存在者之为该存在者的原因。亚里士多德说的实体，就是使那个东西成其所"是"的原因，使生物成为生物的原因，作为生物的存在的原因。我们在这样的层次上来看亚里士多德的四因说，比如动力因和目的因，就是解释事物为什么要运动，而不管它到底具体是怎么运动的，加速度还是匀速，用什么公式来表达，等等。事物为什么要运动？它有动力因啊！还有目的因引导着它朝向那个目的而动，所以事物是运动的，而不是静止的。当然静止也需解释，重物"本来"在下，重物到了地上就不动了，没到地上之前它想回到它的位置，就要动。轻物在上，到了上面它就不动了，没到上面它就要动。亚里士多德还有三本原说，用来解释事物为什么要运动，这三个本原是：质料、缺乏和形式。形式就是已有形式，缺乏就是指缺乏的某个形式，然后是质料。什么意思呢？比如说，目前各位是本科生，已有的形式就是本科生；有的同学想考研，而研究生的生活方式，那种形式对于你就是一种缺乏；然后你经过努力考上研究生，但是质料，保证你还是你，这就是三本原说。它用来解释：你现在为什么这么努力地学习，又学英语、政治，又突击专业，忙得不亦乐乎，即，你为什么要运动，那就是，缺乏某种东西。如果你忙着找工作，运动，那么工作对于你来说目前就是一个缺乏，或者说是一个目的。这就解释了你为何不闲着，而是在运动。这些是科学吗？这当然不是科学，但是告诉你，这是运动的"根据"或原因。

所以存在论，就是对存在在世界上的一切存在者进行说明和解释，为它们的存在提供根据，这就是哲学。提醒一句：运动本身也是存在者。最典型的就是黑格尔的《自然哲学》，一本在世界上任何一个图书馆里都是尘土最厚的书，让科学家和哲学家们都认为不可理喻的著作，其目的就是为了说明，声光雷电为什么出现在这个世界上，为什么"有"这些东西，声光雷电这些东西，为什么是人的理性可以把握的，它们对于人来说是合理的，它们是"存在"着的。无疑，这些像是废话，但这，就是哲学或存在论。

对存在者的存在进行探究的一门学问，就是传统哲学。所以说，它必须跑在实证科学前头，它也能够做到这一点。现在，我们就知道了，为什么所有博士都叫哲学博士，如生物学哲学博士，就是生物存在论博士，物理学哲学博士，就是物理学存在论博士。博士，"百度"上说了，是高级人士，不是为了就业的，仅仅精通"物"的性质及其运动规律，这是最起码的，还不够，他要能够多少意识到"物是什么？"这样的根本问题，以便在这些基本概念上有所突破，促成范式革命。科学工作者们呢，就在既定的范式，或者叫事质领域中，对"物"、"生命"这样的东西有"前"科学的领悟，以便"自明地"在这个畿域中干自己该干的活儿。就是说，一般科学工作者不再去探究什么是"物"，什么是"生命"，不用想我该研究些什么，历史系的，直接扑向你已经认为的"历史事实"就够了。然而，只有极少数像牛顿、波尔这个级别的大腕，会对本领域研究对象的"是"或存在有所思考，一般科研工作者从不质疑其研究对象。另外还有一点，具体科学家包括大科学家只分得自己的领域，仅限于自己的"部门"存在论，而一般的存在者之为存在者，整个世界之存在，世界上有万物，有规律，有运动，这些论证，就要交给纯正的哲学博士了，就是康德、黑格尔这样的纯粹存在论博士。

柏拉图和亚里士多德的工作为此提供了证据。柏拉图说，树之所以是树，是因为分有了树的理念，所以这个东西"是"树。至于树到底能活多少年，长多粗，用来做什么家具，你去研究吧，这就不是哲学的事了。哲学告诉你世界上"有"或"存在"着这个东西，这个东西是能够被你的理性所把握的，就可以了。反过来说，一般工作者不去论证它也可以，做他的事就完了。可是，人的理性一旦要问"这个东西为什么存在？""什么叫物？"真的要问的时候，你就必须给它一个说明。什么是猪？亚里士多德的四因说就给你解释，猪就是整天吃饱喝足，越长越肥，最后挨一刀的那个东西。它的所"是"就这样通过它的"运动"得到了理解，而运动可以用四因说，质料、形式或潜能实现说来解释。至于你怎么养猪，怎么让猪长得肥一些，快一些，睡得更多一些，农科院的学者们去研究，搞点催眠手段，用紫光照一照，加点瘦肉精，它就更瘦了。宗教里讲世界上为什么有人，它说为了管理这个世界。黑格尔的自然哲学里先是无机物，然后有机物、生命、人，人最后的目的是什么？绝对精神自我认识的一个手段，所以人就"存在"在这个世界上了，人就作为一个合情合理的东西在这个世界上出现了，"有"了人。对于这些，一般科学工作者知不知道是无所谓的，但是人的理性要追问根据的时候，就必须要有一门关于存在的科学对之进行说明和解释，传统存在论就干这个事儿。

这样为科学奠定基础的工作原则上有别于跛足随行的"逻辑"，"逻辑"不过是按照一门科学的偶然状况来探索这门科学的方法而已。这种逻辑是指知性的形式逻辑，是探究这个世界的工具。当然，各门科学的探讨都需要逻辑，但这不根本性的。

奠定基础的工作是生产性的逻辑，这就是黑格尔为什么把他的存在论叫《逻辑学》，他的整个体系都是按照正、反、合的"逻辑"的步骤推进的，英美人绝不会承认这是逻辑。**其意义是：它仿佛先行跳进某一存在畿域，率先展开这一畿域的存在建构，把赢获的结构交给诸门实证科学，使实证科学能够把这些结构作为透彻明晰的对发问的提示加以利用。**虽然黑格尔的《自然哲学》现在没人看，也很荒谬，但是我们现在可以理解它要干什么了，它要论证自然科学的研究对象的存在，而不是不存在，它们符合理性，所以我们能认识它们。如果世间万物不存在，你还忙活啥呀。当然，这事情对科学家真的没有什么直接的指导作用，世界上为啥有光，管它呢，研究就是了。黑格尔说，光是对某种东西的否定，于是就有了光，不是上帝"说"出来的，而当时的人们把他的自然哲学当科学来看，当然就感觉荒诞得一塌糊涂，外国人不看，中国人更不看。但这本书极具价值的一点，就是在导言里区分了哲学和科学的不同，导言还是值得一读的。读了你就知道，他做的事情根本就不是具体的物理、化学性质层面的，它是存在者之为存在者这个层面的论证，为什么会有物理性的东西、化学性的东西、无机的东西、有机的东西、生物性的东西，最后，有了人。论证出来后，"把赢获的结构交给诸门实证科学"，这就为自然科学对象之存在奠定了根据和基础，自然科学在其上，就可以进行具体存在论的探讨了，就有了物理学哲学博士、医学哲学博士等。所以，各门科学原本也是从哲学里分出来的，它研究比较具体的存在及其运动，比如生物学就是研究人作为生物的存在及其运动规律的科学，人在物理学里面就有作为物体的存在及其运动的规律，你的体积、重量等等符合运动规律，你不能从楼上跳下去，否则撞击力和你的骨架结构是不相符合的，这就是从物理学角度对人的物理学存在及其运动规律的解释。所以哲学作为存在论，就是一般存在者之为存在者的科学。但是，海德格尔认为这个东西仍然是有限度的，为什么呢？因为它假设存在者已经存在了，然后论证它的存在，这就将存在降为存在者了。这一点，传统哲学在思维方式上和自然科学有点类似，这是我们后面要讲的。按照这个思路，中世纪各种对神的存在的论证，在海德格尔看来，也是把神贬低了。

　　上节课的关键概念就是存在论，按照我的理解，存在论在海德格尔的术语背景下，更多的是指传统哲学和传统形而上学。当然也不否认，在一些语境中，存在论就是指他自己的哲学，这也是有的，但是大部分情况下，是指传统哲学。接下来是传统哲学和诸门科学的不同之处，比如说物理学，它是研究物的组成、性质及其运动规律，但是我们讲，物是什么，物理学家一般不太研究。"是什么"，我们说"是"就是"存在"，物理学认为"物"的存在是不证自明的东西。物为什么"运动"，牛顿对它的解释是"上帝给了第一推动"，但这不是一个科学的解答。当时的物理学家，几乎都信奉宗教，西方的上帝创世说解释世界上的事物为什么"有"，而不是无，为什么是运动的，而不是不动的，这与科学不矛盾。我们在讲亚里士多德的时候，虽然他的一本书也叫《物理学》，但是解释的层面和自然科学是不一样的。这就是存在论，解释事物存在的合理性，解释存在者之为存在者，解释事物为什么作为物的存在、作为历史的存在、作为化学的存在，解释声光雷电各种东西的存在的合理性，甚至给你论证，有那么一个世界，去探索吧。我们接着读。

　　于是，举例来说，从哲学上讲首要的事情就不是构造历史学概念的理论，也不是历史学知识的理论，而且也不是历史学对象的历史理论；更具体一点的，什么叫"封建"社会，秦始皇的出生年份、封建社会为何代替了奴隶制，可以分析原因，事实描述，这些都是历史学的各种任务。哲学不干这些事。**首要的事情倒是阐释历史上本真的存在者的历史性**。这就是说，这个存在者，它为什么是历史学要研究对象，这个东西为什么是历史？黑格尔的历史哲学就是为了告诉你，这个或那个是历史，绝对精神追求自由的过程，构成了人类发展的历史，我们研究的对象，就是那个过程中生发出来的东西，它们成为具体历史学的研究对象。这就是黑格尔历史哲学和一般历史学不一样的地方，他解释历史的进程，他给出一个论证，给历史上各种各样的存在给出一个存在的理由，比如普鲁士王国的存在，是绝对精神的最高体现，至于对普鲁士历史的具体研究，那是历史学的事情。黑格尔只告诉你，这就是历史，你可以研究了。黑格尔描述的绝对精神的游历，首先到非洲，然后到中国、波斯，最后回欧洲，在普鲁士找到了居所，这一切，比他的《自然哲学》好不到哪去，甚至更滑稽。但一定要明白的是，他不是在描述真实的历史发生过程，而是在论证作为历史的事物之存在，"有"历史这玩意。具体秦始皇的怎么将封建制改为郡县制，历史学家去研究。

同样，康德纯粹理性批判的积极成果也在于着手清理出一般地属于自然的东西，而不在于一种知识"理论"。这里就涉及海德格尔对康德的独到理解，特别是针对当时的新康德主义，仅仅把康德的《纯粹理性批判》看作"知识论"。按照知识理论，特别是论证知识的"普遍有效性"来理解，确实会把康德简单化。比如太阳晒，石头热，作为观念不具普遍有效性，休谟说只是习惯的观念联想，康德加上"因为"和"所以"范畴，就成了普遍知识，因为人类的认知结构或范畴是一样的，所以知识就普遍客观了。这样讲，就有些简单化了。海德格尔坚决主张，康德的批判是一种存在论，多于认识论，康德要做的是，给我们论证出自然的"存在"。其实康德在《未来形而上学导论》中，除了问数学、自然科学、形而上学何以可能外，还有一个问题：自然何以可能？这问题很怪，自然不依人的意志为转移地存在着，何言可不可能？但这就是存在论要论证的。太阳晒，石头热，加上因果关系之后，它翻天覆地的变化在于，原来是观念中的太阳，晒热了观念中的石头，经过构造之后，就成了天上的太阳，晒热了地上的石头，不光是头脑里的知识的普遍有效性，而是客观世界中存在着因果关系。反过来说，经过主体的建构，就有了一个有因有果、有规律可循的客观世界，这样的自然是存在的，它不是乱七八糟的，这样的自然是可能的，"有"的。然后，至于具体的原因和结果、具体的规律，再交给科学家们自己去找，我们人的面前呈现出来的是一个有因有果的自然界，它是存在着的，康德给予这个世界以存在"论"。

他的先验逻辑是关于自然这一存在领域的先天的事质逻辑。先验逻辑不同于形式逻辑，就在于它是关于对象的逻辑，不仅仅是主观思维形式，物理学有它狭小的事质领域，而哲学面向全体，整个自然，先验逻辑所建构的是全部自然领域。就是说，康德论证出一个有条理的自然来摆在那里，然后交给自然科学家去探究。所以这是从本体论来说的，而本体论就是存在论，这才叫真正地为自然科学奠基。否则，按照休谟，科学家们就只是在观念里瞎忙活。

看上去"存在论"已经很好了，是吧，不，这还不够，往下看：**然而，这样的发问，亦即不偏依任何一种存在论流派及其倾向的最广意义上的存在论，其本身还需要指导线索。**存在论本身，不光是各种流派，即便最广义的存在论，还需要指导线索，需要对存在意义有所领会。我断定存在论在海德格尔那里约等于传统哲学，这就是证据之一。海德格尔以他自己那种方式对存在的言说，大多情况下不叫"存在论"，存在论还需要一个基础。存在论"流派"，这显然是有点贬义。

与实证科学的存在者层次上的发问相比，存在论上的发问要更加源始。存在者层次上的实证科学，不问研究对象的存在，只问其性质及其运动的具体规律。存在论对各门具体实证科学对象的存在及其运动给予说明，这就是存在论，即哲学。当然，要源始些，整体些，甚至可以论证世界或自然之整体的存在，超越部门性的实证科学。可是，**但若存在论在研究存在者的存在时任存在的一般意义不经讨论，那么存在论发问本身就还是幼稚而浑噩的。**很明显，"论"存在者之存在的存在论，通常用来指传统哲学，由于方法有误，并未探究存在的意义，本身是幼稚浑噩的。

存在论的任务在于非演绎地构造各种可能方式的存在谱系，比如黑格尔的体系，就是把各种存在者排到一个逻辑体系里，经过这种吸纳式的论证，这些存在者就是为我的理性所理解的，它的存在是我可以把握的。在这个意义上，哲学就是构造存在谱系。**而这一存在论的任务恰恰须对"我们用'存在'这个词究竟意指什么"先行有所领会。**所以海德格尔说，存在论还不够，存在论与一般的自然科学虽然不同，但是有共同的地方。一般实证科学，如物理学把物当作给定的，只需寻找或探究它的性质和规律。存在论也认为存在者是给定的，存在者已经存在，只不过是要用逻辑范畴的方式说明它们"存在"的合理性。在存在者已经给出的前提下，对存在的言说等于把这个存在降为一个存在者了，虽然它"高于"存在者之上，但也是个现成存在者。具体科学研究存在者的规律，哲学研究存在者的存在，的确本源了一些，但是在思维方式上，同样是从"理论"上对已给定的东西进行某种解释，正是这一点，海德格尔认为存在"论"遗忘了存在。其实存在论就是"论"存在的，可是这种"论"要以先行对存在意义有所领会为前提，关键就在于此。

　　所以，存在问题的目标不仅在于保障一种使科学成为可能的先天条件（科学对存在者之为如此这般的存在者进行考察，于是科学一向已经活动在某种存在之领会中），而且也在于保障那使先于任何研究存在者的科学且奠定这种科学的基础的存在论本身成为可能的条件。括号中告诉我们，科学对具体的如此这般的存在者，就是作为"物"，或作为"历史"的存在者之具体规律进行考察，这种考察由存在论直接为其奠基，而间接也要领会存在的意义。对存在意义的追究，是要先于哲学的，是"前"存在论的，要保障它们两者的先天条件，这个"不仅……而且"进一步说明，"存在论"在海德格尔这里主要指传统哲学。简单说，你在建立存在论的时候，你对存在的意义就有所感应和把握，或者说，回应存在的意义对你的作用，也可以叫一种经验。所以，有人提倡说现代西方哲学中有一种叫经验的转向，不过这种经验和传统哲学的经验是不一样的。传统经验建立在抽象的主体和客体分别基础上，客体对主体的刺激叫经验，英国经验论一开始在培根、洛克那里就是这样的。但洛克有些不一样，比如他说，第二性质，他看到了主体的接受环节，到贝克莱、休谟经验就成了主观观念，到康德就较为完整了，是主体客体相互构造的产物，这就是传统的所谓经验。而现代西方哲学，比如实用主义也讲经验，大多是指经历、体验这一较活泼意义上的经验。现象学，包括胡塞尔的意识活动，海德格尔的操劳体验，你就很难用先验或经验这些范畴来确定了，却有经验的味道。海德格尔解读黑格尔，就是要读出黑格尔在建构哲学体系时候的那个原初经验，你黑格尔必先对时代精神有所体验，有所把握，然后诉诸理论表达，要么何以时代精神代言人自居。原初经验如何获得，这就是海德格尔认为，现在要"做"哲学，就是在这一层面上。

任何存在论，如果它不曾首先充分澄清存在的意义并把澄清存在的意义理解为自己的基本任务，我们这里试着把存在的"意义"翻译成存在感，即把获得存在感理解为自己的基本任务。首先得有存在感，然后才能建构存在论，**那么，无论它具有多么丰富、多么紧凑的范畴体系，归根到底它仍然是盲目的。**显然又是在针对黑格尔，虽然辛苦地探究了存在者的存在，建立了各种完美体系，但还是把存在当作了众存在者之外的一个特殊存在者，和物理学、化学、生物学一样，来进行一种理论说明，这就是不足之处，**并背离了它最本己的意图。**本来是要探究存在的，结果压根就没有入门，都是在存在者已经给定的情况下来探究其存在。现在我们要探究的，是存在如何在其原始的经验中，通过此在的生存给出存在者，存在形成存在者，并造就此在的这种原初发生活动，就叫作存在论差异，要弄清楚的是这个东西。

业经正确领会的存在论研究本身将给予存在问题以存在论上的优先地位，而不止于重新拾起某种可敬的传统或促成某个至今未经透视的问题。但这种事质上的、科学上的优先地位并不是唯一的优先地位。"业经正确领会的存在论研究"，这句话里的"存在论"，就是指海德格尔自己心目中的存在论。这种存在论恰恰是要颠覆，而不是重复以往的存在论传统。于是，本节就完成了"存在问题在存在论上的优先地位"的论证。他说这不是唯一的优先性，显然是指接下来的第四节："存在问题在存在者层次上的优先地位"，这里又要注意"存在论层次"和"存在者层次"的关系。认为存在论层次是海德格尔的层次，存在者层次是传统哲学层次，甚至是具体科学研究对象的层次，是错误的，后面我们仔细分辨。两个标题的原文直译应是："存在问题的存在论的优先地位"和"存在问题的存在者层次的优先地位"。

第四节　存在问题在存在者层次上的优先地位

科学一般地可以被规定为通过诸真命题的相互联系而建立起来的整体。这个定义既不完全也不中肯。从理论角度来讲，有人说科学是命题编织起来的一个体系，奥卡姆好像用过一个词"fiction"，他提出了指代理论。作为唯名论，他只承认个别事物的存在，但比较麻烦的事情是，科学理论如何能够指向对象。在奥卡姆、司各脱那个时代，人们开始注重经验研究，科学研究发展小有成就。但是唯名论认为概念不存在，只有能"拍得响"的东西存在，比如"这"可以拍响，但是只要说"桌子"，就已经在用概念了。奥卡姆他们也注意到，科学也不能仅仅解释为从这些"这"中观察出来的，还是有点主观能动性的，他把科学叫作"fiction"，编织物。这些编织的命题，可以指代拍得响的东西。其实和维特根斯坦的图像论差不离，脑子里一套，脑子外一套，相符合，这就是英美哲学的特点。先预设客体与主体对立，如何符合，就是认识论问题，这在德国哲学不应该是问题。所以说，科学理论本身就是一些真命题的集合，所以这个定义不完全、不中肯，因为少了中间很重要的环节，搞科学的主体。

诸种科学都是人的活动，因而都包含有这种存在者（人）的存在方式。我们用此在这个术语来表示这种存在者。科学研究既不是这种存在者唯一可能的存在方式，也不是它最切近的可能存在方式。人的活动，这是关键。但科学活动只是我们生活方式的一种，如同意识形态里，有科学、文化、艺术等。当然这里面有所指，那就是现代科学技术在生活中唱主角，造就了我们主要的思维方式并处处渗透，比如艺术、诗歌。中文系有一门课就叫"创作方法"，创作就是创作别人没有的，所谓创作"方法"却充满了自然科学的味道，意思就是说，如果大家掌握了方法，随时可以创作。这就充分体现出，自然科学给人带来巨大好处，在思维方式上也给人洗了脑，我们把这叫"唯"科学主义。我们什么都能解决，你不是道德败坏了吗，没关系，心理学已经倾向于把心理还原为生理，生理还原为生物，生物还原为 DNA，还原于基因、嘌呤、嘧啶。有朝一日道德基因找到之后，把你整一整，到医院里开两刀，植入几个道德基因，出来后马上都好了。你知识不丰富，没关系，给你植入两个芯片，知识不用学了，就看你的道德了，而道德再一好，你还需要什么，什么都不需要了，这就是唯科学主义。为什么会出现这样的现象，因为科学带来的好处太多了。诗歌、艺术弄了半天，好像也没有什么长进，从古到今，人还是那德行，我们哲学好像也是这样。在征服自然、改造自然方面，虽然我们也付出了代价，但是成果很大。高铁现在已经很快了，还不够，以后把你整成一束波，传到美国去了，每秒 30 万公里，到了再给你解码，你就还原出来了，美国太近，常去冥王星都行。爱因斯坦告诉我们，质量和能量，波和粒是能够相互转化的，一切皆有可能。所以，科学的辉煌是不能否认的，于是，人们觉得为什么不能将艺术提得更高呢？于是就开始研究，美到底是怎么回事，色彩理论、构图理论、黄金分割等就都出现了，认为这样就可以造出更美的艺术品，所以才有"创作方法"。然而实践证明，不一定。科学有其自身的特点，其他东西也有其特点，神话、艺术、宗教，都是把握世界的不同方式。科学有用，但不是最"切近"的存在方式，比如我们说"异化"，德文字面意思就是陌生化，远化。

此在本身就还有与其他存在者的突出不同之处。现在就应把这种与众不同之处先摆到眼前来。这番讨论预演着以后将要进行的真正展示内容的分析。这就是在前一节提出此在之后，再一次把此在提到一个非常高的地位。

此在是一种存在者，但并不仅仅是置于众存在者之中的一种存在者。我们要自豪一点，不要把自己和其他东西，尤其是动物混为一谈，我们能够领会存在的意义。庄子的相对论，相对的比较离谱，他把一切都相对化了，但是德国哲学，或者说一般西方哲学，不会去探究"子非鱼"的问题。**从存在者层次上来看，其与众不同之处在于：这个存在者在它的存在中与这个存在本身发生交涉。**整个这一段话，给英美分析哲学家看，非得气吐血不可。全是些同义反复、逻辑循环的话。但是我们好像也能理解，在存在中，与存在本身发生关联，你才能存在，就是这意思。

那么，此在的这一存在建构中就包含有：此在在它的存在中对这个存在具有存在关系。和上一句意思相近，我们动态一点想，在切实的生存中与存在发生关联。你对存在有所感应，应了其呼唤，你才去存在、去生存。**而这又是说：此在在它的存在中总以某种方式、某种明确性对自身有所领会。**对存在有所领会，就是对你自己有所领会。因为你是"da 在"，你的后面就带着"在"，你的生存本身就构成了你对存在的领会，被抛给你的，你的这个优先权，还放弃不了。

这种存在者本来就是这样的。它的存在是随着它的存在并通过它的存在而对它本身开展出来的。对存在的领会本身就是此在的存在的规定。这里此在对存在既主动又被动的关系，有点绕，"随着它的存在"，被动含义多；"通过它的存在"，主动一些。通过此在的存在，存在得以对此在展现，你恰恰就是在存在的意义对你的刺激中去存在的，此在是既主动又被动的那么一个角色。自由就是被抛的自由，在康德那里，自由是服从命令，自由本应是为所欲为，但不是的，而且是服从"绝对"命令，没商量，这就是矛盾，但矛盾才是真实。海德格尔不太爱说绝对命令，他提出了存在的被抛性，自由是抛给你的，如萨特所言，想要不想要，不由你，你就是自由的，没办法，没办法却叫自由，这又是一个矛盾。但这是德国哲学的最大思维特点。"对存在的领会本身就是此在的存在的规定"，就是说，你就是干这事的。

此在在存在者层次上的与众不同之处在于：它在存在论层次上存在。我们的身份地位原来都很高，都很牛，我们都是存在论层次上的。换句话说，我们天生是哲学家。有的人说，哲学很复杂，我们难成黑格尔；有的说，很简单，每个人都有各自的哲学。黑格尔牛、康德也牛，我们没有他们那么牛。但是为什么又说哲学很简单呢？从海德格尔这个意义来说，我们任何一个此在都存在着，存在在你这里发生，你与之发生感应，于是，你就对其有所领会，有所领会，你就是存在论层次上的一个存在物，看来，想不成为哲学家都难。当然，你是"前"哲学家，至于是不是能变成真的哲学家，就看你把握逻辑概念、构造体系的本领如何。本领强，就会成为哲学家，本领不强，也是"潜在"的哲学家。大家进了哲学系，看来都是对口专业。

在这里，存在论层次上的存在还不是说：营造存在论。因此，如果我们把存在论这个名称保留给对存在者的意义作明确的理论追问的话，那么这里所说的此在的存在论存在就须标识为先于存在论的存在了。我们是存在论层次上的存在者，往好了说，比营造存在论还原本，先于营造存在论，所以，我们都是潜在的哲学家。而营造存在论，这反而是之后的事情，我们每个人都有这种营造存在论的可能性。因为对存在有所领会，这是你的一个本质规定，所以准确地说，我们是前存在论层次的存在者。当然，往坏了说，我们一般人没有能力"对存在者的意义作明确的理论追问"，黑格尔行，他是实现了的，而我们就只能是"前"或"潜"哲学家了。

不过这不是简简单单地意味着在存在者层次上存在着，而是说以对存在有所领会的方式存在着。此在的先于存在论的存在"不是简简单单地意味着存在者层次上存在着"，就是说，并不是指唯物主义式的，我拍拍自己的胸脯，发出声音的这一堆东西。唯名论者认为，可以"拍响"的"这个"是第一位的，它们存在着，这就是，在"存在者层次上"存在着。其实，黑格尔认为就连"这"也是概念。亚里士多德的实体，只能做主词不

能做谓词的东西，有时候还可以"张三"、"李四"来说，或者用希腊语的
"这一个"来描述，到黑格尔这里，连"这"都是普遍概念，这里的是"这
个"，那里的那个也是"这个"。只有这个"拍得响"的是现实存在的，第
一位的，这就是"存在者层次上存在着"的意思。而海德格尔说的"先于
存在论的存在"，不是这种简单的感性存在，而是对存在有所领会的方式
存在着。每个人都对存在有所领会，如果你是艺术家，就可以用绘画表现
出你的存在感，如果你的逻辑概念能力比较强，就会用哲学的方式表达出
来。我们说，作诗的时候，有感而发，"感"不仅仅是你的主观情绪，而
是你与外界事物相互交感，然后你的内心升起冲动，并表达出来。此在先
于存在论的存在要这样理解，从实际生存着的角度理解。

**此在能够这样或那样地与之发生交涉的那个存在，此在无论如何总要
以某种方式与之发生交涉的那个存在，我们称之为生存。**"生存"这个词
德文 Existenz，英文 existence，我们通常翻译为"存在"主义的就是这个词，
为什么不叫生存主义？应该是由于翻译的原因，这个词也有"存在"的意
思，这没有问题，可能还是比较活生生的那种存在。所以萨特说，存在先
于本质，有主动的意思，彰显其可能性。海德格尔说，"无论如何"总要
以某种方式与之交涉，可以领会到，这个生存本身就包含着被抛性。生
存，我们汉语有时可以理解为"活着"，你活着也得活着，不活也得活着，
但——这又是矛盾，既然活着，就有各种可能性和主动性。

这个存在者的本质规定不能靠列举关乎实事的"什么"来进行。"什
么"就是 what，德文 Was，就是定义它，定下来，而这个存在者"定"
不了，**它的本质毋宁在于：它所包含的存在向来就是它有待去是的那个存
在**；海德格尔有个词叫 Zu-sein，去—存在。这意思和萨特说"存在先于本
质"的意思没什么区别，就是说，人是面向可能性去存在的一个生物，人
相对于其他物体，其他物种来说，是难以定义的，无论个人还是人类。一
块石头，就那么个东西，一头猪，胡吃海喝，也没啥理想，我们可以定义
它们。西方人曾一度认为人是理性的动物，但当人跟人打得不可开交的

时候，就发现那个定义有问题，我们说"禽兽不如"，实在是冤枉了禽兽。所以，很多现代西方哲学家，包括海德格尔，思想中表现出阴郁、沮丧的情绪，这很正常，他们对这个社会的发展，对人性捉摸不透、无法把握了。小资产阶级嘛，不如无产阶级先进，他们档次比较低，只能在那里烦啊，畏啊，死啊的。他们看不到历史发展规律，其实，只有算命的能看到历史发展规律。所以我们是有待去"是"的存在者，先于本质性的定义。**所以，我们选择此在这个名称，纯粹就其存在来标识这个存在者。**"纯粹就其存在"的这个"存在"需要动态地理解，不是现成的东西，如前面说的"在存在者层次上存在着"，而是动态的、时间中的活生生的存在，所以才叫此在，此时此地，真实地在这里存在着。海德格尔愿意用此在，而不是"人"或理性动物来标识，也有强调它的可能性和被抛性的意思。当然，这一段主要是强调可能性。

此在总是从它的生存来领会自己本身：总是从它本身的可能性——是它自身或不是它自身——来领会自己本身。此在生动活泼，不能定义，它是在生存过程中来领会自己本身，领会自己本身，同时就是领会存在，因为它就是一个 da 在。可能性，就是强调去—存在的特点，这一点跟萨特无二。"是它本身或者不是它本身"，这里就有所谓的"本真"和"非本真"的含义，本真就是作为它自己，是它本人，这就是现代西方哲学强调的个体性，你自己。"本真"也可翻译为"本己"，你自己的时间，私密空间。那么什么是"不是它本身"，你们现在就不是你们自身，为什么呢？因为你们在听课，是作为"学生"的存在，尽管这事儿也是你愿意的，你想了解海德格尔思想，你有求知欲，但也不是你自身，你现在是学生。你要是因为搞业务，需要不停地跟别人喝酒，那就是不愿意的，更不是你自身，是业务员。所以宽泛来讲，非本真不是愿意不愿意的问题，就是你愿意的，哪怕听一个音乐会，我沉浸于其中，这个时候你是作为一个听众，来领会你作为"听众"的存在。那么本己的存在，海德格尔用生存论的术语描述，只有在向死存在而面对"无"的时候，你作为你本己的那个"有"，本真或自己的存在，才能彰显出来。这个后面再谈。

此在或者自己挑选了这些可能性，或者陷入了这些可能性，或者本来就已经在这些可能性中成长起来了。"挑选"，比较积极；"陷入"有些消极，不得已；"本来就已经"，比不得已还迫不得已。**只有此在以抓紧或者耽误的方式自己决定着生存。**"抓紧"就是把握住本己，"耽误"就是混迹于或消散于世间，海德格尔用的沉沦、操劳、消散等，都不是贬义词，他说得很清楚，不代表道德上的沦丧。日常生活中，你作为一个学生来听课就叫作沉沦。我一直怀疑小学生写"作业"，和佛教里的"作业"有关，作孽。那么，本真是什么情况？如何不沉沦？没法说不沉沦是什么，并不是说跑到秦岭里去当隐士就本真了，你还得吃喝，逮兔子，摘桃子，像猴子那样，也是操劳于物，那还不是本真。尽管说是你愿意的，也不是本真。本真和非本真这个区分很麻烦，我们后面再讲，本真和非本真作为两种状态或者两个环节，不同文化的差异会造成不同的理解，建议大家多往汉语的"本己"和"非本己"含义想，自己，身不由己，这样"本真"可能就没那么神乎其神了。**生存问题总是只有通过生存活动本身才能弄清楚。**实践哲学味道出来了，只是小资产阶级们总不爱用"实践"，惯用生活、生存，可能是他们害怕马克思或无产阶级。

以这种方式进行的对生存活动本身的领会我们称之为生存上的（existenziell）领会。生存问题是此在的一种存在者层次上的"事务"。生存就是你的一件事儿，就在这件很基本的事儿中来领会，不是什么高层次的或神秘兮兮的。**为此并不需要对生存的存在论结构做理论的透视。**简单的事情不要往复杂了搞，"理论"的透视反而会掩盖生存上领会的原初活泼性。追问生存的存在论结构，目的是要解析什么东西组建生存。我们把**这些结构的联系叫作生存论建构〔Existenzialität〕。对生存论建构的分析所具有的不是生存上的领会的性质，而是生存论上的领会的性质。对此在生存论的分析的任务，就其可能性与必要性看来，已在此在的存在者层次上的建构中先行描绘出来了。**这里出现了"生存论"这个术语，后面还有一个叫"基础存在论"的术语。这两个词一度被炒得很热，特别是"生存论"，简直成了有些人的招牌，他们标榜说，我的这个分析，那可不是一般的分析，那你是……？我这是生存论的分析！或者，你那是认识论，而我，是生存论！好像一提这词儿，就比别人高出一等。其实我告诉大家，这两个词，海德格尔写完《存在与时间》之后就不再使用，或很少使用了。当初我读书的时候还专门问过老师，当时不懂德语，我问"生存论"到底是什么？老师说，没这玩意。因为当时感觉诧异，所以至今难忘。这个词都被炒翻天了，连计算机系的都在说，他们搞的是生存论的计算机。后来我学了德语，再加上把海德格尔文献读了一些，发现不但谈不上多么重要，真的就连专门的"生存论"这个词都没有。

　　"存在论"就是"存在"或"本体"，加上英语的后缀"-logy"或德语的"-logie"，也有人翻译为"存在学"，和生物"学"、心理"学"一样，据说就是关于某某的"logos"，至少这些词是有的。而"existenzial"是海德格尔造的一个形容词，也一直都是按形容词用的，是用来配合前面所说的"生存"（Existenz），与"生存上的"（existenziell）做个区别，里面并没有"论"的含义。海德格尔有时干脆用"existenzialontologischen"，或加个连词符"existenzial-ontologischen"，我也找不出个词来翻译，还是就叫"生存论存在论的"或"生存论—存在论的"吧，但真没有"论"的意思。翻译有点难，含义并不难理解，前面说过，生存是此在的"事务"，对此在的生存结构进行描画，就要从这件事着手，或者说，在生存中进行，这样的描画或分析方式，尽量远离逻辑范畴或定义，就是"生存论的"，甚至也可以叫做海德格尔意义上的生存论的"存在论"，或者可以说此在的存在论。和传统的存在论一样是追问存在者的存在的，只是此在情况比较特殊，要用新的方法，它是从以生存为其事务的存在者出发，而且要在生存的过程中，才能进行存在论结构的探讨，这就是与众不同的地方。比如像康德的《纯粹理性批判》，把人的理性当个尸体放在那里，尸体不会动，他给你解剖一下，告诉你各个环节及其相互关联。海德格尔说：这样不行。我们现在面对一个活物，你在对他做分析的时候，这家伙不老实，不停地生存着。我们讲解释学循环，这最大的循环特点就是从海德格尔这里来的。与以往哲学不同的就是，把人嵌入到做哲学活动的过程中，真正把时间引入到哲学之中，而时间的引入就可能导致传统哲学的消解。传统哲学是解释世界的某个理论框架，时间一旦引入，哲学就不再是某个观点或世界观了，就得与时俱进了。所以，硬要说有个什么"生存论"的话，那就是此在的存在论，只是要用现象学的方法一步一步地去展开或描画，具体方法是解释学的，没什么玄奥的。

我说生存论的分析就是存在论，可以从另一个角度来看。《存在与时间》这本书，包括海德格尔之后的《现象学基本问题》和《康德和康德形而上学问题》，他说话的方式更多还是中规中矩的，对事物各个环节及其相互关系的论证，跟康德没什么两样，只不过术语比康德更活套一些，是对此在的"在世存在"、"在之中"等各个环节的分析，和他后期的作品相比，学理性还是很强的。我们从他这本书规划的框架来看，它的步骤是，先把此在能够领会存在的资格论证说清楚，这就是，它是时间性的动物，所以它能够领会存在。时间性结构搞清楚了，由于此在是时间性的动物，所以它能够形成时间，作为他理解存在的视域。接着就是探究时间结构，时间与存在就是"与"的二而一的关系，探究时间结构就是相当于探究存在的发生结构，这就是对存在意义的追问。海德格尔的这些探究，的确酷似传统存在论，也可能是因为这样，他才谈及"生存论存在论的分析"。但本"导论"第六节"解构存在的历史的任务"，其中所谈内容，对应着残篇根本没有完成的第二部，即海德格尔解读哲学史。这种工作一方面是教学要求，大多是讲稿，我认为更多是海德格尔自己做哲学活动的"表演"。此在的生存论存在论分析，是他的哲学活动的第一步，时间的分析是第二步，做这些工作的同时解读哲学史，这就是要在时间之中真正引着大家去面对存在了。马克思说：以往哲学家都是在解释世界，关键是要改造世界。但我们不能认为，他这就是要哲学家拿起武器去攻占巴士底狱，海德格尔可能认为，作为一个哲学家，他的本领就是让"思想"本身"实践"起来，解读哲学史就是真正"展示"他的哲学，"做"他的哲学，这时他的风格就不是传统存在论那个样子了。但你不要仅仅把这些当作应付学校检查的备课材料，当然，据说德国大学是有些要求的。这些"实践"工作与他的那些"理论"工作相互印证，这些"实践"工作，后来就发展为德里达那些后现代们解构文本的游戏，而那些较理论性的工作，包括这个《存在与时间》，虽然是从此在的活生生的生存出发的，但仍然可以看作生存论的"存在论"。从这个意义上来讲，此在的存在论分析，就是对此在之生存的结构、环节和状态的分析，就是翻译成"生存论建构"（Existenzialität）的那些东西。

简而言之，不要把"生存论"这个词赋予一种矫情的含义，一说到天人合一，就是生存论的，一说到有了雾霾，就是认识论给闹的。就和"现象学"这个可怜的概念一样，被某些人标榜说，我的这个方法可不得了，我这可是"现象学的方法"。什么叫现象学？至少在海德格尔这里，现象学没什么方法，就是告诉你要实事求是，胡塞尔告诉你，老老实实干活，别吹大牛，就这点儿方法，以后我们再说。

但是只要生存规定着此在，对这个存在者的存在论分析就总需要对生存论建构作一番事先的考察。但是我们把生存论建构领会为生存着的存在者的存在建构。生存着的存在者，就是此在，对它的存在论分析，这里已经直接用"存在论"了。所以，海德格尔的这种考察，仍然可以叫存在论，它跟以往哲学不同在于，从生存出发，并有意识地作为一个路标，作为一个步骤。对生存论建构的考察，不是要提供一个标准解释，对人的一个答案性说明，而只是做一个资格论证，为之后的继续探究做准备。的确，这个资格论证和传统存在论在"长相"上没什么不同，只是在海德格尔解读哲学史的时候，真的跟以往哲学有些不同了，以往哲学都提出自己的观点，解读哲学史可没有提出自己的什么观点，他就是领着你去做哲学。所以，本来就子虚乌有的"生存论"，不是海德格尔最重要的东西，更不是一种什么反对主客二分的高级玩意。再提醒一下，生存论的"论"也无从谈起。**而在这样的存在建构的观念中却也有着一般存在观念。于是对此在进行分析的可能性又系于对追究一般存在的意义问题先作一番清理。这里**

又提到那个循环，分析此在的可能性，系于对一般存在意义的领会，而追问一般存在意义，你必须从此在入手，这两个环节就是这样搅在一起的。

各种科学都是此在的存在方式，在这些存在方式中此在也对那些本身无涉乎是此在的存在者有所交涉。此在在做着各种科学活动，活动指向其他事物，桌椅板凳、花草树木、人、自然、历史，这些都不是此在。**此在本质上就包括：存在在世界之中**。不是说，先有一个此在，然后，被抛到这个空间中了。而是说，只要此在生存着，就与这周围世界发生着关联，它是此在的存在建构的一部分，世界是此在"生存出来"的，乍一看，真的有点像主观唯心主义。**因而这种属于此在的对存在的领会，就同样源始地关涉到对诸如"世界"这样的东西的领会以及对在世界之内可通达的存在者之存在的领会了**。在《存在与时间》文本中，打引号的术语大多有派生的含义，比如这里的"世界"，很可能就是指我们日常所"面对"的那个"物的总和"。但在这里，本源的或派生的并不重要，关键是要说明此在与非此在式的存在者的相关性。生存一定是面对存在者的，与存在者打交道的那种生存，于是就有一个世界对此在展现出来，世界伴随着诸多存在者展开。反过来，对其他存在者的存在之领会，就属于此在本身对存在的领会。

由此可见，凡是以不具备此在式的存在特性的存在者为课题的各种存在论都植根于此在自身的存在者层次上的结构并由以得到说明，而此在的存在者层次上的结构包含着先于存在论的存在之领会的规定性。有些学者把"存在论层次"看得高于"存在者层次"，我个人认为这是有问题的。如果让我划一个"层次"的话，第一层次的应该是"存在"，第二层次是"此在"，第三层次是非此在式的"存在者"以及说明这些存在者之存在的"存在论"。第三层次中的"存在者"和"存在论"是同一层次的，如果此在脱离其生存而"观察"自己，那它自己也是一个非此在式的存在者，而如果它切身生存着，那么这个"存在者"的层次要先于"存在论"。换句话说，存在是第一层次的，此在响应存在的发生，领会存在的意义，于是展开一个视域，这视域就是时间。在其中，其他非此在式的存在者进入到这个视域之中而存在，有了这诸多存在者，存在论就对这些存在者给予解释和说明。真要分个层次的话，我认为就是这样的。不是存在论层次"高"，存在者层次"低"。你要看存在者层次是哪个存在者，而且就算是一般存在者，"存在论"也只不过是对一般存在者之存在的说明，同属一个层次。当然，此在本身如果不提高到领会存在的层次，此在也可以作为一般非此在式的存在者，作为一个一般个体，一般的花草树木，世界里面也有人嘛，传统存在论也可以对人的存在加以解释。当把此在提升到对存在意义的领会，那么，它的层次就高于存在者层次和存在论层次了，这意思，往下看会更清楚。

因而其他一切存在论所源出的基础存在论，必须在对此在的生存论分析中来寻找。你看，传统哲学就是存在论，而它们的出生地，要到此在的存在论分析里面来找，可见，此在虽然也是一个"存在者层次"上的，但这个层次可不低，不但不比存在论层次低，而且比它还高。本节的标题直译是"存在问题的存在者层次的优先地位"，而本节的主要内容，就是在讲此在在存在问题上的优先地位。所以，与翻译"存在论"还是"本体论"相关，"存在论层次"与"存在者层次"的关系问题似乎被转移了话题，离题了。再说一遍，我认为海德格尔的存在论多指传统哲学，主要毛病在"论"上，不在于"本体"还是"存在"。第二，存在者层次，不比存在论层次低，而且翻译"存在者层次"实为不得已，德文原词"ontisch"完全没有"者层次"的含义。另外，需要提醒大家的，还有这个"基础存在论"，和此在的"生存论"分析一样，它被使用得也不多，不要把这个词看得太重，以为海德格尔的这个存在论有多么的基础，要为那些存在论奠基。没错，有这个意思，他认为这个东西更原本，但并不要以基础主义那种思维方式，理解为让另外一些东西建立于其上的某个基础。我们中国人总喜欢还原：似乎把最终的东西拿到手，一切就都搞定了，比如贝克莱，他说了些什么，不管他，只要最终我知道，他是主观唯心主义，这就算理解了他。这没用，科学可以是这种思维方式，你把大千世界还原成原子及其相互碰撞，这样就把复杂的世界简单化了，然后我们就可以对它进行把握。科学家有权利把大千世界还原为某种基础，从这个基础出发返回去解释现象，将一切简化后进行研究，比如，热就是分子运动。但是哲学，恰恰是让你具体问题具体分析，有这种基础主义的思想就非常麻烦。比如说讲马克思，别的都不要说了，最后还原为物质就都搞定了，这很麻烦，似乎只抓住"物质"就都懂了。其实马克思本人最在意他的《资本论》，从抽象的商品出发，把其间包含的内容逐步分析出来，就像黑格尔从"存在"出发那样，那才是他的精华。这里面我们又会只盯上"生产力"或"经济基础"，认为抓住这个就理解了马克思，因为这是基础。但《资本论》探究最多的恰恰是"生产关系"，对资本主义生产结构的分析，"生产力"就是一个高度提炼的概念，它的真正内容都表现在生产关系的分析，当然，他会用这对矛盾解释历史，两者发生矛盾的时候会怎样，解释历史发展。我们说哲学，恐怕也不光是哲学，是要谈"内容"的，有些书很厚，但很空洞，发明一个词，然后，你看，这个东西可以套上这个词，那个东西也可以，以至于很多东西都可以，于是，字数很多，也写了一本书。可是，合上书后，好像就说了那么一个词，就完了。这跟基础主义思维方式很有关系，康德也说废话，但我们发现有内容。好像我们训练不出来，老子孔子不说废话，我们现代人需要说废话，但能力有待提高。

　　由此可见，同其他一切存在者相比，**此在具有几层优先地位。第一层是存在者层次上的优先地位：这种存在者在它的存在中是通过生存得到规定的**。都是存在者，我们为什么那么牛？因为我们是生存着朝向可能性去存在的存在者。猪呀，石头呀，它们定了，就那样的，没戏了，猪不可能创造奇迹，我们可以。**第二层是存在论上的优先地位：此在由于以生存为其规定性，故就它本身而言就是"存在论的"**。这就是上一节说过的"在存在论层次上存在"的意思，意思就是，只要你是真正面向存在而生存的存在者，你就是一个潜在的哲学家，存在论家，说得再准确点，前存在论

家。而作为生存之领会的受托者，此在却又同样源始地包含有对一切非此在式的存在者的存在的领会。此在的生存打开了一个视域，使得此在能够去领会其他一切存在者的存在，或者说，让它们进入到打开的视域中来。**因而此在的第三层优先地位就在于：它是使一切存在论在存在者层次上及存在论上都得以可能的条件。**可见，虽然此在是个存在者，但这个存在者优先于一般存在者，以及对这些存在者之存在进行探究的存在论，是它们的可能性条件。**于是此在就摆明它是先于其他一切存在者而从存在论上首须问及的东西了。**这里海德格尔就用了"存在论"，可见生存论的分析，就是此在的存在论。真要有什么"生存论"的话，无非就是从此在入手，用现象学方法去探讨的存在论。我的理解就是这样。

而生存论分析归根到底在生存活动上有其根苗也就是说，在存在者层次上有其根苗。存在者层次不"低"，它现实的生存也不"俗"，强调这些，正是海德格尔哲学特色之所在。生存论分析，或者各种暂时性的"分析"，都必须落实到生存活动，要根植于此在的"事务"，最终要随着这种"俗事"展开，就是说，生存论的分析要与前文提到的生存上的（existenziell）领会相呼应，反而要根植于存在者层次（ontisch）上。这就进一步证明，存在者层次根本不是那么"低"的，当然，这个存在者必须是此在，生存着的此在。

只有把哲学研究的追问本身就从生存上理解为生存着的此在的一种存在可能性，才有可能开展出生存的生存论结构，从而也才有可能着手进行有充分根据的一般性的存在论问题的讨论。哲学研究本身，追问本身，就是一种存在可能性，以这种方式存在的就是哲学家，他就是这样解释世界，同样也是以这种方式改造世界的。不是说哲学家非得去种稻子才叫实践，哲学家自留地里的"营生"就是做哲学，所以，马克思说的"改造世界"，大家一定要正确地理解。把此在真正地拉到哲学活动之中，才可能开展出探讨的维度。**于是存在问题在存在者层次上的优先地位也就显而易见了。**这就是指在探究存在问题中，此在这个存在者层次的家伙，却对于传统存在论有优先地位。

早有人见到了此在在存在者层次上及存在论上的优先地位，这句话再次表明存在者层次和存在论层次是同一个层次，而此在更优先。**虽然还不曾就此在天生的存在论结构把握此在，甚至还不曾提出以此为目标的问题。**下面海德格尔的意思就是，早就有人看出，人在探讨存在问题上的优越地位，但是以前是通过其他方式表述出来的，比如说，亚里士多德谈到灵魂。

亚里士多德说：（人的）灵魂以某种方式是一切存在者。这是海德格尔的翻译，我们还是用康德的话来表述这意思，先验自我意识是伴随其他一切表象的表象。也可以这样说，你在面对其他一切存在者的时候，一定是伴随着你的意识。**这个构成人的存在的"灵魂"，在它去存在的两种方式即 aisthisis[知觉]和 noisis[理解]之中，从其存在与如是而存在的方面着眼，揭示着一切存在者，亦即总是在一切存在者的存在中揭示存在者。**我们容易把这些说法理解为主观唯心主义，就像王阳明的徒弟问他：这个花你不看它之前在不在？王阳明说：不知道，反正你看它的时候，它才对你敞亮起来，你要不看它，它就寂灭了。这和马克思说的一样，离开了人的抽象自然界，对人来说是一个无，太平洋里升起的一个珊瑚礁，对人来说不存在。这话我们听着都好像不符合马克思主义精神，那是物质，它都升起来了，你还说它不存在。马克思的意思是说，这些东西只有在此在的生存活动中，在人的实践活动中，我们才会把握到，它们对人才有意义，这朵花存在着，它是红色的，等等。

这个命题可以一直回溯到巴门尼德的存在论论点；我们最知道的巴门尼德的存在论论点就是：存在和思维是同一的。怎么会"同一"呢？难以理解，脑子里面的和脑子外面的，怎么就变成同一的了。巴门尼德说，凡思维一定有所指，反过来，凡存在的一定是思维所把握到的东西。德语里的"意识"、"觉悟"就是"Bewußtsein"，后面就是"Sein"，即存在；前面"bewußt"，就是"有意识的"、"自觉了的"、"清醒的"。被意识到的，自觉了的，觉醒了的，敞亮起来的存在，就是意识。反过来，真正的存在，只能是被意识到的存在。从构词上看，存在和意识，就像存在和此在（Dasein）那样，巴门尼德说，存在就是被意识到了存在，海德格尔说，存在一定是展现在某个地方的存在。所以，思维或意识一定有所指，存在的东西一定是被思维到的。不依人的意识为转移的存在，其实逻辑上就是矛盾的。后来胡塞尔也谈意识相关性，意向行为和意向对象的相关性。

后来托马斯对此进行了颇具特色的讨论。托马斯从事的工作是推导出诸超越性质：存在的某些问题超出存在者的一切可能的关乎实事而可能归类的规定性之外，超出一切 modus specialis entis[存在者的特殊式样] 之外，同时却又是无论什么东西都必然具有的。这就是我们开篇第一页讲的，存在不是一个族类的普遍性，不是水果高于苹果，存在高于心和物的那种普遍性。我们说存在的普遍性，那只是一种类比，你可以那样来说，但存在超出"实事"的规定，就是具体的规定，它生成或怀有其他一切存在者。对于真的信基督教的人，上帝对他来说是一个非常丰富的存在，无处不在，无时不在，你吃的东西，喝的东西，用的东西，脑袋里的东西，不仅仅是他赐予你的，确切地说，就是他老人家的化身。**这项任务也包括阐明 verum[真理] 即是这样一种超越者。**这需要求助于这样一种存在者才能做到：这种存在者依其存在方式本身就有与任何一个存在者"与生俱来"的特点。这种与一切可能的存在者与生俱来的与众不同的存在者就是**灵魂**。对无处不在的存在之真理的领会，需要一个相匹配的存在者，与任何存在者"与生俱来"的存在者，这就是本节的主题，唯一能领会存在的此在，伴随着一切存在者，因为存在很牛，此在也跟着牛。

此在对其他一切存在者的优先地位在这里显露出来，虽然还未从存在论上加以澄清。海德格尔说此在，而托马斯和亚里士多德都用"灵魂"表达，这的确很像主观唯心主义，可是，**显然，这种优先地位同把存在者全体恶劣地加以主观化的做法毫无共同之处。**为什么会有主观唯心主义的印象呢？由于我们的基础主义思想在作怪，我们喜欢听类似"基础"存在论这样的东西，真要是如此，我们只要掌握最少的东西就可以了。可惜，海德格尔真不争气，到《存在与时间》后面，他进行了本真状态的分析，本真状态的时候，此在是一个孤独的个体。于是有人就发现，从这个孤独个体，这个基础，居然推出了周围世界、世界甚至世界历史，这太不像话了！于是有些学者就说，海德格尔把主体哲学进行了一种极端化，最后《存在与时间》写着写着就写不下去了，海德格尔发现自己错了，然后不得不转向，开始从存在说此在，现在是从此在说存在，犯了极大的错误，本来是要反对主体哲学，后来把"主体"弄得更加极端了。他们理解的"基础"就是这样的，只要有了基础，其他一切就都可以像欧几里得几何学那样推出来，最后世界历史都是从一个孤独的此在推出来的，他们可又被吓住了。

其实，近代的"主体"概念更多情况下不是指个体，康德那里，至少现象界的先验自我意识，是人类意识的一个代名词，黑格尔的绝对精神大多也是。海德格尔、克尔凯郭尔、尼采、叔本华这些人是从个体出发，某种意义上恰恰是恢复了莱布尼茨的单子论传统，单子就是独立的单元，这是德国哲学很重要的一个特点，从"类"出发其实并不是德国哲学的主要特点，只不过康德、黑格尔时代是追求普遍性或客观性的时代，当时的那个时代精神，就是人类意识的觉醒，包括莱布尼茨也有这个问题，他在这个问题上很纠结。你看，像细胞学说、活力论这些从个体出发解释世界的思路，一般都是德国人弄出来的，单子论是非常明显的一个特点。但是，哲学家脱离不了时代，由于科学技术的发展，追求客观普遍性是时代特色，所以康德、黑格尔把这个类意识作为他们主要关注的环节，我说"主要"，就是说，他们也关注个体，特别是康德，他的实践理性的主体，是类还是个体，尤其值得讨论；黑格尔那里，也有普遍性、特殊性、个体性三个环节，更何况，很多学者认为黑格尔已经超出了意识哲学。等到了现代西方哲学，发现这个类意识，人类这个概念，基督教所创建的那种理念，也可能使人误入歧途，人们特别是德国人又回到了个体、弘扬个体、有限性的这个环节上来。所以，海德格尔与近代主体哲学从一开始就不一样了，不是转向后才反对主体哲学，非本真状态下的那个"常人"就是主体。

另一方面，我们刚刚讲过，此在的特点是"去存在"，面向世界的存在。不是先有一个你，你进入空间，然后面对世界，你的生存结构之中就包含着世界，你天生就"带着"周围世界，听起来和唯心主义有点像。可是，你恰恰就是要通过不是你的东西来理解你，就是要朝向其他的存在者去存在，后面他会用"绽出"这个词，你无时无刻不是一个向外的东西，与世界发生关联的一个东西，你想主观唯心主义也不行，你是被抛的，"带着"世界。反过来说，就是你被抛到世界中了，在世界中就要面对其他存在者，想不面对它们也没门儿，而且你还要从那些东西来领会你自己，何谈主观化呢。主体客体相互构造，这种思路康德、黑格尔和海德格尔都一样，这是德国哲学的一般特点，但前者强调主体的建构，后者强调个体被抛的关联，前者尽量避免时间要素，以求得客观性，后者有意引入时间，强调生存的切身性。你把这个套路搞清楚，加上细心分辨，德国哲学也没什么难读的。

要阐明存在问题在存在者层次上及存在论上的与众不同之处，首须提示出此在在存在者层次上及存在论层次上的优先地位。但是对存在问题的这样一种结构分析碰到了这种存在者在问题的提法本身范围之内的与众不同的功能。本节就是进一步提升此在的优先地位，现象学的方法、解释学的方法，其实归根到底都是因为此在的时间特性，他不是神，不能把事情一下子看透，而它本身，也不能像传统哲学那样去定义。**如果追问要变成透彻明确的追问，此在就得展露自身为首须从存在论上弄得足够清楚的存在者。现在事情摆明了：对此在的存在论的分析工作本身就构成基础存在论，因而此在所充任的就是原则上首须问及其存在的存在者。**你看，这里用的就是"此在的存在论"，而不是"生存论"，而且和"基础存在论"基本是一回事，此在生存"论"分析结束之后，基础存在论也基本上寿终正寝，它们只是为追问一般存在意义问题做好准备。

如果任务是阐释存在的意义，那么此在不仅是首需问及的存在者；而

且更进一步，此在还是在其存在中向来已经对这个问题之所问有所交涉的存在者。这里再次出现"向来已经"，此在在追问已经知道的东西，这令我们想起"灵魂回忆说"，苏格拉底的"学习悖论"。所以，追问存在问题无它，只不过是对此在本身所包含的存在倾向刨根问底，对先于存在论的存在领会刨根问底罢了。此在有存在的倾向，这不是主观愿不愿意的那种"倾向"，领会存在也不仅仅是"主观"意愿。但本真的存在之领会通常隐而不显，需要唤醒这种领会，对之刨根问底是一个没完没了的过程，传统存在论就是基于这种领会"出生"的，但成型后就遮蔽了原初领会。

第二章　厘清存在问题的双重任务；本书的方法及构架

　　题目上是方法及构架，但是内容上是先谈了构架，完了再谈方法，这个方法后面专门论述，就是现象学的方法。那么关于这个构架，也就是整个书的规划，这一节和下一节的内容，我要给大家说说所谓海德格尔"转向"的话题。在国内较早进行海德格尔研究的时候，他的著作被翻译过来的，较前期就是这个《存在与时间》，中后期的就是两本《海德格尔选集》，中间还有一本《形而上学导论》，资料的确比较少，于是，当时国内有些学者，包括国外讨论海德格尔的，对于他的思想"转向"那个问题看得比较重。我们说，在国内，至少有材料不足的原因。有学者认为海德格尔的《存在与时间》后面是不太成功的，本来是要反对主体哲学，写着写着呢，可倒好，把"主体"给进一步极端化了。这个说法本身不太对头。我们知道，近代意义上的那个"我思故我在"的主体，后来经过康德、黑格尔的发挥，更多的是指人类的类意识。笛卡尔的"我思"可能有点经验味道，但就其内容来看，是用来为知识客观性做基础和保障的，只能是类意识。而主体，在海德格尔这里，按照我的理解，就是他的那个"常人"概念，这概念其实没有什么贬义，一说常人，好像就是俗人或庸人，要是我翻译，我可能会把这个"das Man"翻译成"人们"。"人们"这个东西，既是我们每个人，又不知道是谁的那么一个东西。有件事，人们都那么说，于是就都去做。碘盐能防辐射，就都去抢，如果问：谁说的？答：人们都那么说。尤其是当我们"自己"，如果做了什么不好的事情的时候，比如跟风发些烂文章，就会说，人们都那么做，没办法啊！近代主体哲学，肩

105

负为知识奠基的使命，只有借助类意识的普遍性才行，海德格尔有意识地反对那个主体，但是反来反去，有的学者就说海德格尔，把这个世界也好，历史也好，归根到底又归到了一个孤独的个体性此在上，更具主观唯心主义的色彩。然后，海德格尔觉得，这种做法违背了他的初衷，于是到了后期就"不通过存在者而直接言说存在"，也确实是有这么一句话，但我认为基本上属于断章取义。后期即使是从存在入手，但存在的发生，还是要此在来感应它，只不过重点转移到言说存在之真理的发生。

可是之所以当时有把转折夸大的倾向，我觉得是忽视了《存在与时间》的这个构架，就是咱们将要看到的这两节内容，还有他第八节规划的那个目录。这些内容都很明显，无须仔细研读就可以发现，其实海德格尔的思路基本上一直贯彻着。他说得很清楚，先是把此在能够领会存在，有资格领会存在意义的这么一个存在者的结构弄出来，叫"时间性"结构。具有时间性结构的存在者可以开展出"时间"，然后就探讨时间结构，时间结构弄出来，那么在真正的时间里，我们做些什么，其实就是解构。海德格尔是个哲学工作者，他能做的事情就是解构存在论的历史，做这么一个工作。所有这些，我们说，在这一节里面，海德格尔规划得非常清楚，这样的话，说他的"转向"弯度有多大，我觉得这个话说得有点严重，海德格尔其实真的一直都在按照他的这个规划一步一步去做。解构哲学史的重点后来放在了尼采，可能也是加上纳粹的折腾，20世纪40年代，他对那个广义的"技术"问题给予了一些思考，我理解可能有点类似于"社会批判"。同时，也正是通过尼采解读，加上亲身经历，他更加领悟到整个西方文化的困惑，于是再往后，他确实有些"转向"，语词上也改变了风格。但这种转向肯定不是他发现了将主体极端化的错误，我觉得更多的是他对西方说话的方式，也就是知识论的传统的反省。因为即使他做哲学史的解构，也仍然是非常哲学化的，还是在这个领域之内，他觉得这种思维方式，对于思想或事情本身可能有一定的障碍，西方的这一整套东西有问题，这个话题就比较大了，就是要对整个西方文化给一个反思，因此他试图借助东方。我们讲老子、庄子、孔子，他们讲的是不是"哲学"，其实咱们真的是可以打个问号。我们不是非要论证我们"也"有哲学，我们没哲学，如果我们生活得好，没什么不可以，为啥非得有西方意义上的那个哲学？我自己的理解，从所谓中国哲学这个角度来讲，到魏晋玄学，可能有了一点儿形而上的意思，到宋明理学，有意识的形而上味道才稍微强了一些，但也只能说有点"像"西方哲学。先秦的那些东西，你硬说孔子是哲学家，你看《论语》里面，好多都是弟子问他个事儿，什么叫"仁"，"仁者人也"，就是一些场景式的问答，他当场就回答了，何为"孝"，"顺"就行了。你非要说他是一个系统的、计划周密的、类似柏拉图或者亚里士多德那样的体系，我觉得真的谈不上。但是这种东西，有它的优势，例如，庄子给咱们讲故事，难道我们不觉得同样有所收获吗？虽然不是那种分析的、逻辑的方法，我觉得海德格尔最终把他的目光转向东方，可能他是想跳出一个传统，并非"学理"转向，而且我认为转得也不太成功。总之，从本书结构这个角度来讲，就是从咱们今天阅读的第五节、第六节这些来看，所谓的"转向"应该是自然而然的"途程"，是他一步一步按照规划进行的，"现象学"本身就是要一步一步做的。

第五节　此在的存在论分析——崭露用以解释一般存在意义的视野

此在的存在论，我们上一节讲了两个词，"生存论的"分析和基础存在论，实际上就是此在的存在论，只不过"存在论"这个术语，我理解更多的指传统哲学。

当我们标明"提出"存在问题这一任务时，我们曾指出：我们不仅必须确定充任首先被问及的东西的那种存在者，而且也必须明确占有和保障正确通达这一存在者的方式。此在是与众不同的存在者，它的存在是由生存规定的，而生存就是领会存在，因此，通达此在的方式也应该与众不同。**我们已经讨论了在存在问题范围之内，何种存在者承担着特殊的角**

色。然而，应当如何通达这种存在者即此在呢？如何在领会和解释过程中牢牢盯准这个存在者呢？这是海德格尔的文风，在某段的结尾或开头，他有时就会吊一下大家的胃口，搞一些修辞性的提问。

上文证明了此在在存在者层次上及存在论上的优先地位。此在是存在者，但它比其他存在者要优先，而且比解释其他存在者之存在的存在论也要优先。这种优先地位可能会导致一种错误意见：仿佛这种存在者一定也是既在存在者层次上又在存在论层次上首先给予的存在者——不仅可以"直接"把捉这个存在者，而且其存在方式同样是"直接"给定的。这就是针对我们日常的思路，它既然这么优先，那我们就得先说它，好像它很清楚了，这个东西就是我们当下拍一拍自己，能发出声响的，百八十斤的那个东西，我们认为，它是直接给定的。但是，我觉得海德格尔后面这几句话说得挺好，此在离我们的"远近"问题。

确实，此在在存在者层次上不仅是切近的，甚或还是最切近的——我们自己甚至一向就是此在。此在就是指我们，虽然不用"人"这个词，但存在者层次并不"低"。切近和直接不一样，此在就是你亲身在此，最切近，但你若"直接地"观察自己，它反而不是切近的，生存着才切近，借生命哲学的术语，你的"生命"与你最切近。

虽然如此，或恰恰因为如此，此在在存在论上又是最远的。存在论即传统哲学，也就是说，人这个东西，无论个体也好，还是人类也好，当你把它作为一个现成存在者，以传统哲学方式进行解释的时候，已经解释了好几千年了，人是什么？离我们最远。猪是什么，我们很快就把它定义了，人是什么，等着吧，估计没希望。为什么？存在先于本质，当然，这是萨特讲的。不用他的话说，古代有：理性的动物，后来有：一半是野兽，一半是天使，等等。我们说历史上有几次革命，使得人的地位与日俱减。先是哥白尼革命，原来人在地球上，地球好歹还是个中心，人随着也就在宇宙中心了。当然，按照亚里士多德，因为你在地上，所以，你的地位并不高，神比较高，这是希腊人的理解。但是从另一方面理解，人至少还在中央，挺牛的，至少在地上最牛，有理性嘛。而哥白尼一革命，人就靠边了。后来，出了个达尔文，麻烦了，人不就是个猴子么，不但不在宇宙中心，而且在地上的这个中心位置也没了，祖先原来是猴子，怪不得这么的没理性，人的地位又降了一级。猴子就猴子吧，至少我们现在没毛了，直立行走了，我们是灵长类杂食动物，我们还是不错的，我们至少还有灵魂，我们一半是野兽，另一半还是天使的嘛。后来，又出了个弗洛伊德，好家伙，你那点天使素质，只是冰山上的一小块，只不过是本我长期被压抑的结果，压抑成了一个好像有点灵魂或精神，偶尔还道德一下的东西，实际上灵魂里面，大部分都是冰山下边那些乌七八糟的念头，不可见人的东西，做梦的时候，就会原形毕露，释放本能，这个时候人简直连个猴子都不如了，禽兽不如啊！所以，人到底是一个什么东西，之所以有弗洛伊德那样的理论，肯定跟人的这个历史，人对人的反省是有关联的。为什么把人越弄越粗鄙，越弄越低俗呢，那曾经的理性，那么的光明，那么有希望，后来呢，正是在那样一种情况下，人跟人突然打起来了，打的又是那么惨。和平年代呢，人跟人算计的又那么凶，有的时候你看《今日说法》《道德观察》里面的那些人，你真不知道人是什么东西。所以哲学家们，妄图对"人是什么"在存在论上给予解释，越解释越黑，所以，此在在"存在论上"最远。

此在具有某种存在之领会，此在向来已经处在对存在的某种解释之中；虽说这些都属于此在最本己的存在，但这却绝不等于说：我们可以把这种关于此在自己的存在的解释——最切近的、先于存在论的解释——当作适当的指导线索承接过来，就好像对最本己的存在建构的存在论专题思考一定源出于这种存在之领会似的。这就是说，虽然此在这个东西与我们很切近，海德格尔有时说"人中的此在"，可见，此在是人的"核心"，但是在存在论上，人是说不清楚的。而先于存在论的解释，虽说是基于原始的存在之领会，但仍然是对领会的某种"固化"，类似解释学的"前理解"。海德格尔还是要说，千万不要把某些"不证自明"的成见，拿过来当直接的指导线索，不要看到"先于"存在论，就认为一定是高妙的。我们前面说过，每个科学工作者的都先于存在论而知道其研究对象，未必学哲学，也知道该干什么。

根据它本身的一种存在方式，此在倒倾向于从它本质上不断地和最切近地与之有所交涉的存在者方面来领会本己的存在，也就是说，从"世界"方面来领会本己的存在。这里表达的是德国哲学典型的思维方式，你自己不知道你是谁，你自己反而是倾向于从你所打交道的、所交涉的其他地方，从与"此"在交涉的那个"彼"，从彼处领会你自身的存在，也就是说，从"世界"方面来领会本己的存在。这其实就是要提出一个此在的结构，在一世界一之中一存在。要是按我们日常理解，那就是，我们被生下来了，生到这个世上，世界是什么呢？就是一个大箱子，里边有自然，有人，有动物，有植物，我们从小被生下来，就在世存在了，我们就是这样理解的。

但按照海德格尔的说法，在一世界一之中一存在是我们此在的一个基本建构，我们通常认为自己是个主体，对面有各种客体，相互之间当然有些关系，理论也好，实践也罢。但海德格尔要你别那样想，你的存在，就是通过操劳于他物来领会的，你命定了就是这么一个东西，世界是抛给你的，这个抛还不是说把两个东西抛到一块儿，在你的存在结构里面，就"包含"了世界，那是你的存在结构，你"骨子"里边的东西。这听起来，主观唯心主义的色彩是比较浓的。可是，反过来想一想，主观唯心主义把我当中心，人类中心主义，也有人这样说海德格尔，但是你要看这个"此"到底是个什么状况，绽出！从别处领会我自己。人在江湖身不由己，我是想唯我独尊来着，没办法，我当不了中心，此在就是这么一个不断往外去存在的存在者，从世界方面领会自身。亚里士多德说，模仿是人的本性，你进了陕西师范大学，我问：你是谁啊？答：我是陕西师范大学的一个学生。那你为啥是学生啊？因为我发现周围的学生都这样，一进这个校门，我就不算是一个中学生了，不做那么多高考题了，当时同学们都曾在做，所以，我那时是中学生。现在，我模仿本校高年级的同学，在座的各位也相互模仿，他们怎么做，我就怎么做，于是我是谁？我就是定义他们的时候的那个我，就是这样的，从其他人的行为方式中理解自己，从你做的事情中理解自己。你天天上课，去图书馆，做体育运动，这是你主要的一种生活方式，那么你就是一个学生，如果你的任务主要是出去跟人打交道，喝酒签合同，那么你就是一个商人，你就不是一个学生。你是消散到这个世界之中的那么一个存在者，你是想中心来着，中心的了吗？这就是辩证的思维方式，你把握了它之后，黑格尔的自在、他在、肯定、否定、否定之否定，你就比较好理解了，都是这个思路。

在此在本身之中，因此也就在此在本己的存在之领会中，有这样一种情况，我们将把这种情况展示为：对世界的领会从存在论上返照到对此在的解释之上。你想解释你是谁吗？你说：我是学生。对！只可惜"学生"并不就是你"张三"，这就叫矛盾。黑格尔说"A 是 B"，这本身就是矛盾，人就只能这样说话，如果你这样说：A 是 A，B 是 B，脑袋有问题了，同一反复，什么都没说。你说：我是学生，我们说，你脑袋正常着呢！我问：你是谁？你说：我是我所是。我又要摸摸你的脑袋了，这个话只有神能够说，我是我所是，其他人只能说 A 是 B，我是"某某"，否则你就是同一反复。那你为什么是 B 呢？你是一个学生，但"学生"本身就不是你，你是学生，指的就是做听课、看书、学习的这些事情。A 是 B，A 这个环节就叫肯定，B 这个环节就是否定，然后，学生就应该读书、上课，正因为你做那些事情，证明了你是学生，否定之否定。你要从生活的角度来理解哲学，逻辑学看来真的是哲学的分支。事情本来就是这个样子的，这就叫矛盾，所以我们才说，世界充满矛盾，并不是说，世界上天天在打仗。"否定"就是我通过讲课否定自身，而如果我要对自己进行规定，我就必须通过讲课证明我是教师，就是否定之否定，就回来了。用海德格尔的话，通过操劳的事情领会自身，我在讲课，所以我是老师，对吧，没什么新鲜的，海德格尔只是换了一套话语体系。

所以，此在特有的存在建构[如果把它领会为属于此在的"范畴"结构]对此在始终蔽而不露，其根据恰恰就是此在在存在者层次上及存在论上的优先地位。以前的哲学倾向于用范畴对世界进行规定，提出各种世界观、人生观，人生观就有对人的存在的解释。而这种方法，对于解释此在的生存结构，就用不上了，其原因恰恰在于此在的特殊性，存在论是要以它领会存在为基础的，它优先于存在论，用存在论反过来解释它，就把它降为现成的一般存在者了。以前的存在论没有提出它的这个优先地位，所以我们说，在存在问题的几个环节里边，提出这个发问者本身，此在本身，这是海德格尔的特色。

此在在存在者层次上离它自己"最近"；为什么"最近"呢？就是在一般存在者层次上，你拍拍你自己，发出响声的那团肉，它当然离你最近了，但打了引号。**在存在论上最远**，而一旦要对这东西解释一番，那还真的说不清楚，所以最远。**但在前存在论上却并不陌生**。这话说得很好，用了个"不"陌生，不陌生就是熟悉，而熟悉，无论是本真非本真，都不陌生。虽说我们通常浪迹江湖，身不由己，我这会儿讲课，过会儿去食堂，再一会儿坐车，之后又得去买东西，消散在这些事务中，可是我整天就是通过这些来领会自身的，这些事务离我并不远，我的日常存在就是这样的，所以不陌生。本真状态更不要说啦，我面向死，死是我的死，你们谁都代替不了，这个时候，这个大限把我逼回来了，我领会到了我的存在，那更不陌生。那么人在江湖，身不由己的时候，听起来这种状态离自己挺远的，但远也还是你，是你在做那些事情，所以还是不陌生。这两个层面，一个是"最近"，一个是"不陌生"，词用得真的很恰当。而且非本真状态下，我们也可以说，丢失了本真的你那个自己，从这个意义上来讲，用"陌生"，而因为就是"你"在浪迹江湖，所以并"不"陌生，也挺确切的。

目前我们不过指出了：对这种存在者的阐释面临着独特的困难，这些困难的根源在于这一专题对象的存在方式本身，在于专题化活动的存在方式本身；这个存在者一定要在生存过程中阐释它，而不是站在外边来观察它，因此，考察对象和考察活动相互纠缠，考察活动本身就是考察对象的存在方式，这就是它的困难之处。**这些困难并非由于我们的认识能力天然**

就有缺陷，或由于欠缺某些似乎不难补足的适当的概念方式。事情本身就是这样，仅仅依靠狭义的认识能力，或概念范畴的定义方式，不足以揭示此在的存在建构，不是概念不够，而是这种方式不适合。

存在之领会不仅一般地属于此在，而且随着此在的种种存在方式本身或成形或毁败，因此，可以对存在之领会作出多种解释。随着此在对存在的领会，它就要对之进行某种解释，这些解释有的揭示出本真的存在意义，有的则遮蔽了它。**哲学、心理学、人类学、伦理学、政治学、诗歌、传记、历史记述一直以形形色色的方式和等等不同的规模研究着此在的行止、才能、力量、可能性与盛衰。**按说以上种种学科都是在研究人，研究人的各种性质，这里并没提物理学或化学，这些的确都是关于人的学问。**这种种解释在生存上也许都是源始的；但问题却是它们在生存论上是否也同样曾以源始的方法得出？生存上的解释同生存论上的解释不一定比肩为伍，但也不互相排斥。**这些理论，都是针对此在的生存的，很多都是"一手资料"的描述，这并没什么问题。但生存论的解释主要是方法的改变，其实就是用现象学方法来描述此在。之所以如此，因为它的考察对象，即此在，不是一个一般层面的存在者，而且要求生存论的解释必须和生存上解释相互呼应，生存论的解释随着生存活动展开，而生存的展开本身就是解释活动，这我们前面说过。而其他种种解释，都试图从某个方面或某个角度，给此在做一个"定论"。

如果哲学认识的可能性和必然性确实得到了理解，生存上的解释就会要求进行生存论分析。**唯当我们鲜明地依循存在问题本身制订方向，借以把此在的基本结构充分清理出来，此在分析工作至今所赢得的东西才会在生存论上言之成理。**生存上的或一般意义上的解释，就是上述各门学问对人的解释，那么对此在生存论上的解释，到底和其他解释有什么不同？归根到底，我们还是要牢牢把握住这么一个思路，原来的哲学也好，心理学、人类学也好，都把人当作一个和其他存在者一样的东西，研究完别的东西之后，我们该研究人了。哲学家呢，研究完自然哲学之后，开始研究伦理学和政治学。什么是自然？自然就是放在那儿的存在者之总和，人呢，包括此在，也是那样子，历史呢，也是那样子，历史就是一部大戏，在那里上演着，我们站在一旁来研究它，诗歌啊、传记啊等等，都是如此。那么所谓的"生存论的"，这个词虽然不重要，但它在这儿还是有意义的。海德格尔认为，对于此在的探究，在方法上，我们说，就是要把时间引入到探究中来，这个此在，它不是一般存在者，它本身就在进行着考察活动，既是观众，更是演员，我们只能"骑驴看账本，走着瞧"，这就叫所谓的生存论的分析，不是用概念、范畴的定义方式。这种描述必须用现象学方法，具体来说，用解释学的方法来进行，人必须进入到这个研究之中，我们讲解释学循环，人必须以某种方式进入到这个循环之中，这是最关键的地方，不同的地方，这终归是存在问题要求的。你要是从那些定性角度来看，以前的学问也是对人的生存研究，这个没问题。

于是，**此在的分析工作必须保持为存在问题中的第一要求**。此在在追问存在意义问题上是第一位的。**然而，赢得并确保通达此在的主导方式这一问题就因而愈发焦灼。用否定的方式说：不允许把任何随意的存在观念与现实观念纯凭虚构和教条安到这种存在者头上，无论这些观念是多么"不言而喻"**；这就是问题的关键之所在，使人想起恩格斯在《路德维希·费尔巴哈和德国古典哲学的终结》一书中对唯物主义的真正定义，我专门摘抄了一下，要求人们在观察事物的时候"按照它本身在每一个不以先入为主的唯心主义怪想来对待它的人面前所呈现的那样来理解……除此以外，唯物主义并没有别的意义"。以前的哲学通常会给出一些定义和结论，或设定些自明的前提，而现在，不允许你把任何一个看似不言而喻的观念加给此在。我们举霍布斯的例子，他认为，人天生就想拿的多，越多越好，想拿别人的，还怕死，趋乐避苦，此人之本性也。我们真的觉得不是这样吗？我想只要是现代人，大多会觉得这是不言而喻的，可能我境界太低。现在大家都在说道德滑坡啊，沦丧啊，我反而觉得没那么严重，因为现在是和平年代，日子过得好好的，也没啥大事儿，顶多做点买卖，所以英雄不会出现，也没必要，是不是？很多人都说现在的年轻人不爱国啦，没有民族意识啦，我想，真的和日本人打起来了，人们进入到某种状态之后，在某种危机的时刻，还是会出现董存瑞、黄继光那样的英雄，这样的人的行为，霍布斯那些不言而喻的观念就解释不了了。就算一般人，不是因境界有多高，我们说"杀红了眼"，人也会做出一些匪夷所思的事情，趋乐避苦，自私自利，这时都将统统无效。所以在人的头上，不允许随便安置观念。这些都叫"唯心主义怪想"。

同时，也不允许未经存在论考察就把这类观念先行描绘出来的"范畴"强加于此在。以霍布斯、洛克、卢梭们的观念设定为基础，建构出了西方社会理念和政治制度，西方社会就这样运转起来了，看着挺好，也言之成理，甚至不言而喻，结果呢，还是打起来了，也许恰恰和这些"正确"的观念不无干系。第一次世界大战什么原因，我们说，资本集团瓜分地盘，摆不平。第二次世界大战什么原因，我们说，第一次世界大战的延续。而资本社会的一系列理念，基础就是些不证自明的观念。所以，未经存在论考察，不能随便给此在加范畴。

毋宁说，我们所选择那样一种通达此在和解释此在的方式必须使这种存在者能够在其本身从其本身显示出来。刚才讲了，不要把不言而喻的唯心主义怪想加给此在，而是要让它的本身显示出来，这其实就是现象学的那个口号：回到事情本身，这个事情，如果针对此在，就是回到此在本身。此在到底是个什么，你说了不算，你要不断去探寻，这就是与众不同的地方。那么从其本身，什么叫事情本身，我们就会讲，不依人的意志为转移的客观实在啊，现象学那个口号，回到事情本身，这还有啥新鲜的，科学家也会那样喊。可是科学家恰恰是用一套抽象的、固定的范畴体系来解释这个世界。世界是什么？牛顿说，就是原子组成的，甭管你的什么情感、欲望，脑子里的什么念头，别跟我搞神秘主义，那些都是原子碰撞的结果，最终我都将能用这套理论给予解释，清楚明白，这就是事情本身。可是我们觉得这是事情本身吗？化学家的眼里，世界就是元素的化合与分解，什么花草树木啊，猪狗蚂蚁啊，看上去挺丰富的，其实都是元素的化合和分解，各种不同的组合，无机的、有机的，稍微复杂一点，搞几个苯环连在一起，分子式比较大，仅此而已，分解一下，还是碳水化合物，就是那些玩意儿，这就是化学家眼里的事情本身。这是事情本身吗？不是。那么事情本身，特别是此在本身是什么样子，是不断展开的一个存在者，那么研究方法就应该与之相应，不能用固定的框架来限定它。

也就是说，这类方式应当像此在首先与通常〔zunächst und zumeist〕所是的那样显示这个存在者，应当在此在的平均的日常状态中显示这个存在者。 从《存在与时间》完成的部分来看，这一段是预告这个残篇的上半部分，对此在首先与通常的非本真状态的分析，到本页的最后一段，预告对本真状态的分析。这里加重点号的"首先与通常"和"日常状态"，以及正文中的"常人"，这些词汇，大家都不要消极地理解，这是此在最真实的状态。但我们的一般理智，首先与通常其实是从抽象的角度看待此在，比如，医生把人看成一个生物，前面说过的物理学、化学，把人看作物或元素，即使哲学家，也把人固定地看作有理性的动物。一句话，这些看法都缺少时间维度。而此在的运动性，它的不确定性，就是体现在日常生活中，日常状态是此在的最真实状况，其中就可以发掘出时间性结构，我们"首先与通常"对它的各种判断，恰恰遮蔽了它真实的"首先与通常"状况。就是说，现象学能让我们看到日常看不到的，或遮蔽了的东西。最典型的如海德格尔对"世界"的分析，我们看到的是物的总和，他领着我们看到了更多，真的很精彩。当然，日常时间性结构是本真时间性结构的变式，但只有以此为基础，方能彰显出原初的时间性结构，现象学就是一步一步地做。

我们就日常状态提供出来的东西不应是某些任意的偶然的结构，而应是本质的结构； 这就是说，常人的平均的日常状态并不是一个消极的状态，即使我们平常混迹于这个世界之中，我们也是由时间性结构所规定着的，这种结构发挥着它的功能，决定着我们的日常行为。我们很忙，事情一件接一件，我们"已经"是大三本科生了，"此时"在努力学习，是为了"将来"的下一件事情：考研，这些都是日常时间性结构所规定的。无论实际上的此在处于何种存在方式，**这些结构都应保持其为规定着此在存在的结构。**无论你日常是干什么的，学生、商人、政治家，你的是存在状态，都是由此在的一般结构，即时间性所规定的，不是只有你在忙，各行各业，大家都很忙，这就叫操心，它的结构就是：先行于自身—已经在世界之中—寓于上手事物的存在，时间的将来—现在—过去，有点玄，简单说就是：咽到肚里的—吃着碗里的—看着锅里的，这个我们后面再详细说明。

　　从此在的日常状态的基本建构着眼，我们就可以循序渐进，着手准备性地端出这种存在者的存在来。你看，循序渐进，准备性地端出，可见，此在生存论分析，这只是第一步，先从此在的非本真状态入手，而即使本真状态分析出来之后，也仍然是追问存在意义问题的一个步骤，这就是现象学。你这样看，所谓"转向"就不重要了。日常状态最真实，我们就先从这里开始。

　　如此这般加以把捉的此在分析工作始终还是对准解答存在问题这一主导任务来制订方向的。你看这又绕回来了啊，解释学循环，把捉此在的这个生存论分析，瞄准的还是一般存在问题。**由此也就规定了这一分析工作的界限。它不会打算提供一种完备的此在存在论；**这就是现代西方哲学跟传统哲学不一样的地方。康德说，我把基础打好了，你们在上面建大厦吧，没问题的，放心建吧。而《存在与时间》，我们讲了，从形式和行文角度来看，真的跟传统哲学没啥区别，只不过做了一个对此在的分析，也是一个存在论，但是你看这里，"不打算提供"，或者说，压根就没打算提供一个"完备"的此在存在论，这就是不同。只不过是暂先给此在做一个资格论证，真正的事儿，那还要不停地做，这就是胡塞尔说的，现象学是一种工作，而不是一个理论，它是工作。当然，具体到日常状态分析，就更是一个临时性步骤，从这里出发，下一步要进入到本真状态分析。

　　如果要使"哲学"人类学这样的东西站到充分的哲学基地上面，此在存在论自然还必须加以扩建。如果意在建立一种可能的人类学及其存在论

基础，下面的阐释就只是提供出了某些"片断"，虽然它们倒不是非本质的。显然，海德格尔对哲学人类学这样的东西不太感兴趣，将其看作一般的具体科学研究，需要传统存在论为之奠基，即便如此，传统对人的存在论解释也还不够。如果要建立一种可能的人类学及其存在论基础，就必须由此在的存在论来奠基，但不能指望本书的这些临时性分析。其实海德格尔的思想永远都在途中，在路上，他把庄子的"道"，居然俗不可耐地翻译成"道路"，细想一下，其实也不俗，恰好表达出他的哲学特点，就是永远走在途中，这么一种做哲学的态度。但要注意，这也不完全是一个"态度"问题，在他看来，事情本身就是这样。德国人有一种霸气，他们总说，事情就是这样的，不是我说的，康德这样，黑格尔这样，海德格尔也是这样。你看黑格尔的那个《逻辑学》，那样的逻辑，有的时候很僵硬，我们都觉得简直是不可理喻了，他还说，事儿就是这样的，这是客观逻辑，事物本身的逻辑，不是我黑格尔弄的主观逻辑。海德格尔说，事情本身你就得不断地去揭示它，所以，你就总也只能得到一个"片段"，"自然喜欢隐藏自己"，不仅仅是我"态度"上谦虚。

此在的分析不仅是不完备的，而且最初还只是浅近的。这一分析仅仅把此在的存在提出来，而不曾阐释存在的意义。这一分析毋宁是要做好准备工作，以便崭露借以最源始地解释存在的视野。你看，这又是"在途中"的印证，哪怕最初工作，也总是瞄向最终的存在问题，但最初的一定是准备性的，步骤性的，为了引出时间这个视野，其实连这也尚早，只能先引出时间性结构。一旦赢获了这一视野，**我们就将要求在更高的和本真的存在论基地上来重复准备性的此在分析工作。**这里涉及对海德格尔的一个错误认识，要说一下。我们看本书的目录第一篇，叫作"准备性此在的基础分析"，这构成了我们这本书的上半部，篇幅也差不多是一半。随后第二篇叫"此在与时间性"，而这第二篇的第四章"时间性与日常性"，特别是第六十八节最明显，你看，他分别讨论了"领会的时间性"，"现身的时间性"，"沉沦的时间性"，"话语的时间性"，甚至"操劳的时间性"，这些都是在重复上半部的此在生存论分析。因为这些，国内外有些学者就曾批评海德格尔，说他写到第二篇第四章之前就江郎才尽了，就没啥灵感了，他把主体极端化成了孤独个体，成了彻底的此在中心主义，走进了死胡同，也就没啥话可说了，怎么办呢？就用时间性的话语，把前面的生存论话语说过的重新说了一遍。不错，领会、现身、沉沦、话语、操劳，上半部分都讲过，然后呢，海德格尔到这个时候已经没才华了，穷途末路了，于是为了评职称、凑篇幅，就把那个时间性的术语重新用在了前面，有学者把这叫作海德格尔的"时间性的退化现象"。可是你看这句话："一旦赢获了这一视野，我们就将在更高的存在论基地上来重复准备性此在分析工作。"海德格尔事先就是这样规划的，一开始不能直接就提出时间性，只能先用生存论的术语、领会、解释、情绪等来描述此在的日常存在，一旦他把时间性结构提出来，按照德国人那种缜密的叙事方式，他们可能是有点啰唆，但是他一定要拿这一套时间性术语，回头再描述一下以前描述过的东西，这样，他才认为前面的东西有了根据，后面的时间性也有了着落，两个地方就相互照应了。这是德国人的严密，思维习惯决定了的，而且是计划之中的，不是说他穷途末路了。比如康德说，时间空间本质上是先验的观念性的，怎么证明呢？因为数学几何这些经验对象具有实在性，反过来，时空对象为何具有经验的实在性，为什么是客观的呢？因为时空的先验观念性对它们的规范，必须说两遍。这种思路，你们自己体会一下，可能有些不习惯。更为要命的是，如果这样理解，《存在与时间》第二篇第四章，以及之后的重要性就完全被忽视了，而第五章和第六章才开始对历史性，特别是时间问题发起了冲击，何其重要！德国人形式上是有些啰唆，但内容上绝无废话。

到这里，时间性将被展示出来，作为我们称为此在的存在者的存在之意义。《存在与时间》第二主角闪亮登场了，这本书的主角就是此在及其时间性。这句话直译是："作为我们称之为此在的存在者的存在之意义"，将由时间性展示出来。时间性作为"存在的意义"，我还是觉得字面上不好理解，内容上有时可以理解为"存在感"。说"存在感"由时间性展示出来，作为有限的人，你真正的存在感，就是时间感，这好像好理解一点。这也印证了此在日常忙于各种事务，感觉不到时间，没有时间感，特别是忙于一件好事，感觉时间一下子就没了，于是遗忘了存在。

先前浅近加以展示的此在诸结构将作为时间性的诸种样式重新得到阐释；时间性之为此在存在的意义这一证明也由这一解释得到检验。这就是第二篇第四章做的那些重复性阐释工作，海德格尔说得很清楚，这是计划之中的，不是说海德格尔写到那里开始扯废话了，谁也不可能在开始写书时，就知道自己写到那里将没词儿了，写不下去了，这是在回应前面的生存论分析，德国哲学缜密之处。"时间性之为此在存在的意义"还是不好理解，我们说，此在的存在感就是感到存在在时间中，这是由时间性结构所决定的，大致是这个意思。

把此在解释为时间性，并不就算为主导问题即一般的存在意义问题提供了答案，但却为赢得这一答案准备好了地基。海德格尔从来都没想着提供答案，非本真此在的分析是为提炼本真的时间性结构，即使此在的时间性结构突显出来了，这仍然是一个准备性的工作，为一般存在意义的阐释做准备，这只是时间性，还没有真正开始说"时间"，领会存在意义的视野，这个思路很清楚。

我们曾提示，此在包含有一种先于存在论的存在，作为其存在者层次上的一种建构。此在以如下方式存在：它以存在者的方式领会着存在这样的东西。此在的存在是"前"存在论的，不用建构存在论，它也以领会着存在的方式存在着。**确立了这一联系，我们就应该指出：在隐而不彰地领会着、解释着存在这样的东西之际，此在由之出发的视野就是时间。**你看，现在开始谈时间了，可惜《存在与时间》到此就结束了。其实，按照我的理解，海德格尔在第二篇第四章啰唆完之后，第五章写"历史性"，对于这章的研究不多，但没人敢说他是江郎才尽。第六章很多人感觉不知所云，实际上这一章已经在着手对时间结构进行讨论了，而且按照我的理解，仍然像讨论时间性一样，先从非本真的时间开始，很可惜的开了个头，差不多能评教授了，就不写了，残篇就这样形成了。但他的工作确实并没有到此结束，接下来的《康德书》和《现象学基本问题》，就着重探讨时间结构，真的是按照他的规划进行的，一个环节都没少，实际上，一直都是那样进行的。**必须这样本然地领会时间**。这就是说：时间必须被理解为"领会存在意义的视域"。存在"与"时间，时间是可以和存在相"与"的这么一个同等地位。

为了摆明这一层，我们须得源源始始地解释时间性之为领会着存在的此在的存在，并从这一时间性出发解说时间之为领会存在之领会的视野。下来我们就得重点讲"时间"了，本书扉页上时间是打了重点号的，我们暂时略过，现在不能回避了。时间性，是此在的结构，时间是什么呢？时间是存在的显现域，它是由此在开出来的，而此在又要在其中领会存在。我举个例子吧，一个理工科的例子，我一向认为还不错的，文科生也能听懂。我把"存在"比作中央人民广播电台发出来的那个电波，"时间"比作收音机收到电波后发出来的声波，"此在"当然就是一个收音机了，将电波转化成声波。这比喻灵感来自孙周兴老师，海德格尔有时用一个词"stimmen"，孙老师把它翻译成调校、校准，校对。我原来是学信号控制的，也用得着这些词，收音机里面的调制、解调器等，就是配合电磁波的器件，我们本科做实习的时候，每人都要做个收音机，最后检验标准就是，能调出声音，或者说，发出声音。有发就有收，收发室嘛，收什么呢？就是电波。广播电台发出电波，你感受不到，听不到，更看不到，那么如果"存在"不落实，就是飘在空中的电波，作为一个抽象的东西，你是没法把握的。可是，发射电磁波是干什么呢？就是为了给收音机接收的，对不对？收音机接收到电波之后，就把它转化成了声波，对人有意义的东西是这个声波，我们能听到，它对我们有了作用，那么我们说，听到的这个声波和电波又是什么关系呢？一回事儿，对不对？可是，又不是一回事儿，存在与时间肯定不是一个东西，可是经过收音机，就把看不见的电磁波，转化成了听得见的声波、视域，展现出来的那个场域、场所。而转化的关键，就是这台收音机，是它接收到了电波，将其转化为声波，而收音机的功能，收音机之为收音机，就是为了接收电波，否则要它何用？电台又为什么发电波？就是给收音机发的，它是唯一能接收电磁波的物件，如同此在是唯一能领会存在的存在者。所以，这三方的关系，存在一定要落到此在上，要不在天上飞，乱飞没有意义，你只有落到这个地方，落下来就展现为时间。收音机的结构就是为了接收电磁波，调制器、解调器、中周等，就是为了接收信号才安置的。那么，此在为什么能够与存在相感应，被存在调校，领会存在的意义，因为它具有时间性结构，时间性是说此在的。时间结构和存在结构就是一明一暗的关系，像声波和电波那样，对存在的领会必须在时间之中进行，而时间之中就有存在者，所以存在就是时间中的存在者的存在，你要抽象地讨论存在，那就好像直接听电波，除非特异功能。存在与时间是怎么"与"起来，是通过此在把它们"与"起来，所以，此在的作用是非常重要的。要是没有收音机，发什么电磁波，对不对？反过来，没有电磁波，你拿个收音机给秦始皇，说送他个珍贵礼物，他非得把你宰了不可，没用，对不对？所以，这三者相互关联，用海德格尔的话，叫作"共属一体"，是同一事物的不同环节。所以，我们要这样去理解时间，领会存在的视域，电磁波听不到，听声波，声波就是电磁波，对吧，但又不是，就这么一个关系。

总揽这一任务的同时，就需在这样赢获的时间概念和对时间的流俗领会之间划清界限。对时间的流俗领会不是不对，我们通常就生活在对时间的流俗领会中，或者说，我们的时间观是流俗的。不流俗的时间怎么理解，后面再讲。**把沉淀在传统时间观念之中的时间解释检验一番，就可以明白看到这种对时间的流俗领会，而自亚里士多德直到柏格森，这种传统时间概念不绝如缕。**海德格尔认为传统时间观都是流俗的，存在的遗忘就等于时间的遗忘，同一层面的，要忘一块儿忘。但传统存在论一直在探讨存在，也同样在探讨时间，为什么说都忘了呢，因为把存在当存在者了，同样，把时间流俗化了。

在这里还必须弄清楚传统时间概念对时间的流俗领会正源出于时间性，以及他们如何源出于时间性。传统时间概念，或对时间的流俗领会，是本真时间的一种变式、不同表现形式，也不要把它理解为位微一等的，层次上"低"于本真的时间，只是时间的不同变式。就像胡塞尔，用不同的逻辑构造不同的对象，所以他写《逻辑研究》，实际就是对世界的研究，不同事物就是不同的逻辑项。黑格尔的《逻辑学》实际就是上帝创世的模式。按照德国人泛逻辑化的毛病，看来逻辑学不仅是哲学的二级学科，简直就是一级学科，跟哲学一回事。实际上，我理解的，他们是在希腊逻各斯意义上理解逻辑的，理解成"道"，道生万物，而不是我们理解的形式逻辑 A=B，B=C，所以 A=C 这样的逻辑。海德格尔把人的各种生存状态，说成是由时间性结构的不同变式规定的，是不是"泛时间化"？

这样一来，我们就明白了流俗的时间概念也自有其道理——这同柏格森的论点正好相反，那个论点是：流俗的时间概念所意指的时间乃是空间。这里首先肯定流俗时间不是"错"的，但对柏格森的说法我不太赞同。我们知道，柏格森曾经很是火过一段时间，他是个法国人，这法国人就和德国人不太一样，《时间与自由意志》里，他说时间是绵延，这种绵延之"流"要凭借"直觉"来体验，他也认为我们通常的时间观是流俗的，是空间化了的时间。靠"直觉"把握，这是东方文化特有的传统，西方人大多讲"直观"，康德说，人有感性直观，翻译成感性直觉就不恰当。法国的德里达，虽是个后现代，真别说，毕竟还算个大师，他说西方有"视觉中心主义"，可谓形象而到位。比如哲学史里讲英国经验论，贝克莱等人否认空间、范畴等，理由就是，我没"看见"。佛教里面有的时候讲嗅觉、听觉，但也不多，说实话也不太好讲。到了叔本华，他把音乐它提到一个很高的地位，尼采其实也很高看音乐，后来胡塞尔看重"声音"，就是因为声音似乎更内在。柏格森是否青睐音乐，我不知道，反正他提出绵延的那种时间要靠直觉把握，可是直觉在西方知识论，在光的形而上学或视觉中心主义中不太有地位。只有少数另类，叔本华、尼采、柏格森提到直觉，而直觉不可言说。

根据海德格尔的思想，我可以推断，他会把"直觉"认作装神弄鬼，因此，他把柏格森做了不太恰当的解释。伯格森说，流俗的时间实际上是把直觉才能把捉的那种绵延的时间给空间化了，想象成了线性的一点一点的系列，时间被看作"现在"点的流淌，变成一条线了，这就蜕变为流俗时间了。就流俗时间而言，我认为，柏格森和海德格尔的看法没什么不同，但他们各自理解的本真时间不太一样。柏格森的绵延的时间，生命之流，是不能用知识，甚至语言来表述的那么一种东西，要靠生命的体验和直觉，这在西方大多哲学家看来就是神秘主义。而海德格尔的本真时间，是一种领会存在意义的极限视域，虽然也不是知识对象，而是在生存中展现，但在德里达看来，某种意义上还是视觉中心主义。仅就海德格尔上面这句话，他的意思是说，流俗时间是本真时间的变式，源自此在的时间性，即使空间，也源自时间性。这里的意思较含糊。还有一种可能就是，海德格尔把柏格森的绵延时间也看作了线性的，因而认为绵延的时间同样是流俗时间，要基于此在的时间性。如果他把柏格森的思想，仅仅看作是一种生命"哲学"，即传统存在论，他在理论性地"说"绵延，或"说"时间，而不是"在时间中"做，这样理解也说得过去。

很久以来，"时间"就充任着一种存在论标准或毋宁说一种存在者层次上的标准，借以朴素地区分时间存在者的种种不同领域。本段的分析，让我们觉得大师的眼光就是不一样，时间居然和分领域还有关系。

人们把"时间性的"存在者（自然进程与历史事件）和"非时间的"存在者（空间关系与数学关系）划分开来。我们的历史学院的老师，原来是在研究时间性的存在者，历代兴亡的经验教训，数学院是在研究非历史、非自然进程的一些对象，对顶角相等，2+2=4，时间还真是充任着这么一种划分职能。

人们习惯于把道出命题的"时间性的"过程同"无时间的"命题意义区别开来。再则，人们发现"时间性的"存在者与"超时间的"永恒者之间有一条"鸿沟"，人们试图为二者搭桥。秦始皇公元前221年统一中国，时间性命题。作用力与反作用力相等，无时间的命题。我们就能活那么几十年，是时间性的存在者，和超时间的不同。超时间是一个什么状态，海德格尔曾说过一句话，我觉得挺有意思，值得大家去思考。他说，要理解近代哲学，特别是知识论，一定要和某个东西相对照，一定要想着一个典范，那个典范，就是神，它的存在方式及其认识能力。它是什么样子呢？无时不在，无处不在，什么都"是"它。为什么康德把神也叫一个"物自体"呢？你看，它既在这儿，又在那儿，昨天是它，今天是它，再过三百年还是它，还要"同时"都在，这种境况才叫永恒，"超时间"。你作为一个人，这样说说可以，但有谁能体验那种状态吗？所以康德挺老实，说这种状况我达不到，我的直观方式有限，没办法，我达不到无时不在、无处不在状态，我只能在时空中存在，甚至只能切身处于此时此地，展现给我的就是现象界，永恒我达不到，所以物自体，我不管他，界限划分开来。

黑格尔呢，有人说他是绝对唯心论，他可以突破康德，精神可以创造这个世界，于是就达到神的那个状态，超越有限性，或者说是扬弃有限而达到无限，所以说他是用人，至少是人的类精神代替了上帝。但是你细想一下，其实这也不是刚才我说的那种状态，为什么呢，精神是在矛盾的过程中，经过不断的否定而前进的，人类精神的历史恰恰是一个矛盾或否定的过程，否定是什么？矛盾是什么？恰恰就是人的有限性的表现，为什么要在历史进程中、在时间中去把握永恒，这本身就证明人跟神是不一样的，对不对？即使我们经常批评康德说，物自体是抽象的，我们对"光"开始不了解，但我们不断地探究，不断地深入，粒子，波，波粒二象性……，这样不就把物自体给打开了，把它扬弃到过程中了吗？黑格尔是这样说的。但是，你之所以要不断地否定，要艰难地前行，要在时间中接近目标，为什么？神是用不着这样的，对不对？他说要有光，于是它就是光，就有了光，它无时不在，无处不在，人能做到吗？

所以这个典范就决定了，德国哲学，其实包括一般哲学，不可能有什么真正的"唯我论"，真的认为我创造了这个世界，那是疯子。无论康德还是黑格尔，无论是强调或消解物自体，都不是把人当作了神，"时间"这个坎儿，人迈不过去。我们讲实践，也说实践是"解决"物自体最有力的武器，我们经常说，不用保留物自体，我们在实践中不断展现它就完了。可是你恰恰是"在实践中"啊,你要在时间中,你咋不一下子就全知道了,对不对?"一下子"就是超时间,那才叫神。所以在西方文化中,神和人始终有绝界限,无论什么形式,辩证法的、不断接近的、体悟式的,还是康德压根就给你划出界限的这种形式,从来都有一个不可逾越的鸿沟,神与人是不同的。

在这里,"时间性的"向来说的只是存在"在时间中的",而这个规定本身当然也够晦暗的。海德格尔认为,时间性并没有真正被追根溯源,只是以这种流俗时间来划分领域,即,对象在不在流俗的时间中,即使"永恒",也是和流俗时间对应的。我们可以发挥一下,即使理论上"说"的神,也够不上神,传统存在论"论"的存在,还不是存在本身。

实际情况是:在"在时间中存在"这种意义上,时间充任着区分存在领域的标准。就是说,这种流俗的"在时间中存在"都能作为区分标准,而这东西还要缘出于时间性,可见时间性,时间,对于人来说真是太切近,太重要了。**时间如何会具有这种与众不同的存在的功能,根据什么道理时间这种东西竟可以充任这种标准?再则,在这样素朴地从存在论上运用时间的时候,是否表达出了一种可能与这种运用相关的本真的存在论上的东西?**时间的表面功能就这么重要,我们可不可以更深一层来探讨时间问题。

这类问题迄今还无人问津。在时间的流俗领会的视野内,"时间"仿佛"本来"就落得了这种"不言而喻的"存在论功能,并把这种不言而喻的功能保持至今。可见,在海德格尔看来,原来的传统哲学也在探讨时间,但是,人们把时间看作桌椅板凳、花草树木之外,还有一种东西叫时间,摆在那里,我们现在来探讨这个东西。这样一说,我们就会想到所谓"存在的遗忘",存在论,就是桌椅板凳都"论"完了,还有,它们的"存在",我们再来论一论。而这从时间角度来讲,万物现成地"存在在时间中",和空间一样的容器,就是说,存在的遗忘,实际上就是时间的遗忘。那么海德格尔就是要回溯到时间是怎么把那些存在者容纳进来,或者叫敞开出来的,其他存在者如何进入到时间中被此在所领会,而此在本身在这件事上发挥了重要的功能，它就是一个时间性的动物。这个时间视域是通过此在领会存在展现出来的，声音是电磁波通过收音机接收的转化，所以说，存在和时间是一个级别的，存在不是存在者，存在者"在其中"存在的那个时间，是和存在者一个级别的。而我们通常理解的时间，都是摆在那里的时间，然后，以往的哲学家探讨那种时间。科学家也在探讨，时间到底是线性的还是循环的、是可逆的还是不可逆的，但他们都没有切身进入时间。讨论时间这个东西，按照奥古斯丁说的，真是太难了。我们说时间就是"现在"系列，但是你看，一说"现在"，"现在"就没了，将来呢，还没来，过去呢，已经过去了，原则上你已经不知道了，而你又觉得肯定有将来，肯定有过去，怎么回事呢？它是不是"现在"系列联系起来的，怎么连起来的？奥古斯丁说，你不考虑就罢了，你真要考虑，那家伙，费了多少高人的脑力。在爱因斯坦看来，时间就是我们这种生物的一种幻象，实际上，永恒的规律是不变的，这就是物理学家的一种霸气。他认为，我一旦把规律找到，3000年后、500年前都是一样的，感到有时间，只不过是我们人档次不够，我们感觉到我们老了。所以，他在给朋友开追悼会的时候，他说：我们怀念他，但没关系，死了就死了吧，时间只是对我们这种人来说的一个幻象，我们很快就找他去了，意思大概如此。我们不是专业科学家，无法细究物理学意义上的时间和永恒，爱因斯坦说的这种永恒，像是一种永恒的运动，和神的那种无处不在无时不在的永恒似乎也不同。柏拉图又说：时间是永恒的一个模板，他也有他的一些解释。

众说纷纭，我们必须多啰唆一些关于时间的话题，从哲学角度，比较典型的，从亚里士多德角度来讲，时间本来是我们做事情时用到的那个东西，这看来也没什么高深的，我们一般都会这样理解。比如说农耕的人，我们中国的农历，就是为农耕制定的，某一个时节去耕种，某一个时节去收割，然后储藏起来。节气更具体，将春夏秋冬更加细化，指导春耕秋收；但对于一个猎人，芒种、谷雨这样的节气可能就没那么重要了，但他们肯定也有他们的时间，可能是根据动物的活动规律。比如说，动物怀孕的时候，一般有点儿天人合一素质的也不打，等到产仔了，或肉肥了，或大量出没的时候再说，具体我们不太了解，但他们的时间跟农耕的时间肯定不一样。如果专打晚间出没的动物，"日出而作，日入而息"也就无效了。那么，其他的生活方式，比如伐木工人，农耕的时间对他们来说可能更无所谓，树木生长和庄稼生长时间不太一样，他们就会有自己的一套作息时间，日落而息可能一样，日出而作，没必要，多睡会儿不误事。于是，农耕的和游牧的，伐木的和打猎的，各过各的日子，这些人的时间概念是不同的，生活方式和时间观念其实密切相关。东北人为什么擅小品，冬天长，有时间，没事干，广东人一年三种三收，哪有时间干那事。每个人时间也不一样，有些人午夜开始搞科研，说安静。那什么情况下需要公共时间呢？我打了几只兔子，想去换几斗米，于是，我们约定某个时间。所以说，从哲学上来讲，时间不是我们想象的像空间那样的一个箱子，东西放进来，时间不是一个现在系列，人死了之后地球照样转，这是牛顿的时空观。当然，它比较符合我们日常的理解，但这样的时间，只是人的公共化活动所要求的一种形式。在比较原始的时期，据说每个部落都有各自的作息时间，皇帝为什么要定皇历？那是跟政治连在一起的，我的这一片地盘上，康熙年间，要按照我规定的秩序来生活，这就是在这个山头上的公共化，和别的地方，或时段要有所区分。后来，我们的生活现代化了，进城了，地球变村了，于是，公共化生活成了主流，我们不按照具体环境，而是按照钟表生活了，有了这个校对的基准，所有人的生活都围绕着这个东西展开。我们说，浪费别人的时间就是浪费别人的金钱，现代人最大的特点就是要守时，甚至上升为一种美德，和不随地吐痰一样，说定了什么时候见，你就必须守时。德国人就有这个毛病，非常守时，但德国教授可以迟到，据说是故意的，他们早早就来了，因为老师必须跟学生不一样，所以要迟到一会，据说迟到的时间还是准时的，15分钟。守时，就是守"现在"系列意义上的时间，因为它最客观，是校对地球村上所有活动的基准，但这只是时间的一种形式。

你们看，海德格尔，为什么说他是大师呢？他讨论的问题高人一等，时间确实是最本源性的，什么农民工工资问题啊，留守儿童教育问题啊，甚至连世界大战问题，他都不直接讲，不是真的不涉及现实，而是被他提炼到一个大的框架里边来讲，这个框架就是时间，一种时间观，可能就决定了你那样去生活，你那样去生活，证明你的时间意识是那个样子的。比如有人说，希腊人的时间观是循环的，于是就推论出，反正老是循环，我也不用努力了，努力了半天还是那样，于是很悲观。当然，这只是个例子，即使循环，也可能积极地生活。比如有人说，基督教时间观是线性的，通往某个目标的那种，很乐观，于是，我们就说，没有最好，只有更好，我们要不停地往前冲。而海德格尔对现代性的批判，就是对这种线性的时间观，这种"没有最好只有更好"的人生观的一个反省，这种时间观造就了现代人的无度，没完了地往前冲，冲到死拉倒。所以，什么叫向死而生？冲着冲着前面没东西了，你才知道，哦，原来是这么回事。

　　禅宗里面有一个故事：一个人被一只老虎追着跑，这个人拼命地往前跑，马上就完蛋了，好在看见一根藤条，抓着就往上爬，老虎不会爬藤，算是有救了，刚缓了一口气，就听见咔嚓咔嚓地响，抬头一看，哇，一只老鼠正在啃那个藤，眼看就要啃断了，下面的那老虎正张着嘴在那等着他，就这么一个状况。我们现代人来想象这个境况，你这不就完了吗，前有狼，后有虎。前怕狼，后怕虎，是不是我们的心态啊？现代人为什么要把一切都计算、算计得那么准呢，那不就是因为前怕狼，后怕虎嘛。一颗小行星300年后要撞地球了，我们赶紧做准备，把它炸掉。古代叫做杞人忧天，可是现代人就要达到这种控制能力，当然，也只有我们现代人才能达到。那么现在，这有老虎，那有老鼠，这人要是往前想往后想，思前想后，按照线性的这种时间观来展望的话，一展望，他死定了，一点希望也没了，但是，他突然发现，他攀的这根藤上有一颗红红的草莓，还滴着一滴露珠，于是，死就死呗，先吃上一口，他把那个草莓含到嘴里，突然感到浑身舒畅。我们说，这舒畅完了，你还得被老虎吃啊，可是那种当下的境遇，是不是跟现代人的焦虑，这种不停地往前行进的时间意识有一种反差呢？换个角度，就是叔本华说的，在那种审美情境之中，你暂时忘掉了欲望对你的支配和左右，使得你珍视那种"瞬间"。尼采的《查拉图斯特拉如是说》有一节叫"正午"，生命在那个时间点上的展现。有没有那种情况呢？当然我们不必把它叫本真状态，可是你对照着想一想，就会发现，确实可能有一种时间意识，使得你不是现在这样去生活，而现在这样的主流生活，就是由现代人的时间意识所决定的，也不能叫决定，你这样生活，就是在这样理解时间，你那样理解时间，你就会那样去生活。这就如同社会存在和社会意识，并不是哪个决定哪个，无所谓的，就这一个东西。所以，海德格尔，大师就表现在这个地方，他不说琐事，他那个解释框架，你把现代社会的琐事放进来，发现都可以解释得通，时间居然和生活有关。

你再看马克思的那套理论，商品、价值、使用价值、交换、生产再生产、市场、贸易、垄断、帝国主义战争，你现在用来解释我们生活的方方面面，没有解释不了的，我们现代人基本上都被卷入商品漩涡中。其实在马克思那里，时间就已经很重要了，资本家就是在剥削自由时间，而一切商品的衡量标准，就是它花费的劳动时间。我们原来铁路上的那些同学同事，现在几乎全年都在阿根廷、南非、伊朗建设铁路。我原来在铁路工作的时候，我们那个单位的口号是，立足京津，辐射华北。我刚离开那个单位没几个月，就听说他们到西藏了，去建青藏铁路去了。又过了没两年，好些同学就几乎全年在地球的另一端漂着了，为什么？忙！市场的扩张嘛，就是这个样子。这情况你用马克思的理论解释一下，商品，那就是一个无差别的东西，成为资本后，哪儿只要有利润，一定就扩张到那里。原来咱们新校区很荒凉，有人说这个地方孤零零的，没有商店，没有配套服务设施，你别着急，那些事情，自然有搞商业的人会替你着想，只要你那儿有人住，一切都会有的，对不对？人类为啥要开发火星？不就是房地产把土地占满了，没地儿开发了，到那里去盖房子，资本扩张嘛。按照马克思，大家都去占火星，占领不均怎么办，打呗，两次世界大战怎么打起来的？很清楚。

所以，现代生活的一切困惑，海德格尔就可以给你解释，现代人这种生活方式，是和你的这种时间观配套的，"现在"对你来说是一个要否定的东西，你不断地要瞄向"将来"，前瞻将来，是以"过去"经验为指导的，我们不就是这样来做事的嘛。我们搞个预案，哪个地方一地震，我们很快就启动救援措施。我们不是说这事不好，只是说我们的思维方式就是这样的，我们从以往的经验中总结出永恒不变的规律，然后，按照这个规律用以展望将要发生的事情，如果一旦将来发生和过去一样的事情，我们就用这套方案去解决，实践证明，行之有效。而这种思维方式，最根本的一点就是，我可以总结过去、展望将来，当下制定出一个预案之类的东西、纲领之类的东西、规则之类的东西，自然科学不就是在做这些事情嘛，所以它是现代最主流的思维方式。我们根据培根说的"知识就是力量"，我们控制这个世界、把握这个世界，"我思故我在"，说明了我们人的厉害，有能力做这个事情，"人为自然立法"，规律是我们说了算的，我们可以去探究这个世界的奥秘，而这些命题的基础在于，你必须有这种线性时间观。你要是持"吃草莓"的那种时间观，就统统无效了，在这种情境中，时间不向前奔流了，不是没有最好只有更好，当下就最好，也只有当下。这样的时间观，没法搞科学展望。你进入一种审美境界，实际上就是忘记了时间的这种流淌，对不对？将来、过去、现在集中在这个地方，当下此时对你呈现，没有你思"前"想"后"的场域。有没有这样一种情境，你可以去体会，我觉得还是可以领会一二的。所以，海德格尔说的"诗意的栖居"，你说他完全瞎胡扯似乎也不恰当，针对现代人这种忙碌的生活方式，它还是有反省意义的。

　　与此相反，在解答存在意义问题的地基上，应可以显示：一切存在论··········
问题的中心提法都根植于正确看出了的和正确解说了的时间现象以及它如··········
何根植于这种时间现象。一切存在论哲学问题的中心提法都根植于对时间··········
的领会是怎样的。海德格尔既然认为传统哲学遗忘了存在，对存在意义问题缺乏思考，与之相应，他一定会觉得，以往哲学对时间的思考也是不到位的。因为存在和时间是同一级别的，存在者则是下一层次的，存在者

"在其中"存在的那个时间，海德格尔认为是派生的。

如果我们确应从时间来理解存在，如果事实上确应着眼于时间才能理解存在怎样形成种种不同的样式以及怎样发生种种衍化，着眼于时间理解存在的不同样式，刚才讲了，自然科学家认为，万物的存在样式是不变的，虽然都是运动的，但规律不变，与之相应，他必须把时间作为一种客观的、不依人的意志为转移的"现在"系列；运动以它为参照。如果在农耕时代，可能我们理解是时间就是春夏秋冬，二十四节气，那是以我们的劳作的存在方式为准的，南方和北方不同时也没关系，再根据具体经验修正修正，就够了，没必要去探究那种特别精准的、公共化的时间。海德格尔也举过例子，他说你到一个农村，你问一个老农，到下一个村子有多长的距离，要走多久。他可能不告诉你距离多少公里，从空间的角度；走几小时几分几秒，时间的方面。他可能会说，一袋烟的工夫。这个一袋烟的功夫，对于大家来说，包括我，可能都不太了解，很不精确，很模糊，和"一日不见，如隔三秋"的"三秋"差不多，因为是"如"隔，所以是两秋半还是三秋，也无所谓，一日不见如隔两秋半，也够长的。但对于抽烟的老农来说，或与之有相同体验的人来说，说一袋烟工夫，要比说 1 小时 15 分 49 秒精确得多，他明白那事情是怎么回事。所以，这是时间对他来说的另外一种展现方式，一种衍变样式。前面咱们提到的那个人吃草莓的那个时间点，时间对他的那种当下显现，那是又一种不同的感受，时间的不同变式。我们说，时间对人的存在的意义确实是不一样的，不同时间观对应的存在方式是不同的，尽管很"潜意识"。**那么我们也就可以摆明存在本身的时间性质，——而不仅仅是存在在时间中的存在者的——"时间"性质了。**"存在本身"的时间性质，不是存在者的时间性质，时间和存在是一级别的，电磁波和声波的关系，你听到的声波就是电磁波，但又不是。我们日常领会的时间是时间的一种变式，我们认为存在者的运动，是在那种变式的时间中，流俗的时间中进行的。所以这个流俗时间应该和存在者是同一层次上的，我们一般也说存在者的运动离不开时间，就是说存在者的运动要"花"时间。而在"存在"和"时间"中间，把存在展现为时间的中间，有那么一个存在者，那就是此在。我们再理解一下亚里士多德的话，时间是心灵计算运动所得之数，此在的重要性就可见一斑。

于是"**时间性的**"就不再可能只等同于说"**在时间中存在着的**"。这就降级了，这样说，就降到存在者层面上了。"**非时间的东西**"比"**超时间的东西**"就其存在来看也是"**时间性的**"。这句话真的意味深长。非时间的，我们都知道，数学中 2+2=4，几何学中两点之间直线距离最短，放之四海而皆准；牛顿的万有引力定律，不具时代性或民族性。但是，康德已经告诉我们，这些原理、定律，甚至其相应的对象，都是人立法的结果，先天直观形式加范畴，对物自体刺激的整理。而康德的那个"主体"，在海德格尔看来，是时间性的，是"非时间的"东西的根据。当然，不用绕弯子也可以简单地说，一切定理、规则、公式，那都是人造的，此在造的。"超时间的"东西，在西方就是上帝，超时间的只可能是神，他居然敢说，神就其存在看来也是时间性的，而时间性是此在的规定。费尔巴哈说得清楚，神是人造的。海德格尔只不过没这样说，但是这句话可以完全等同于费尔巴哈说的，神是人造的。超时间的东西也是此在，由于它是时间性的动物，在它的生存过程中构建出来。如果胡塞尔用他的那套逻辑术语来说就是，神只是一种特殊的逻辑项，先验自我意识按照特殊的逻辑程式，会构造出一种叫"神"的对象。哲学家看来真的是无神论者。当然，我们也不能把无神论或有神论，按通常的意识形态那个角度来理解。天底下抓不到神，所以无神，或者信仰式地非要说有一个虽然抓不到，但还是实有的神。海德格尔也说，只有一个神能救渡我们，他指的是人的有限性。那么反过来，有限的东西一定会造神，神代表无限性。

有个朋友信佛，他有一天给我讲关羽，告诉我关羽的级别有多高，据说是菩萨级的，他是喜欢盲信的人，在他心中，那就是真事儿，超时间的。我告诉他，确实，儒、释、道三教和俗人们都认关羽，他可以戴皇帝冕，被封为武圣人，也是道教中的神仙，佛教中的菩萨。可这恰恰是个反例，告诉我们神仙不是超时间的，因为历史上真的有关羽，他纵然厉害，史书上说：万人敌，军事才能超群。但我们也知道，刘备集团最能耐的，实际上还是刘备，诸葛亮没那么神，关羽也没那么厉害，后来又成佛又成仙，充分证明这是被塑造起来的。那其他的神佛又是怎么来的？信神的人当然不会去追究它的起源。尼采给出一种宗教的起源的解释，让信教的人非常难受，奴隶们达不到、够不着的理想，化身为一个外在的救世主，就是基督教的神。关羽是个很好的例子，他在历史中的样子，和后来人们理念中的关羽，这二者之间的差别是怎么一回事？完全就是人把自己的某些诉求，把人的有限性、时间性的诉求放到一个无限的、超时间的、永恒的东西上来。永恒无法把握，人只能在时间中生活，而且处处受限。在现在、过去、将来都不可把握的这个情况下，妄图有一个东西能够保证他的现在、将来、过去的永恒幸福。幸福总是稍纵即逝，当你处于幸福的时刻，你会觉得时间好像没了，于是，人们追求天堂中的"永"福，超时间，总幸福。

可是，人是时间性的动物，整天老是张着大嘴乐，人家以为你弱智，那只好向往一个超时间的东西，来给予某种拯救和安慰。所以我们说，宗教是弱者的安慰品。亚里士多德说，哲学是勇敢者的危险游戏，学了哲学你就知道，生活就是有苦有乐，人就是有活有死，快乐就是和痛苦比较来的，40℃高温闷出满身汗，凉水一冲，你就知道幸福是怎么来的，和不幸对比来的，别老想着好，那是贪婪。黑格尔说世界充满矛盾，是一个积极的事情。西方有的画家表现人被逐出伊甸园的场景，亚当、夏娃垂头丧气，美好的日子结束了。黑格尔说，那就好了，果子也偷过了，本领也有了，虽然男人要在荆棘的地上通过劳动获取果实，女的要生小孩，挺难受，但人就是这样的，这样，人的历史才真正开始。一个啃老族，不出来工作，纵使父母有钱，永远不死，你这一辈子还不是白活了；你出来工作，打拼，有艰辛，有痛苦，也有乐，说不定最后还能写个回忆录。所以真正成为人，或者说社会生活，它就是充满矛盾，就是交响曲。邓小平还三起三落呢，你算什么啊！时间锤炼人，超时间的东西是经不起锤炼的人造出来骗自己的，海德格尔用他的学术语言表达的，就是这意思。

　　而且，并非由于与"时间性的东西"相对，即与"在时间中"的存在者相对，"非时间的东西"与"超时间的东西"才在某种褫夺的意义上是"时间性的"；它们在积极的意义上就是"时间性的"，诚然这种意义还有待澄清。不是与周秦、汉唐朝代更替相比，物理、数学定理或神才显得没有时间性，它们本来就是时间性此在的构造物。胡塞尔现象学的特点，首先他悬置，把客观世界收入先验自我意识，然后再从先验自我意识出发，以逻辑的方式来构造世界上被他收回的一切。在他的逻辑构造项里，他构造历史，构造客观时间，我不知道他有没有构造神，告诉你，人的先验自我意识是怎么把神构造出来的，如果有，那就更是赤裸裸的无神论了。尼采对基督教的产生的解释就是哲学的解释，所以宗教学肯定是不信神的，神学是先信，再论证神的存在。所以，宗教学是哲学的二级学科。

　　不过，因为"时间性的"这个词的上述含义已经被哲学和先于哲学的语言用法掩盖了，因为在后面的探索中我们还要把这个词用于另一种含义，所以，我们凡从时间出发来规定存在的源始意义或存在的诸性质与诸样式的源始意义，我们就把这些规定称为时间状态上的〔temporal〕规定。书下面有一个注释，就是 Zeitlichkeit 和 Temporalität，是海德格尔用来说明时间的一组概念。这两个形容词含义其实也没有多少不同，就像"上手状态"和"在手状态"，是海德格尔强硬区分开来的。我们知道《存在与时间》最终是讲此在及时间性结构，此在是由时间性结构规定的，是先行、已经、当下的一个统一结构，就是操心结构。那么这是说此在的，此在去生存的话，它要进入到时间中，我们说，还有时间结构。存在和时间是一组；此在和时间性是一组。这两个词大家也没必要认真看待，海德格尔在这里就是要说明他的计划，当时间性结构解释清楚之后，就等于论证了此在有资格来理解存在的意义。那么真正要理解存在的意义，就必须在时间中去理解。时间、时间性，不是一回事。这个时期海德格尔的思路，比较接近传统哲学，时间性之后，下一步就是要探讨时间结构，试图通过时间结构来探究存在发生结构，还是很学理化的思路。下边他说的"时间状态上的"，其实在这本书第六章就已经开始了，但是，第六章被很多学者忽视，他们说海德格尔到第四章就已经没戏了，钻进了死胡同，第六章就随便说一说，也没人看了。其实第六章就开始说时间了，不再是时间性了。这两个词大家不要太认真，就记住他规划的一个探究顺序即可，到时候用哪个词，是 temporal 还是 zeitlich，是无所谓的，有时候也会混着用。

从而，**阐释存在之为存在的基础存在论任务中就包含有清理存在的时间状态的工作。只有把时间状态的问题讲清楚，才能够为存在的意义问题提供具体而微的答复**。对时间结构的探究，就是对存在结构的探究，电波和声波的共属性，海德格尔思想的学理化部分，到这里就差不多了。接下来就是解构，在时间中解构存在论历史，这就构成下一节，第六节他开始做他的哲学。前面是他的哲学对传统哲学的一种反省，他自己的哲学宣言，然后他给你"表演"他自己的哲学，这就是他的思路。

因为只有着眼于时间才可能把捉存在，所以，存在问题的答案不可能摆在一个独立的盲目的命题里面。时间和存在是一体两面，都不能用命题或定义表达，定义就是不在时间中，定义嘛，定了，石头就那玩意，它没戏了，翻不了身了。这就是在说方法，在时间中探究问题，只能用现象学的方法。所以各门具体科学不可能是现象学的方法，科学就是要抓普遍规律。有旅游与环境学院的老师拉着我说，给我讲讲现象学吧，说我们要做"现象学旅游学"，我说，你们懂了现象学，你们就再没有旅游学了，我们哲学还能喊哲学的终结，还有思的任务的开始，你们那个，终结了就完了，还是离现象学远一点吧。因为其他科学都是范畴、逻辑、定义，然后推出规律，要自然科学家是干什么，就是找永恒的规律的，你说我找了一个规律，这个规律是与时俱进的，那你还是来哲学系吧。

靠着对这个答案以命题形式道出的东西学舌一番并不就是理解了这个答案。若是把这个答案当作漂浮无据的结论人云亦云一番，结果也不过是认识了某种"立场"，而这种"立场"也许还同开篇至此的处理方式南辕北辙，更不能说是理解了这个答案。大家注意，立场就是观点（viewpoint），观看的那个点。存在问题不是要个观点，它本身根本就没有答案，更不要说拿一个观点，拿一个可怜的世界观，把这个世界一说，就算说定了。牛顿如日中天的时候，粒子微粒说似乎就真的把世界解释完了，时间只是个幻象，因为规律一旦确定，宇宙的第一刻和最后一刻其实是一样的。插一句，时间和永恒之间，其实还有一个中间的，那就是永恒的运动。物理学也研究时间，S=vt，物理学也承认运动"在时间中"发生，物理不就是研究物体运动规律的嘛，而运动要花时间。可是，物理学规律本身必须是永恒不变的，物理学的理想就是，世界在运动，这没关系，这是个幻象，它的规律永远是永恒的，所以，这是动还是不动，不好说，永恒、时间、永恒的运动是不同的。按照分析哲学，争论有时是因为意义没有区分清楚。分析哲学的价值，至少是让你的思路清晰，要争论什么说清楚，不要你说这个，他说那个，争论的不是一回事情。

这个答案新或不新无关宏旨，那始终是事情的外在方向。我们总会听到有人洋洋自得说，我这个观点很新，以前没人说过。我们说，要提个以前没人说过的"观点"，太容易了，"论文"其实很好做。别人说，太阳东升西落，你就说，太阳西升东落，然后找点证据一论证就完了，当然这个证据有点难度。特别是历史学，比如有人说，秦始皇是一个伟大的皇帝，你想说，秦始皇是一个不咋样的皇帝，从什么地方找点证据还不容易吗？所以说，只追求观点跟别人不一样，那真的太简单了，网上有那么多的人在那里胡乱说话，你要找一个新奇的观点，易如反掌，但是"观点"或"答案"在哲学上太不重要了。

这个答案的积极的东西倒在于这个答案足够古老，这样才使我们能学着去理解"古人"已经准备好了的种种可能性。什么叫古人，海德格尔似乎在倡导回到古希腊，他给别人的印象就是在途中，写的书叫《路标》，"道"也被他翻译为"道路"，背着个包，不断地走，往古希腊走。海德格尔确实经常提起古希腊，他也提尼采，尼采的思想其实就是继承了赫拉克利特的精髓。海德格尔也可能有这种情结，但是回到古人，真的回得去吗？回不去。解释学的精髓是，让我们积极地占有过去。我们说，历史就是一个"任人打扮"的小姑娘，这和"回到事情本身"到底是什么关系？可能是一回事情，虽然听起来完全相反。回到古人这件事，海德格尔是在借希腊人说话。一个哲学家生活在他的那个时代，不是每个人都像马克思那样有强烈的社会意识批判，有的哲学家看起来不闻不问，比较形而上，比较象牙塔。但是，他既然生活在他的时代，那个时代的氛围对他的刺激一定是有的，海德格尔生活的时代最"充实"，打了两次大战，他都赶上了，他进行了和马克思差不多的对资本主义生产方式、生活方式的批判，只不过他把它叫技术时代，包括当时苏联的那种社会形态的一种批判。在他看来，美国和俄国是一样的，都是疯狂的技术运作，纳粹其实也一样，他是从现代性这个更宽泛的角度来批判这个时代。而这个时代，它的生活方式上和古人肯定有不同，你要想返回去肯定不可能，但是能不能从古人那里借鉴点什么东西过来，反省一下现代人是不是把我们的这种生活方式推广得太极端了，一切事都要放到这样的框架中来思考，来做，这就够了。

比如特洛伊战争，荷马史诗上说，战争是为了抢美女，抢海伦。在我们看来，那是神话，我们会把战争起因说成是经济摩擦，贸易冲突，特洛伊妨碍了希腊人做买卖，等等。一个现代的历史学家可能会这样看，我们觉得这比较科学，但是我们得想一下。除科学之外，人把握世界的方式多种多样。黑格尔把艺术也叫作真实，它是另外一种，甚至比生活更加真实的真实。什么叫作真实？我给你讲这个东西，你可以理解，这就叫真实。我们看一个电视剧，它瞎编乱造，你就觉得不真实，不可思议，如果你看得热泪盈眶，那它还是假的，光点的平面运动，故事也许有原型，也许连原型都没有，那你为什么热泪盈眶，因为你可以理解。所以其他的意识形态，它们不是科学，但没必要都是科学，你能理解，这也叫真实。荷马把特洛伊战争说成是为了一个漂亮的女人而战，那在古人看来，这一定是可以理解的，他们不觉得这件事很荒唐，否则故事就不会流传久远。史诗里也描写过，打仗打了好多年，死了好多人，在我们现代人看来，生产力退步了，经济萧条了，民不聊生了，希腊勇士们之间也有意见分歧，后来，战士们把海伦抢了回来，往船上一放，返回希腊的勇士们看着都说，值得！为啥？长得好！我们说，这不是一群傻瓜吗？生产力也倒退了，物质也匮乏了，阿喀琉斯也死了，这个女人其实也比较暧昧，道德也不好，水性杨花，见了漂亮小伙跟着就跑，这么做值不值得？对于一个现代人，这就没法解释了。没法解释的，恰恰就是他者，希腊人就是那样理解的，值了！

还有阿喀琉斯的故事，他妈缺心眼，没用神水泡他的脚后跟，留下了"死穴"。神谕告诉他，不要打打杀杀，你杀死你最强大的对手后，你就必死。希腊人都很信神谕，阿喀琉斯家人也信，所以他妈对外说生了个闺女，把他藏到公主堆儿里。但后来还是被奥德修斯给骗出来了，他也就认了，算你聪明，跟着打仗去了，认了，这与现代人不同，而且也少有跟家人生离死别、抱头痛哭的描述。现代人不理解，那可是去死啊，死你还去啊，蠢啊！战场上，统帅阿伽门农不仗义，把他抢的美女给霸占了，他本来都退出战争，要回希腊了，不跟你玩儿了，但听说赫克托耳把他朋友杀了，大怒，你敢杀死我的朋友，出来单挑一下，结果他杀死了对手。当然，自己也应了神谕的验，被射中脚后跟，死了。

古人更容易被那种"不计后果"的境遇所左右，为朋友两肋插刀。按照现代人的那种瞻前顾后，计算、算计的思维方式，就不会是这个样子，我们觉得古人真蠢，或者愚昧落后。要计算、算计，就要求时间的将来、过去、现在三维视域是线性的，我才能看到将来，才能去预计。而计算将来，是根据过去发生的事情，过去也要历历在目，而往前往后看，都是从现在看。这样瞻前顾后的时间视域，和古人当下脑袋发热的时间视域是不是不一样啊？古人的生活方式中，可能这种非计算算计的因素比我们现代人更多一些，我们是不是能在他们那里找到一些什么，让我们对自己的这套不言而喻的、自以为是的生活方式进行反思。我们比古人强，他们也想算计来着，但他们太笨，算不清楚，也没有电脑，只能活在当下。我们在计算方面确实比古人强，但是发展到极端之后，是不是也会带来另外一些不太好的后果，这就是要考虑的。所以海德格尔说返回古人，不是真要返回，他是要创造性地去解释古人，看到古人的一些不同于我们现代人的地方。不要总认为我们的这种生活方式就是唯一的。所以，解构、后现代其实也不都是乱来，其初衷是对各种模式、教条的一种挑战和反省。后来搞乱了，那是他们左右不了的逻辑后果。

按照这个答案最本己的意义，这个答案为具体的存在论研究提供了指示——在业经开放的视野内，以探索性的发问去开始具体的存在论研究，这也就是这个答案所提供的一切。业经开放的视野，就是已经有某种形式的时间视域敞开，我们得以在其中发问。反过来，这种视野的开放，也是要通过探索性发问才打开。这两件事不是先后的，而是一回事情。要积极地、探索性地、与众不同地去发问，或者说，具体地、在时间中去探讨，而不要拿一个框架，把以前的东西重新规划一遍，这个时候，本真时间也就呈现了，存在感也就有了。

如果存在问题的答案正是这样成为研究的主导指示，那么问题就归结为：迄今为止的存在论特有的存在方式，这些存在论的发问、发现和失落的天命，发问，在海德格尔这里显然是积极的，"发现"也不是消极的，失落，有点遗憾，但重要的是，发现和失落是一种天命。也就是说，历史上必然会出现柏拉图、亚里士多德、康德、黑格尔、奥古斯丁这些巨人，还有他们提出的伟大存在论。当他们在他们所处的那个时代，都曾是与时俱进的、蓬勃向上的时代精神的代言人。但是后来，柏拉图成了柏拉图主义，亚里士多德成了亚里士多德主义，黑格尔变成了黑格尔主义，无一不沦为教条，而这种失落，乃是一种天命。所以，我们接下来的任务就来了，不断地去重新唤起这些失落了的存在论的活力，因为它们不断地失落，这就需要现象学。柏拉图也好，康德也好，海德格尔认为他们多少还是想一次性地把这个世界解释清楚，于是就包含着失落的必然。

它们作为此在式的必然，都从这个答案本身进入我们的洞见，只有这样，我们才能把存在问题的答案充分提供出来。存在论的兴衰，归根到底是此在时间性、有限性，你也可以说时代性的体现，其实这里已经过渡到第六节了，时间结构我们探讨清楚了，然后，我们就进入到这个时间中，在其中，我们对存在论历史进行解释和解构。反过来说，我们有创意地、积极性地占有过去，对以往存在论进行创造性解释，同时就是原初时间对我们此在的开放或展现，我们发现了新的柏拉图、亚里士多德，就是真正面对他们的存在。这个时候，哲学就从理论进入了真正的实践，这是一个解释学的过程，所以第六节就是，解构存在论历史的任务。

第六节　解构存在论历史的任务

本节标题下面有个注释，说本节的任务要在本书第二部分进行，这是用来忽悠给他评职称的人的。但计划的活儿确实都干了，这些散落在他对其他大哲学家的解释之中，共有 30 多本。海德格尔《全集》一共计划了 102 卷，这种内容的占《全集》近三分之一。看来，这个教授还是当之无愧的。

一切研究都是此在的一种存在者层次上的可能性，更不待言环绕存在这一中心问题的研究了。这又一次证明，存在者层次并不是很低的层次，如果这个存在者是此在，那么这个存在者层次是很高的，是高于存在论的。如果你把此在当作一个一般存在者来研究，那么就是一般存在者层次。研究自然科学其实也是此在的一种可能性，他献身给了那个事业，一种生活方式，存在方式。那么哲学家对存在问题本身的讨论，当然更是以对存在意义的领会为前提。

此在的存在在时间性中有其意义。然而时间性也就是历史性之所以可能的条件，历史不就是时间吗？不错，但要注意的是，时间性是从此在的结构而言的，历史性是指此在切实存在的方式，在时间中历时，经历时间，使用时间，安排时间，甚至创造时间。此在的生存方式是以一种历史性的方式展开的，或者说，此在就是在历史之中不可逆地生存着的。从《存在与时间》探究此在生存结构的这个角度，时间性是历史性的条件。

而历史性则是此在本身的时间性的存在方式；你是一个时间性的动

物，所以你的存在方式是历史性的，历时性的，"可能性条件"也不要从还原主义的角度来理解，把历史性"归结"到时间性，时间性再"归结"到此在的本真向死存在，所以，世界历史是孤独此在创造出来的，是主观唯心主义的一个极端，不要这样讲，没啥意思。**至于此在是不是以及如何是一个"在时间中"的存在者的问题，在此不谈。**我们日常我们生存要花时间，在时间中学习、工作、生活，这个不用谈，我们就是"在时间中"的，只不过这种时间在牛顿和爱因斯坦看来是幻象，我们探讨的历时性，是二位大牛人都不能认为是幻象的时间，存在着，就必须经历。

历史性这个规定发生在人们称为历史（世界历史的演历）的那个东西之前。我们心目中什么叫历史呢，周秦汉唐，宋元明清，中间魏晋南北朝、五代十国，往里面一加。还有西方欧洲史，我们把他们对比着来看，中国的明朝清朝，大概就是他们的资本主义萌芽发展期，我们在搞封建制的时候，他们也在搞，我们搞郡县制的时候，他们还在搞封建，一对比，他们落后了，后来人家资本主义了，我们还搞老一套，我们又落后了，这就是整个世界史，不光是中国历史，而是泛历史，地球村史。但是，历史性在那个"历史的演历"之前，这个历史性，我们必须理解为海德格尔意义上的，那种真正进入到时间的中的历史，人是作为演员的，亲自上演，而不是作为观众的历史。此在，因为你是一个时间性结构，所以必须真正在时间中生存。我们说，就是啊，我本来就"在时间中"啊，但是你说的那个历史，那是一种知性的，是看戏式的历史，你也可以在其中自己看自己。

这一点很重要，我们必须啰唆一番。我们说，实践或生活高于理论，我们首先是被抛地在历史中生存着，然后，我们还可以跳出这个不可逆的历史来看历史，研究历史。海德格尔在这里更多是在强调实践意义上历史发展的不确定性的维度。实践意义上的"将来"，当然是不确定的，还没来嘛，现代西方哲学的一个特点，就是强调生存的不确定性。而以前，无论历史学还是历史哲学，比如黑格尔的那部历史哲学，大多都是以一个线索，在一定框架下，以一种或明确或不明确的目的论的形式，对史料进行编排和整理，历史是被解释的，严格来说，是观念史，是编排的一部历史剧。是观念在先，然后进行论证的观念史，后面发生什么，开始就知道了。可是话又说回来，历史研究通常也只能是观念史，写历史总要有一个线索，要么是生产力与生产关系的矛盾，要么是地主阶级和农民阶级的斗争，反正你总要有一个框架，来组织那些历史材料，总不能突发奇想，总有一个目的，这无可厚非。海德格尔只是要指出，这样做历史，试图发现各种历史规律，就是人作为旁观者，跳出了历史。一腐败就要亡国，皇帝们都知道，可是知道又能怎样呢？崇祯，又是抓生产，又是反腐败，最后还是亡了国。这就是说，历史处境中，有一种历史的必然性，所谓历史和逻辑的统一，大家一定要搞清楚，德国人讲的逻辑是逻各斯意义上的逻辑，某种意义上，历史和逻辑是同义反复。在海德格尔看来，用逻辑不可能规范历史，即使黑格尔说历史和逻辑的统一，那个逻辑本身就是历史发生意义上的逻辑，黑格尔认为历史就是那样发生的。我看好些写硕士论文综述的时候，最后总要写一个研究方法，很多都写"历史与逻辑的统一"的方法，劝大家一句，不懂就别瞎写。历史的必然性不是知性的推论必然性，黑格尔的逻辑，在知性逻辑看来毫无"逻辑"，它就是对历史必然性的一种描述，只不过德国人毛病多，非把它叫作逻辑。

尽管如此，在海德格尔看来，这仍然是观念史，他认为历史根本就不能用逻辑、用目的论、用框架来对它做一种事后的、理论性的解释。这都是将实际发生的历史，变成了历史剧式的演历。我们总说，王朝由于腐败，就亡国了，这是后人对前人的一种解释，是那样吗？也不一定，秦朝和隋朝都是二世而亡，可能还没来得及腐败就完了。也有的腐败了半天还没亡，又搞了个"中兴"什么的，你回过头来看历史剧、编历史剧的时候，可以采取各种视角。为什么有的人好古，有人疑古，好古的人就和信宗教的人一样，把他得不到的东西放到一个神的上面。历史也是，我们说古代有多好，我们被雾霾熏了，就觉得古代好，因为过去的不在了，可以赋予各种美好，因为没有神，所以神美好。看到古代吃不饱，穿不暖，就说它不好，是根据温饱标准；看到古人进京赶考不容易，说古代不好，是根据高铁标准；看到赶考还能有艳遇，又说古代好，是感慨"生活世界"的缺失。总之，随便说呗。我们像造神那样造历史，这种历史就是观念史，而实际发生的历史，我们当下所在的这不可逆的处境，这是海德格尔想要强调的，这是存在，是历史，而不是观念的历史。

首须以此为基础，像"世界历史"这样的东西才有可能，铁证如山，主观唯心主义！而且是以本真此在为基础。非本真此在还是类似于主体哲学的主体，好歹还是"我们"。本真此在就是个体，黑格尔的世界历史源于绝对精神，而绝对精神，我们还可以把它翻译成人的类精神。现在海德格尔比他还猛，只用一个个体，就把世界历史给弄出来了，岂有此理！**这些东西才以演历方式成为世界历史的内容**；和前面的内容配套，此在在结构上就是在—世界—之中—存在，换句话说，世界被"包含"为此在结构的一个环节。从历史上看，更厉害，世界历史也被"包含"其中，看来不论空间还是时间，通吃，简直就是"吾心便是宇宙，宇宙便是吾心"。**而历史性就意指这样一种此在的演历的存在建构。**历史性、历时性、此在的演历，海德格尔是从此在生存论结构，或者说，解释学循环的结构这个角度来讲的。你从流俗的时间角度来理解这些话，秦朝在汉朝前面，按通常过去、现在、将来的"顺序"，这些内容就会很难理解。如果你从伽达默尔的解释学循环，或海德格尔的此在生存结构来理解，就很好理解。我们前面也讲过，海德格尔否认存在问题有循环，结构上是循环，实际发生的理解活动却是不可逆的，真正历史性的。

在它的实际存在中，此在一问如它已曾是的那样存在并作为它已曾是的"东西"存在。这叫被抛，人被抛到循环之中，这里的"如它已曾是的那样"，是指此在当时处身某个"此"，演员正在上演，"作为它已曾是的'东西'"，就是作为观众，自己看自己表演。所以说"被抛"，也有切身领会的被抛，和反思自己被抛，海德格尔批评萨特，可能就是说，萨特的被抛是反思性的，我"看到"自己被抛了，而不是"亲身"就被抛了。

无论明言与否，此在总是它的过去，而这不是说，它的过去仿佛"在后面"推着它，它还伴有过去的东西作为有时在它身上还起作用的现成属

性。我们总是讲，要学习历史，要以史为鉴，可是历史最大的规律就是，人从来不以历史为鉴。以史为鉴的思路，其实是线性的时间观的思路，观众的思路。往回看，过去秦是如何灭亡的，唐学习一下，结论：因腐败，好了，往前看，反腐败，为了我们李唐千秋万代，于是，我们就要为政清廉，不要重蹈秦之灭亡的覆辙。历史就作为过去的某些性质，我们学习历史，就有了美德，对我们起了作用，不忘历史，就是为了面向未来。但是，从解释学的角度来看，前理解，在解释之前就有了理解框架的"前"，就是"已经"形成了的传统。解释学里面前理解和传统，听起来似乎一前一后，传统好像是"后面"推着的，前理解好像是"前面"牵着的，其实传统和前理解是一回事。你已经有了你的世界观，你要没这个世界观，你不可能认识你将要面对的事物，你面对一个事物之"前"，你就"已经"有了这个世界观，这么一说，又成了"后"。所以，这段话一定要从"结构"方面来理解，从当下处身性，而不是从理论上来理解。此在总是它的过去，这就是说，它当时就"身处"或存在在那里，你从线性时间，从观众角度理解，此在永远只能在"现在"，谁能回到过去呢？

大致来说，此在的存在向来是从它的将来方面"演历"的，此在就其存在方式而言原就"是"它的过去。往前就是往后，我们认识一个新事物，就是以前没认识过的，当我们面对新事物，试图把它纳入到我们已有的框架中的时候，这既是前又是后。我现在下了讲台往"前"走，就走到了教室"后"排同学那里了，而这就是不可逆地走了一条直线，这个时候，线性时间意义上的"前"和"后"就失效了。这段话必须从解释学循环的意义上理解，从此在生存结构的角度来理解。我再给大家提供一个较直观的形象，那就是循环运动。古希腊人认为天上的神做循环运动，设想一下，圆圈上"当下"的任意一点，既是"将要"向前走去的，也是"过去"已经走过的，神就是在转圈圈，所以不死，它无始无终，起点就是终点，高于地上的人，有始有终。当然，这只是个形象，用以说明和线性时间的"前后"不一样的情况，便于理解当下生存意义上的历史，大家不必太在意循环这个形象本身。这个形象的循环，很可能就是尼采痛斥动物们理解的那种轮回，所以，不必太执着于这个形象。

此在通过它当下去存在的方式，因而也就是随着隶属于它的存在之领会，生长到一种承袭下来的此在解释中去并在这种解释中来领会自身。此在面对一个新事物，就是面对将来去存在，就是在往"前"看。而往前看，就自然就带有过去形成的观点、框架，而这个新事物一旦纳入到你的理解范围之内，就又变成了你的传统或过去，你再用承袭下来的传统和过去，接纳面前的更新事物，理解它的同时，也领会自己的成长。这就是解释学告诉我们的循环，就不能以直线的角度去理解。**此在当下就是而且在一定范围之内总是从这种此在解释中来领会自身。**简单地说就是，世界观和人生观相互构成，决定了你的方法论，决定了你看待、对待事物的方式，而这种方式又是在解释中不断修正、丰富的。你做某件事情通常是这么做的，有一次发现那样做不成，那种方式失灵了，那就换一种方式，这个方式又融入你的前理解之中。此在总是从此在的解释中领会自身，这就相当于说，此在总是从世界方面来领会自身。你的世界观，你的行为方式，就是你对世界一种理解和解释。

这种领会开展着它的各种可能性并即调整着这些可能性。它自己的过去——而这总是说它的"同代人"的过去——并不是跟在此在后面，而是向来已经走在它的前头。因为此在是在世的存在，世界之中有其他的存在者，其中就包含许多其他此在式的存在者。它的过去走在了它前头，这种怪话，从直线运动无法理解，从圆周运动来理解并不难。圆周上往前走，就是回到你曾走过的点。

此在的这种基本的历史性也可能对此在自己还讳莫如深。但这种基本的历史性也可能以某种方式被揭示并得到培养。此在可能揭示传统、保持传统并明确地追随传统。海德格尔解读哲学史，这个活动就是在用一种别具一格的方式来揭示传统。黑格尔写的《哲学史讲演录》，也是秉承着他那个时代的时代精神，以那样一种框架来揭示柏拉图、亚里士多德，揭示传统，但是，在揭示的同时，就打上了他的时代烙印，黑格尔的哲学史就是他的哲学，他也明确说，哲学就是时代精神。他就是时代精神的代言人，尽管他自己没那么明确地说，他只是说哲学到我这就结束了，但是那个时代西方哲学最值得看的，那就是黑格尔哲学，他也当之无愧。而保持和追随传统，就有可能让传统沦为一个僵化的框架。

揭示传统以及展开传统"传下"的内容与方式，这些都可能被把握为独立的任务。 我们可以以历史学的方式来把握历史，也可以以哲学的方式来把握历史。尼采写过一个小册子《历史对人的生活的利与弊》，他和海德格尔对历史的看法几乎是一样的，提倡要创造性地去占有历史。创造性地占有，并不是说历史是可以任意打扮的小姑娘，不能这样说。秉承时代精神去占有，才是创造性占有，才是有价值的。当然，也可以历史学的方式对历史"传下"的内容进行归纳、总结，进行事后的反思，也可以，但是否创造性占有，存疑。**此在这样就把自身带进历史追问与历史研究的存在方式之中。** 历史系的人以研究历史为他们的"存在"方式，他们就那样历史性地存在着。

但是历史学——说得更精确些，历史学之为历史学——之所以可能成为进行追问的此在的存在方式，只因为此在基于它的存在就是被历史性规定的。 在时间中，在历史中演历着的此在，历史性的此在，创造着历史，亲身上演历史的此在，才可以将历史看作历史剧，然后做历史学的研究。为什么对面那个学院叫历史文化学院，他们学院研究的那些东西是历史？我们说，现在我手里的这个 iPhone5 已经过时了，按说过时就是成为历史了，但是历史学还没把他当作历史来研究，这是为什么呢？这就是因为我们"现在"的此在还没有把 iPhone5 当作一个历史的存在，没有赋予它历史存在的意义，所以那个东西暂时还不作为历史来研究。当然，过一段时间也许就成为历史了，一个摩托罗拉第二代，现在拿出来勉强可以当历史了。有的东西还能用，如纺车，如果你有那种技术，它仍然可以用，可是我们把它叫历史。看来，历史物不是说能用不能用，而是当下生存着的此在，是否赋予了那个东西以历史的意义。所以，历史是在此在上演历史时，在赋予意义的过程中展现给我们的，并非客观的、过去了的事情就是历史。一切以人的生存活动、实践活动为出发点，这是不论海德格尔还是马克思最关键的要义，哲学革命就在这个地方。

只要历史性对此在还讳莫如深，此在就没有可能对历史进行历史学追问与历史学揭示。没有历史学并不证明此在没有历史性；没有历史学，这作为此在存在建构的残缺样式，倒是此在具有历史性的证明。历史学就是作为看客，依照各种线索，编排各种历史剧，反而消解了此在生存的历史性。据有些学者的研究，说希腊人大多持循环时间观，其实，古老的东西很难确证，资料不足。不过，比起后来基督宣扬的那种时间观，耶稣受难、复活、末日审判这种比较明确的线性历史观，在希腊人观念中可能会弱一些。前面课上讲过，希腊人记载的特洛伊战争是因为抢海伦，如果按基督教的线性历史观，人就不会那么蠢，不会为了一个女人打仗，一句话，划不来。达尔文之后，人就愈发感觉自己是在不断进化或进步，大家也希望维持这个进步，没有最好只有更好。比如说，工资只希望升不希望降，就不爱听"降"那个词，哪怕物价涨了，实际降了，我们也喜欢"升"这个词，这和线性时间观是有关联的，这就是"发展"观。希腊那帮蛮子，为了抢一个女人就不管不顾，舍本逐末，造成生产力极大倒退，发展受挫。阿喀琉斯"过去"就知道，他"现在"杀掉赫克托耳，"将来"他必死，可他为朋友还是把对手杀了，这在我们看来，蠢！但这是否可以反过来表明，希腊人的线性历史感，进步感可能没有现代人那么强，我想可以这么猜测。像夺取金羊毛，阿喀琉斯的愤怒那些故事，既然希腊人在他们的文学作品中表达出来并流传下来，那肯定是反映了希腊人的一种真实生活态度，可以看出，它和现代人计算、算计的生活态度是不一样的。我们也可以理解那种态度，尽管我们觉得有点蛮干，我们现代人不愿意豪赌，希腊人就那样做了。尽管是个故事，但艺术真实来源于生活。我们现代人会说古人意气用事，为朋友两肋插刀，我们现在说来都是贬义词。其实，我们要让古人成为古人，理解他与我们的区别。他者，就是在解释学中，你要面对他者，尽管你巴不得把它吸纳到你的前理解中来，但是解释学告诉我们，前理解确实是你理解新事物的桥梁，但最好还是把这个框架松动一下，要承认他者的他性。虽然希腊人的线性历史感薄弱，据说也少有历史学，但是不能说它是没有历史性的民族，可能他们比我们历史性更强，那种历时性和"当下"感，那种决断，正是历史性的体现，比我们强得多。现代人只知道股票，特点就是往前看，预期，根据各种曲线去算计和计算，按照"以前"经验，"现在"买，"将来"赚，而且还有盈利"历史"规律的总结。

一个时代只是因为它是"有历史性的"，才可能是无历史的。我们看《东周列国志》的故事，你真会觉得那些人脑袋进水了，比如一桃杀三士的故事。齐国国王想除掉他认为是心腹大患的三个勇士，晏婴献了个计策，某国国王来访，席间拿了五个桃子，国王吃了一个，来访的国王吃了一个，晏婴吃了一个，还剩两个，三个武士不够分，国王就让他们把自己的功劳摆一摆，谁的功劳大，谁就吃。第一个勇士跳出来说，有一次大王碰上老虎了，我上去把老虎给打死了，我的功劳大，拿起一个就吃了；第二个说，大王出游，湖中出来一个怪兽，眼看就把大王吃掉了，我把怪兽干掉了，我的功劳大，就又吃了一个；那第三个很愤怒，也同样表述了自己功劳，并抱怨自己的功劳比前两位大，居然还吃不到一个桃子，我活着干啥，一生气就自杀了。另外两个人一看，是啊，他功劳比我们大，竟没吃到桃，我们有啥脸面活着啊，于是都自杀了，二桃杀三士。还有赵氏孤儿的故事，忠臣抱着赵氏孤儿出逃，给门卫发现了，眼看瞒也瞒不住了，就痛斥门卫，说这是忠良之后，你要是助纣为虐，那我也认了，但你道义何在。小小的门卫，发现自己不符合道义，拿起宝剑就抹脖子了，我们现代人看来，好死不如赖活着，睁一只眼闭一只眼，或跑了不就完啦？真蠢！我们说，虽然这里面肯定有一些文学性的夸张，甚至为教化之用，但夸张不是完全离谱，之所以成为名著流传，是因为至少当时的人可以理解那些故事，可理解就是真实，至少是当时的真实。

现代人已经不会拿这种例子来教育人了，甚至当作反面教材，提倡珍惜"生命"，其实就是保命，这只能表明，现代人难以理解那种情形了。董存瑞炸碉堡的时候，作为正常人也难免思前想后，但当时的情境容不得你放长线、钓大鱼那样的算计，每个人在某个情境下都会做些出其不意、不合逻辑的事情，其实康德说的自由，就是指这种情况，海德格尔叫决断，备受争议。我们现代人虽然视之为不精明，但其实还是可以理解的，这就是真正的历史性，历史性其实就是咱们通常说的历史必然性，它就是指实践意义上的必然性，高于理论的、逻辑的必然性，这里就要反省"历史和逻辑的统一"了。你事后用某个观念去进行分析研究，那都是事后诸葛亮。希腊据说历史学不发达，恰恰证明古人是历史性的，至少，和现代人的线性算计有些差别。活在当下，担当责任，是有历史性；不忘历史，总结规律，反而没有历史性。

另一方面，如果此在已经把握了它自身之中的可能性——它不仅能够明鉴自己的生存，而且能够追问生存论建构本身的意义，亦即先行追问一般存在的意义，如果在这样的追问中它已经放眼于此在的本质的历史性，那就不可能不洞见到：对存在的追问——前曾指出过这种追问在存在者层次上及存在论上的必要性——其本身就是以历史性为特征的。 如果真正理解了此在的历史性，就会洞见到，对存在的追问，本身就是在时间中展开的，不能跳出历史，外在地把材料装入某个历史学或历史哲学框架。我们再以倒霉的黑格尔为靶子，他的哲学就是六经注我，很强势地把以前的哲学家们给注了一遍。比如，他认为，巴门尼德来到这个世界上的任务，就是提出"有"或"存在"这个概念，在他的《逻辑学》体系里的第一个概念；赫拉克利特的使命就是提出"变"，这又是我黑格尔哲学中的第三个范畴。在海德格尔看来，黑格尔的方式是比较武断和强暴的，它是一个观念史，按照某种先在的目的或理念，来解释历史，就像神站在历史之上那样。问题来了，在某种意义上，似乎海德格尔在解释哲学史的时候，也是用他的存在论历史来强解柏拉图、亚里士多德、康德，同样显得很武断，只是换了一个他自己的存在论框架。形式上就是这样，大哲学家解释大哲学家的东西永远是这样，否则就不是大家，而且，这种著作最值得读。我们下面就要讲，到底什么是"创造性地占有"历史，在海德格尔、尼采这样的人看来，应该怎么对待历史。但不管怎么说，这里告诉我们，对存在的追问，本身就是以历史性为特征的。所以，海德格尔解读哲学史的 30 多卷著作，其实就是"在"追问存在的意义，只不过他选取了哲学史这个领域来"做"这件事，这是他的特点。这些工作尼采做不到，因为他是另一种天才，他没有哲学史的功底；德里达又不愿意做，他更愿随便拿别的文本来解构。海德格尔有扎实的哲学史功底，所以他在这个领域中，通过读史，"当下"、"历史性地"给我们"展示"存在的意义。

这一追问作为历史的追问，其最本己的存在意义中就包含有一种指示：要去追究这一追问本身的历史，也就是说，要成为历史学的。就是说，传统存在论都在追问存在，我们现在是要探究追问存在本身的历史，成为历史学，就是要解构存在论的历史，即哲学史。海德格尔看上去也是在研究历史，历史上的哲学家、他们的存在论是他的"研究"对象，跟历史学一样。但他最终是要解构，而不仅仅是梳理或解释哲学史。

要好好解答存在问题，就必须听取这一解释，"听取"以前的大哲学家所说的东西，"听"就有一种被动的意义。德文中"hören"就是"听"；加个被动前缀变成"gehören"，就是"听从"、"属于"。你听从，你就从属。你要"听话"，就是说，你没有自我意识，家长的话就是你的意志，你属于家长。海德格尔对柏拉图的解释，就是要"听"柏拉图在说什么，听起来似乎很谦虚，其实恰恰是要积极地解释柏拉图，解释出不同含义的柏拉图，要基于他与他那个时代精神的感应，来解释柏拉图，换句话说，从柏拉图中解释出时代精神来。比如海德格尔解释亚里士多德，就关注他的"质料"概念，就是要发挥质料的"不确定性"，解释康德，主要发挥"物自体"，是想弘扬"有限性"，注重先验感性论，是要提升"被动性"或"接受性"，对抗主体哲学的主动性。而这些就是理性受挫之后，那个时代的时代精神。既主动又被动地"听取"大哲学家说的话，将存在的意义从中萃取出来，这就是他的特点。所以，不要把海德格尔的哲学过分地理解成积极或消极，德国大哲们都是辩证的。当然，相对于主体哲学而言，现代哲学更多地强调归属性、有限性，**以便使自己在积极地据过去为己有的情**

况下来充分占有最本己的问题的可能性。说历史任人打扮，海德格尔也要
打扮历史，但是和黑格尔那种强势的打扮不同。所以他把自己定位为一个
雕塑馆管理员，就是说，大师们的雕塑已经有了，我本身不会雕塑，我要
做的只是，用灯光从不同的角度来照射这些雕塑，使得它们给参观者以不
同的感受。我自己并没有理论，这是柏拉图说的，那是亚里士多德说的，
我给你从不同角度，展示他们所说的。而黑格尔那种解释是，他们都得听
我的，他们那些都能归纳到我的逻辑体系里面去。

**要追问存在的意义，适当的方式就是从此在的时间性与历史性着眼把
此在先行解说清楚，于是这一追问就由它本身所驱使而把自身领会为历史
学的追问。**对哲学史的探究，形式上是要研究历史，但是追问历史的方式
就是要打开一个不同的柏拉图。而且要有意识地意识到我的解释并不是标
准答案，这也是现代哲学一个比较突出的特点，我领着大家去面对柏拉
图，柏拉图是一个宝库，可以从中不断地解释出新的含义。伽达默尔说，
文本的存在方式本身就是被后人不断地解释。而传统哲学一解释就说，我
是对的，别人的不对，我代表柏拉图的"原义"。现象学也说"回到事情
本身"，但是它更多是要说，事情本身要经过不断的挖掘，这不断挖掘本
身才是事情本身。柏拉图的原义是什么？没有原义，但是必须有面向事实
本身的历史性过程，那就是客观性，就是现象学所谓的新时代的客观性。

**在此在最切近的寻常存在方式中，此在也当下就历史地存在着，根据
这种寻常存在方式对此在的基本结构作了这些预备性的解释，就会挑明：
此在不仅有一种趋向，要沉沦于它处身其中的世界并依这个世界的反光来
解释自身，而且与此同时此在也沉陷于它的或多或少明白把握了的传统。
传统夺走了此在自己的领导、探问和选择。对于根植于此在的最本己的存
在的那种领会，即存在论的领会，对于使这种领会成形的工作，这种情形
尤为常见。**

这是整整一段话，这里出现了"沉沦"，沉沦并不是一个坏词，不是
说堕落，道德败坏，要么圣洁，要么沉沦，没有这个意思。海德格尔的这

个"沉沦"是一个中性的说法，比如大家来上课，这就是沉沦，因为你操劳于书本，忙于上课，是让外在事物夺走了你自己的领导，你是你本己，那样的状态很少。大部分情况下，我们都在沉沦。沉沦之关键，就是依照世界的反光来解释自身，这里又涉及我们所讲的解释学，解释学循环中的传统和前理解的问题，伽达默尔作为海德格尔的学生，他把此在的生存结构，放在了较具体的文本解释过程中来讲，我们可以利用来说事儿。

我们谈论过有关唯物主义和唯心主义的事情，坏的唯物主义就是简单粗暴的物质决定意识的唯物主义，它是大部分哲学家不认可的唯物主义。唯心主义提高人的主观能动性，这是它好的方面，但是唯心主义的坏处在于教条主义。所以与坏的唯心主义相对的，就是恩格斯讲过的那个好的唯物主义，在认识世界的时候不要被先入为主的唯心主义怪想所左右，要依照事情本身来看问题，我们归结为四个字——实事求是，也是现象学说的：回到事情本身。所以在这个意义上来说，唯物主义和唯心主义不是一个流派问题，而是一个人认识世界的结构问题。放在解释学中来讲，前理解和传统，对于人认识世界是必需的，要没有认识框架，就什么也不能认识。比如说对一只猴子，再努力地给它讲《存在与时间》也没有用。据说人是猴变的，是劳动变来的，现在街上也有耍猴的，让它干很多人干的事情，使用工具、作揖，耍了半天，还是没变成人，所以说，无论再怎么给它灌输人的观念也好，给它喂面包、牛奶、巧克力也好，顶多还是一种动物的刺激反应。为什么呢？因为它没有人的那种前理解。一个狼孩也许可以教化成人，因为他多少有点儿那种前理解，也就是潜能。那么我们说，前理解对于人的认识是必不可少的。但是，如果这个前理解过于僵化、教条，它就成了人认识事物的阻碍。这个时候，我们就不再接受新鲜事物了，无论什么新事物，都会被强行纳入到你的解释框架当中，或者，你解释不了的，你就说他不是好东西，或者说，是偶然的东西，不予理睬。所以，唯物、唯心就成了一个解释学循环的问题。

那么在这里，海德格尔说，传统夺走了此在自己的领导、探问和选择，大部分或日常情况下，此在是依对世界的解释，沉沦在世界的解释的反光来解释自身。这个意思就是说，大部分情况下，我们是按照我们自己的习惯，现行的世界观、方法论，对世界的看法来解释这个世界，这样就把很多新事物，把他者的维度掩盖掉了。我们再从历史的角度讲，在跳出历史、观看历史线性发展的线性时间观念下，最早是"过去"，接着是"现在"，然后是"将来"，一条线，无始无终，因为视线是直的，所以从现在一下子就可以眺望到将来，回过头可以看到过去。有的将来比较遥远，比如说共产主义，尽管很遥远，但是在视域上没有遮挡，就在直线的前方。这种共产主义的理想，比如物质产品极大丰富，人的精神境界空前提高等，是从哪里来的？从过去来的，那时我们精神境界不高，物质产品不丰富，是把以前的经验教训，总结到以后去了，过去实现不了的，现在把它投射到将来去。再比如汶川地震，我们总结出过去的经验，从过去了的事情进行总结，历史无非就是过去的，但我们还能看到的东西，视域是直线，无遮拦嘛！总结好了以后，形成预案，将来某地又地震了，我们可以用现在总结的过去的经验来处理问题，救灾。过去的经验教训，将来的美好理想，虽然都比较远，但还是依稀可见的。

但是，如果视线或视域不是直线的，时间不是过去、现在、将来的直线接续，情况就不一样了。前面我们提到了视域这个词"Horizont"，还有"地平线"、"地平圈"的含义，你一旦到了海边，原来在平地上认为无限远的视域，反而缩小了。地球是圆的，你只能看到周围一定范围的海域，你的视力再好，也有了限度，只能看到地平圈之内的，地球弯曲下去的部分无论如何也是看不到的，视域比平地上开阔了，但反而意识到是有限的。用时间话语来说，将来还没来，过去已经过去了，能看到的，原则上只有现在。铺垫了半天，意思就是说，我们的这种从世界的反光来解释自身，用你当下的世界观来反思历史的这种眼光，就是把圆圈式的历史性生存，变成了直线式的"在历史中"发展，历史性变成了我们可以回顾和展望的历史剧，于是，将来实际上变得不再是将来。还没来的、那个不确定的领域，海德格尔认为那是真正的将来，将来是走向一种不确定性。过去已经过去了，至少它是跟现在不一样的过去。历史呢，我们要让历史的东西成为历史，不要将历史的东西、过去的东西纳入你的现在，对它进行一种现代的解释。关于历史性下面一段话说得更清楚，那么咱们就直接来解释，让历史成为历史是什么意思？

举个例子，比如说古人的飞天梦。"神六"成功发射，我们说，实现了古人的飞天梦、嫦娥计划，实现了古人想去月宫找嫦娥的梦想。但是古人飞天是想干什么呢？想过吗？我斗胆猜测，是想要一种纯粹的舒适体验，下面太热，上面可能很凉爽，像鸟儿那样，爽一把！或者真的就是想去找嫦娥。而我们现代人的飞天计划是想干什么？第一，为了对抗美国；第二，为了飞到月球上去搞房地产。我们恐怕就是把我们这样的飞天梦加给了古人，我们自己就是现代人，我们自己很知道，为了爽一下，花那么多钱，划不来，嫦娥也没有。当然了，也可以让富豪们爽一把，挣他们的钱，这叫"军转民"。我们说实现了古人的梦，就是把古人看成了现代人，把"过去"拉到了"现在"来理解。

郑和下西洋，我们说是和平之旅。为什么说是和平之旅呢？没打仗。在现代意义上，没打仗就是和平。现在我们跟毛里求斯、印度尼西亚，和任何一个小国家，马尔代夫，在联合国里遵守和平原则，在现代国际原则下，国无大小一律平等。在这一原则下，尊重他国的表现就是不打仗，有事儿好说，通过协商解决冲突，这是我们现代人的和平理念。那么郑和下西洋是去干什么？有人说是永乐皇帝为了寻找建文帝，弄死也好，带回来也好，反正要有个交代，但是无法证实。也有人说是纯粹为了扬国威，巩固朝贡体系，所到之处确实没有打别人，也没有像资本主义那样进行殖民统治，据说还给了别人不少钱。但这就是和平之旅，没有战争就是和平之旅吗？从扬国威的角度来看，明朝的那种国际关系理念，和现代人是完全不同的，中国古代像朝鲜、日本、越南，这都叫属国，是没有主权的，联合国投票你就不要投了，中国代你一投就完了，我们心目中的英国、法国也没有，天底下就我是老大，而属国的义务就是听话，服从宗主国，别找事儿，甚至还要孝顺。不远万里从阿富汗跑来，拿上几张羊皮进贡，皇上一高兴，给你十车金子，带走，有的是钱。看，多孝顺，你们其他国家也要效仿。这也没打仗，但这叫现代意义上的和平吗？显然不是。中国这个"中"，太厉害了，这个字本身就是中央，大国，往下叫南蛮，往右叫东夷，往左叫西戎，往上叫北狄，都是不开化的，要听我们的教化，我们这个"中"就包含这意思。那时的这种朝贡体系所形成的国家关系，和现代国际关系能一样吗？当然，非要把郑和下西洋解释为没有殖民，没有战争的和平之旅也可以，但是必须把具体内容说清楚，分析不同的和平的内涵，让历史成为历史。

山西的永济有个普救寺，普救寺里有个莺莺塔，就是张生和崔莺莺搞对象的地方。当地人就通过炒作"爱情"故事来吸引游客，说张生崔莺莺冲破封建礼教，弄个花轿子，让女同志穿上崔莺莺的衣服，男同志穿上张生的衣服照相。还说，有情者终成眷属。按照我的看法，张生那就是个小流氓，正经人哪有跳墙进院的。还真的重修了那个院子，墙下边立了个牌子，写着"张生跳墙处"。你说你们家晚上从窗子里进来一个人，他能是好人吗？好人他不走大门，走墙头，有这事儿吗？还说他们最后也成了，那是家长最后没办法了，生米煮成了熟饭，彻底没办法了。这是《西厢记》的跳墙头，你再看看那个董永，什么行为嘛，人家七个仙女洗澡，他不但偷看，还把人家衣服给藏了，不判他几年就不错了，还爱情故事呢！你说古代社会，又不需要会电脑，身强力壮一个小伙子，他稍微劳动一下，就不至于什么都没有，一穷二白，肯定是好吃懒做，那你上哪儿娶媳妇，谁会给你当媒人。最后没办法，找棵大柳树，成了精的，象征性地拜一拜，不要说天上不允许你，地上也不允许你，对不对？你稍微想一想，按照古代的主流意识形态，能宣扬这种爱情吗？从墙上跳进去的人，能是好人吗？我们读《白蛇传》，没事你找个妖精干啥，好好的人不娶，法海，我们叫封建礼教的代表，把爱情给扼杀了。梁祝呢？化蝶了。我们说中国人喜欢喜剧，不喜欢悲剧，两人都死了，好可怜，最后安排你们化个蝶吧，安慰一下。在我看来，在中国古代门当户对的主流意识观念下，那些故事在古代更多的是给人起警醒作用的，而不是鼓励爱情的，那时哪有什么爱情啊！在那个时代一定是这样，两人好了半天，最后被天河分开了，七月七见一次，多可怜，古人一定会说，孩子们啊，可不能学他们那样啊！白蛇传，最后妖精被压到塔底下了，找个人当媳妇不好吗，门当户对，生儿育女，光宗耀祖，相夫教子，这幸福生活不就来了么。跳墙进院，这事情，太见不得人了，这些在古代，一定是作为警醒的故事，告诉大家听父母的话，安排个合适的，感情是最后培养出来的，日子是慢慢过的。可是，"传统夺走了此在自己的领导、探问和选择"，什么意思呢？在我们这个时代，有这个时代的主流意识、主流世界观，这个东西左右着你，把古人拉到现代人的视野中进行理解，以小人之心度君子之腹，不让过去成为过去，让过去成为现在了，将来也就被变成了现在。

这种去除历史性最极端的表现，当然是在自然科学上。它不让有过去，不让有将来，规律是永恒的，就在现在，时间对我们来说是一个幻象，科学家的理想就是让当下的规律放之四海皆准，历史，也要把它纳入我的这个框架或规律里面来看，所以就有了历史科学。所以，前面我们讲阿喀琉斯之怒、二桃杀三士，我们觉得不可理解，不可理解就对了，你只有接触这种不可思议的他者，才有可能使你从夺走了你自己的传统中跳出来，才有可能形成社会批判意识。马克思时代，还是在资本主义比较不错的时代，虽然偶有一些经济危机，但是西方还算都认同那种生产生活方式，恰恰就是那个时候，马克思对它进行了无情的批判，这就是大哲学家。而大家都说好，说某个东西是唯一的、理想的，那个东西就被宣扬为最好的，就成为传统了，就成了人们的前理解。所以说，对待历史到底应该怎么对待，海德格尔说了，你的视域就这么大，要让"过去"成为与在你"现在"视域内所看到的不同的东西，说的再俗一点，来点新鲜感，不要只要有男有女，就是爱情故事，两人世界，这本就是典型的基督教产物，你何必非要把它强加在中国古代人身上。但是强加对不对呢？也没错，这个需要往下面看，辩证地看。但上述情况，就是此在被传统，即前理解，也就是它的世界观，给束缚了，传统把人束缚的太多的时候，其实就演化成唯心主义、教条主义。

这样取得了统治地位的传统首先与通常都使它所"传下"的东西难于接近，竟至于倒把这些东西掩盖起来了。流传下来的不少范畴和概念本来曾以真切的方式从源始的"源头"汲取出来，传统却赋予承传下来的东西以不言而喻的性质，并堵塞了通达"源头"的道路。前面我们多费口舌，说明了传统有可能僵化成条条框框，以至于把"传下"的东西掩盖起来了，本来是要规劝年轻人恪守礼教的，结果却被解释为追求爱情了，本来是扬国威的，却被解释为和平目的。我们前面批评了爱情解释，但是，反过来看，爱情解释，往前推上几百年或者几十年，在中国需要冲破封建传统的情况下，在五四运动时期，或鲁迅那个时代，就把那些故事解释为爱情，鲁迅就写过《论雷峰塔的倒掉》。在那时，那就是时代的需要，就是社会大变革的需要，时代精神的体现。它就是秉承那个时代的存在感而发出的，对历史的"本真"的解释。本真不是什么"真理"，而是符合那个时代的、崭新的解释，就是创造性地占有历史。古人看《西厢记》、《白蛇传》的时候，我相信是以反面教科书的眼光去看的，但是到了反帝反封建的大变革时代，大家就会把西方的一些民主、自由、平等这些观念，爱情观念，附加到那些文本上，对它进行全新的解释。

所以，咱们其实并不是否认那种解释。那些"流传下来的不少范畴和概念本来"确实"曾以真切的方式"，是"从源始的'源头'汲取出来"的，所以不是否认那个时代的解释，而是从海德格尔的角度来讲，不要把它教条化、模式化。一看到男女在一起，那就是爱情，那就不对了。不要说普通老百姓，有关皇帝的戏，总喜欢加点调料，那就是皇帝的爱情，但好在有一点还算让我们觉得可信，皇帝在"爱情"问题上都身不由己，他的配偶多半只能是宰相的女儿，否则的话，他的政权是不稳定的。即使古代少数男子一妻多妾，在家里权力大，但他的妻子，那并不是他想休就休的，好像写个条子就休了，它并不只是两个人的事情。现在离婚率高，至少有一点，是因为婚姻仅仅是两人的事情，说通了就拉倒，而婚姻如果是一群人和一群人的事情，离婚就不那么容易了。

所以，还是要理解古代的"主流意识形态"，还是应当把古人当成古人去读，特别是当我们现代的解读成了一种不言而喻的、一种人云亦云的读法的时候，我们就必须试图寻找一种不同的理解。海德格尔要说的，实际是这个意思，并不是说，谁说对了或者谁说错了。因为之前它是"从源头汲取出来"的，就是说，本来是秉承时代精神的创造性解释，久而久之，有时代烙印的解释，就会慢慢成为一种教条。时代在发展，这就是一种必然，所以，现象学回到事情本身的含义就是：与时俱进。当然，在现时代，把以前的故事读成爱情故事，也还是时代的主流，还没有过时。上海比较时髦的结婚形式，不拜高堂，不入洞房，跑到黄浦江边公园里，穿个白婚纱，穿件黑西服，请个神父，一戴戒指，一发誓，两人就成了。第二天就离了，这完全可能，往好了说，自由嘛，时代精神。所以，现在流行的解释成爱情也并不奇怪，但对于古人，会觉得不可思议。海德格尔要呼吁的是，让"将来"的不确定性得以呈现，"过去"，让它成为与现在不同的过去，解构哲学史是要让康德成为康德，回到他那个时代去，而不要像黑格尔的哲学史，把柏拉图解释成只是自己哲学的一部分，这很武断。这就"堵塞了通达'源头'的道路"。

传统甚至使我们忘掉了这样的渊源。传统甚至使我们不再领会回溯到渊源的必要性。教条使我们不再接受新事物，一切都往我们的思维框架里塞，我们现在觉得，我们的时代就是最好的，再没有比现在更好的了。我们开着车，住着大房子，玩着 iPad，弄着微信，古人什么都没有，多可怜，整天干啥呀？我们会这样想，古人因为两个桃就自杀了，怎么那么傻，生命多可贵，爱情价更高。但古人不傻，他们有他们的生存方式，我们的生存方式就是太精明，是机关算尽太聪明，最后，反算了卿卿性命。古人也是人，也算计，神谕说俄狄浦斯将杀父娶母，父母为避祸，把他抛弃了，这和现代人一样。结果佣人没有杀死俄狄浦斯，古代悲剧里坏事的，西方是仆人，中国是丫鬟。另一个城邦的国王王后收养了他，对他很好。某一天他去神庙里一问，神说他将杀父娶母，他也害怕，也算计，就逃离了。结果逃回到原来的城邦，真的把亲生父亲给杀了，把母亲娶了。所以说，古人也和现代人一样，会计算和算计，这是人之本性，但是当俄狄浦斯弄清自己犯的罪，就拿银针刺瞎了自己的眼睛。这个故事有意义，说明人在命运面前，不可能什么都预见到的。这么聪明的人，甚至猜到了斯芬克斯之谜的人，也被命运玩弄于股掌之中。所以人只能看到一点点东西，对其他的东西，你要保持敬畏。作为古人，他刺瞎自己的眼睛，不推卸责任，这和现代人相比，简直天上地下。现代人犯罪后，肯定先要赖账，赖不掉，就要找律师，为自己开脱，找各种理由，再不行宁可把自己论证成精神病，以逃脱一死，保那条可怜的命。俄狄浦斯是无意中犯的错，但没有去辩白，以博取同情，抱怨老天爷捉弄，哭天喊地，他认为犯了错接受惩罚是应该的。古人就是牛！

牟宗三曾经批评海德格尔，说他的哲学是"好汉"哲学，我刚开始看着奇怪，后来一想，还真有点那个意思。某个哲学家也说过，现时代是英雄主义的终结。什么叫英雄，敢做敢当。阿喀琉斯在为朋友报仇的时候，就忘记了"过去"的神谕，忘了展望"未来"必死的结局，就记着"当下"为朋友复仇。和我们不一样，这就对了，回溯渊源不是回溯"原意"，而是展现和"现在"的"不同"，我们要把古人当古人，理解古人，不要动不动就谈爱情。

传统把此在的历史性连根拔除，因为你跳出历史了，只看历史剧，哪里还有历史性，竟至于此在还只对哲学活动可能具有的五花八门的类型、走向、观点感兴趣，依这类兴趣活动于最疏远、最陌生的诸种文化之中，试图用这类兴趣来掩藏自己的没有根基。不觉得这就是在说我们吗？我们现在的"探索发现"，就是要深入到最偏远的，比如埃及的、玛雅的、两河流域的文明，看他们是怎么搞爱情的。最疏远、最陌生的，我们要把它拉到我们的视域中来。所以，海德格尔比较反对"移情"，移情就是：以小人之心度君子之腹。设身处地地为他人着想，在他看来这还不是伦理学，这个伦理档次不够，这是主观的建构。他说人道主义根本不人道，西方把人道主义价值观推来推去，推出了两次世界大战，还嫌不够吗！所以，金规则是：己所不欲，勿施于人；它绝不会是：己所欲，施于人。那种积极的、主体哲学的宗旨，遭到了反省。老两口在山里生活得好好的，志愿者来了，哎呀，好可怜啊，没暖气，没网络，赶紧弄到城里来，结果，不久给雾霾呛死了。这就是把你的价值观移过去，所有东西以这个为中心推开去，以自我为中心。所谓"中心主义"，从时间角度讲，就是把"将来"和"过去"都拉进"现在"，把最遥远、最陌生的文化"搞"清楚，"研究"清楚、"探究"最古老的，以掩盖自己的无历史性、无根基。怎么样才算有根基？你当下"在"听课，就这个处境，肯定是在时间中的、历史性的，这就是有根基，别老是到别人那里去"猎奇"，"试图用这类兴趣来掩藏自己的没有根基"。一切陌生的文化都拿来研究研究，理论上对它们解释解释，讨论讨论玛雅人的"爱情"。

甚至还有最极端的，对彩票号码进行研究，揭示中奖"规律"，真是快疯了。彩票售卖点里经常画着各种曲线，比如，双色球的蓝球，1 到 16，将每期中奖的那个号连起来，就形成一个曲线，忽左忽右，很多"研究"的人就告诉你，这次是 2，下次就会是 15。稍有数学常识的人都知道，这种左右摇摆的"走势"图，这个曲线本身就说明：没有规律。科学给现代人带来的好处太多了，以至于什么都想算出来，把不确定的确定化，把陌生的熟悉化。"研究"完了陌生文明，然后就去"保护"那个文明，再去"拯救"那个文明，结果就是把它现代化、商业化，其实，就是把它消灭掉。

"五花八门的类型、走向、观点"，在《存在与时间》正文中就叫"常人意见"，特点就是"好奇"。常人就是"人们"，就是我们"大家"，就是维持传统的主角。很多事大家都那么做，也就跟着做了，碘盐能防核辐射，那就都去抢，事后你觉得荒谬，但"人们"都那么说，说不定你也就去抢了。当时上海的盐就给抢光了，这就是人云亦云，就是"传统把此在的历史性连根拔除"，这就叫沉沦。我们还要注意一点，传统或前理解也不仅仅是"理论"框架，海德格尔的东西，都要从实践，从生存角度解读，我们大家的生活习惯、生活方式，都是"理解"框架，大家都"抢"盐，决定了你也"抢"。休谟说：习惯是人生的伟大指南，我们通常都是按习惯生活的，习惯又是大家形成的。

我们都反对片面追求 GDP，但老师们总喜欢涨工资，你们总盼望好的就业形势，而这代价就是发展，发展就要 GDP。堵车大家都烦，可是我们开车的时候，自己就是堵车的一员，同学们目前没条件，将来肯定买一辆，限号了，再买一辆。一句话可以透露出以上情况，我们总会听到，或者，我们自己也会抱怨性地说：唉！没办法！对了，这就是传统的力量，很大。你一个个体，没办法，但这确实又是你干的，你加强了这个传统，每个人都是"人们"。海德格尔的技术批判，或者说社会批判，我认为几乎就是人性批判，他站得比较高。他指出，这是人类有限性的表现，人在自己建的牢笼里，左右不适。所以，他同时代有个叫蒙克的画家，画中的人都是面部扭曲、精神紧张，最有名的两幅，名字就叫"呐喊"和"彷徨"。我们说，小资产阶级，看不到前途！

结果是：此在无论对历史学多感兴趣，无论多热衷于文字学上"就事论事"阐释，它仍然领会不了那些唯一能使我们积极地回溯过去即创造性地占有过去的根本条件。"回到事物本身"和这里的"就事论事"，不是一回事。文字学上的"就事论事"似乎是实事求是，举例来说，一对男女在一起，那就是在搞爱情，亲眼看到的，或小说里描写的，铁证如山，就事论事嘛，他俩在一起了，那不是爱情吗？贾宝玉到清代了，可能有点萌芽，太早的，统统都解释为爱情，不靠谱。那样的"就事论事"，其实是唯心主义怪想。创造性地占有过去，就是说，别人都把《西厢记》解释成宣扬爱情的时候，你就不要再那样解释了，别人都按照认识论线索解读哲学史的时候，海德格尔从存在论的角度给你一个全新的认识。更为关键的是，他自己也并没有把自己的解释当作一个终极真理，只是带着你去领会崭新的、丰富的柏拉图和康德，这就是现象学的方法，准确说，应该叫做法。现象学就是要这样"做"，不停地揭示事物，这就是在揭示存在者的存在，领会存在的意义。其实也一点儿都不神秘，就是很简单的意思。后边我们讲到现象学方法的时候，你会发现，那个方法跟他所说的这些内容完全配套，事情如此，方法必须是这个样子的。

我们再重复一下上一节讲的重点："创造性地占有过去"，如何把历史的材料真正地据为己有，这是海德格尔为我们提出来的问题。我们讲历史性，从结构上讲是循环，从现实的展开方式看，是一个切身历时的过程。但即使强调历史性的"历时"性，我们还是很容易与日常的理解相混淆，我们平常也认为自己是生活在时间中的，也就是历史的，我们觉得从小到大，最后死了，成为古人，也是这样理解的。但是海德格尔强调的历史性，指的是作为演员的切身经历，真的进入时间中。我们可以和自然科学对比一下，他的意思就清楚了。想想自然科学家对世界的看法，他们眼中是没有时间的，虽然物理学也讨论时间，距离等于速度乘以时间，但是在牛顿他们的脑海里，世界是运动的，而运动本身是永恒的，我们现在看到的世界，它的规律，和以后看到的是一样的。尽管我们不可能达到神的那种永恒，但还是可以通过寻找规律，使人们能够了解过去、预见未来，达到一种永恒。将来的事不再作为一个新鲜的事情，我现在就能把握它，同样，在这种眼光下看历史，就是把今天的观念强加给历史。甚至地质学或考古学这些本来就是研究时间性的存在的学科，其实也是将某种观念加给所发现的证据，比如发现了古代表达爱情的香包，等等。

再比如黑格尔的历史哲学，他为什么会说中国压根就没有哲学呢？他说哲学是爱智慧之学，需要自由，他认为在中国只有皇帝是自由的，因为他那个时代我们这边正是清朝，在他的理解中，中国就是那个样子，只有一个人是自由的。他也不理解我们的那种政治制度，我们古代治国理政的理念，对于西方人来说，它是一个陌生的传统。可是既然是写世界历史，他还得写，所以他就把中国的材料强行纳入他那个时代，那个欧洲启蒙思想的框架中，用他们的自由、平等的内涵去对比中国人的状况，认为人人都可以用光明代替黑暗，用理性驱走蒙昧，就是当时西方的那个意识形态。他用这些理念来关照中国的历史，将之强加给这些历史材料上，于是，中国就只好被放在史前，一个没有哲学的时期。而他心目中的绝对精神追求的那种自由，就在欧洲，在普鲁士那个地方实现，绝对精神在那个地方算是回到了家，找到了自由。这种说法，我们中国人听了肯定很不服气，但是你要理解，这就是黑格尔的创造，虽然他把中国的历史给歪曲了，但这就叫创造性地占有过去，的确是属于六经注我的，强加式的，没什么问题。但是呢，黑格尔的哲学史，黑格尔的历史哲学，其实是他自己的哲学的表达，只不过"材料"上说的是历史，他要表达的就是当时他们那个时代，资产阶级在那个时期的一种时代精神，这样的话，他对中国的那段历史的解释，甭管是不是符合原意，我们中国人"本来"是不是那样，但是它符合历史潮流，这个就叫积极地占有过去。从这个意义上，我们会觉得研究历史太随意了，历史任人打扮，似乎是这样，硬说嘛！可是强行解释，是有要求的，你要是把自己关在屋子里，搞一个自己的逻辑体系，把历史规划一遍，如果你的这套东西与你当下的这个时代毫无关系，那这就叫"闭门造车"，这就叫主观的强加，这是有区别的。大哲学家是站在时代最前沿的，我们有一些民间哲学家，整天构造的体系形式上也是相当完美的，逻辑上也是自洽的，但是，如果与这个时代没有关系的话，我们就可以说，你这是主观的，自己想象的，形式完美的空谈。

这是一方面，海德格尔主要强调的另外一方面，是说，流传下来的东西被人云亦云，就成为一个流行的世界观，如果它太僵化，就会压制新事物的出现，使我们看不到新事物。我们对婚姻的解释，就是两个人爱情的升华也好，坟墓也罢，总之，两个人的事情，久而久之，不言而喻，大家也就不去琢磨这个事情了，本来就这样。可是，它的确不是中国本有的观念，它源自基督教，后来我们被西学东渐了，主要是被殖民了，被打败了，于是，我们有了师夷之长技以制夷，有了五四新文化运动，后来真的改革开放了几十年，尝到了生产力发展的甜头，于是越来越认同了西方的文化，这样，爱情才成了天经地义的事情。现象学就是要把这个源头还原出来，使你看到不证自明的观念的局限性，它的发生机制和形成过程。我们现在要民族自信了，要弘扬传统文化了，你还拿着"爱情"去解释古代男女故事，可能就落伍了；当然，宣扬封建糟粕更落伍。就是说，关键是反对教条僵化，这是现象学，海德格尔这里最重要的一个事情，并不是说哪个是对的，哪个是错的，看你占有历史的方式，是不是全新的，这是重要的。我们接着读。

在开头处（第一节）已经显示，**存在的意义问题不仅尚未了结，不仅没有充分提出，而且不论人们对"形而上学"有多少兴趣，它仍被付诸遗忘了。**"形而上学"在海德格尔心目中依然是探究存在的学问，虽然这个形而上学打了引号，但是海德格尔的意思是说，形而上学确实就是在探究存在的问题，但付诸遗忘，不是说把这事儿忘了，而是说，方法的不当，造成了实际上的遗忘。在海德格尔看来，存在的意义没有被实质性地讨论。

希腊存在论通过形形色色的分流与扭曲直到今天还规定着哲学的概念方式，这里的"概念"也可以理解为"把握"，把握哲学的方式，从这句话可见，海德格尔写这时，三十六七岁，血气方刚，希腊哲学主要是受批判的对象，以后会缓和一些。**而这一存在论历史证明：此在从"世界"方面来领会自己以及一般存在**，因此，哲学就是"世界观"，我们原来脑海里的哲学，它就是对世界的一般规律的认识，包括自然界、人类社会、思维等。总之一句话，就是世界观，就是"观"世界。休谟的名著叫《人性论》，探究世界就是探究人性，人认识世界就是以人能够认识的方式去认识。不管是认识你自己，还是观世界，在海德格尔看来，其实这都是从"外"领会你的"内"，从世界方向领会自己及一般存在，这样，"存在"这个原本比人高的东西，就变成一个被我们建构过的东西。**这样成长起来的存在论沉陷于其中的传统，使存在论降低为不言而喻之事，降低为只不过有待重新加工的材料（黑格尔就是这样）。**黑格尔的这个体系，典型的就是他的历史哲学，特别有助于我们用来讲解海德格尔，因为他的体系的强制性是非常明显的，目的论色彩是非常强的。而海德格尔或者说现代西方哲学，很多就是对这种用不言而喻的框架加工材料的一种反省。

这种无根的希腊存在论在中世纪变成了固定的教材。这份教材的系统化并非只是把承袭下来的诸构件凑合成一座建筑了事。在教条式地承受希腊对存在的基本看法的限度内，在这个系统的构造中还是作出了不少粗拙

的工作。希腊存在论在中世纪具体如何沦为教材，又有多少创新，说实话，我无法讲得到位，因为中世纪目前仍然是我们研究的一大片空白，有待于同学以后把希腊语、拉丁语学好，把那一块尽快补上。但是有一点咱们可以猜测，咱们讲海德格尔的"存在"的高度的时候，经常借用中世纪的神，上帝无所不在，对于信教的人来说，它是一个特别丰富的东西。海德格尔也认为存在是一个非常丰富的东西，当你把存在加以"论"的时候，就把存在搞坏了。那么至少我们可以说，在希腊哲学里面，亚里士多德的第一推动者也好，柏拉图的"善"的理念也好，虽然出现了与中世纪的神"嫁接"的可能性，就像佛教的"空"，和魏晋玄学中的"无"；但是，从希腊哲学的主要特点来说，更强调人最高的事务是政治，而不是超政治的宗教，人的归属是城邦，而不是天国，相应讨论更多的，是知识的、理念的层次，或者说一般理念，而不是善的理念。善的理念柏拉图虽然提到了，但就像一个太阳，这个东西你要直接看，会刺瞎你的眼睛，是超知识的东西，不好把握，而柏拉图更多地把精力集中在对一般理念的讨论，勇敢、正义、美等。所以说，两希文化，就是把希伯来文化中的这个最高的东西，最高的神这个维度，和希腊哲学嫁接起来了，就是说，在希腊不是主要的东西，它给补上了。这就是我们讲的，德国古典哲学中经常提普遍、特殊、个别三个环节，希腊哲学的"普遍"，顶多达到德国古典哲学"特殊"的层面，最高意义上的"普遍"环节是基督教引进来的。海德格尔是有神论还是无神论？前面提到过，他说神是我们时间性的动物造出来的，这样看，他是无神论，但是呢，他后来又说"只有一个上帝能救我们"，意思是说，人是有限的，人的政治制度建构，包括人的任何建构，伦理的、科学的，都是对存在的一种响应，这个意义上，又把神至高无上的地位恢复了。要我说，他并不是恢复神，他只是把人的有限性强调出来了。个体是有限的，城邦也是有限的，现存的人所建构的各种美好社会，恐怕那也是有限的。还有就是，实践中切身感到的有限，使得你不得不觉得有一个无限的东西，也是在这个意义上，后现代认为海德格尔还不够后现代，他还没有摆脱普遍性的东西，所以还需要形而上学。德里达说他是最后一位形而上学家，之前这个帽子是海德格尔戴给尼采的。这是我对有关希腊和中世纪的一些猜测，具体的不多讲了。

希腊存在论的本质部分盖上了经院哲学的印记，通过苏拉列兹的形而上学论辩，过渡到近代的"形而上学"和先验哲学，并且它还规定着黑格尔《逻辑学》的基调和目标。海德格尔《全集》的第23卷，叫作《从托马斯·阿奎那到康德的哲学史》，这是他的讲课稿。德国有的学校要求开课前要发一个预告，说明这个课有什么特点、主要内容等。海德格尔在其中就说明了一个问题，那本书主要是讲近代哲学的，到康德就结束了，但近代哲学史为什么不像通常那样，从笛卡尔、培根讲起，而是要从托马斯阿奎那讲起。咱们一般讲近代哲学就从笛卡尔、培根开始，黑格尔也是这样，我们通常更多地会感受到近代与中世纪的巨大"断裂"，而不是连续性，黑格尔形象地说，在海上漂了一千多年，"我思故我在"总算让我们看到陆地了。但在海德格尔眼中，近代哲学要从阿奎那讲起，这本身就很特别。而从希腊哲学流传到中世纪，然后再规定近代的形而上学的模式，这里面确实是有一条线索的，这个后面我们马上就要讲到。我们把它叫在场形而上学也好，传统形而上学也好，总之，比如我们上学期讲的康德的先验哲学，都是用一种框架，形式性的东西，十二范畴加两个先天直观形式，来规范质料性的东西，使它成为一种普遍必然的知识，也就是用我们能把握的、框架性的东西，来规范或解释流变的、不确定的东西。亚里士多德通过范畴来解释实体，我们知道，实体除了形式方面，还有质料的方面，那么亚里士多德发明范畴，就是要用这些规范来匡正那种偶然的、不确定的、质料性的东西。那么神、中世纪的上帝、基督教，你要从哲学的角度来看，就是它那个意义上的存在论，他用神创世和末世审判来解释人类历史，和黑格尔用绝对精神追求自由来解释历史是一样的。一个人犯罪了，我可以说他是碰上坏人引诱了，或者是家庭教育不好，而宗教就会说，他魔鬼附体了，这是一种宗教存在论的解释。你要是改好了，它就会解释说，你重新听到了上帝的呼唤，良心发现，重新做人，这就是通过宗教的体系术语，来解释经验的事情。同样的事情，我们也可以解释为劳动改造的结果，劳动把猴子都能变成人，何况把坏人变好人，我们就是用其他范畴来解释同样的事件。神学家虽然是信仰优先，但是他们也可以利用学理性的东西，利用希腊的哲学，论证上帝的存在，解释世间事情的发生，解释历史，从这个意义上来讲，形而上学、宗教、康德的先验哲学、黑格尔的体系，这个路数是一样的，用一些规范的东西，解释要被规范的东西，形式解释质料。不光是黑格尔的《逻辑学》，他的整个体系，就是一个目的论。什么目的？绝对精神追求自由，自我发展，自我认识，所有的经验材料、历史材料，放到这个框架中进行解释，这就是传统哲学的态度。这样看，基督教就是个非常典型的存在论模式，当然，这样看的前提是你不信教，而是做哲学的，顶多是搞宗教学的。

在这个历史过程中，某些别具一格的存在领域曾经映入眼帘，并在此后主导问题的提法（笛卡尔的我思、主体、我、精神、人格）；但同时与始终耽搁了存在问题的情况相适应，人们从没有就它们的存在及其存在结构发问。这个存在结构，就是指我思、主体、我、人格本身的存在结构。我们通常都把这些看作是给定的、现成的东西。主体本身的历史结构、发生结构、解释学结构、时间性结构，没有人去探讨，虽然康德进行了纯粹理性批判，但他主要还是把理性看成一些固定的要素、现成的结构，就像外科医生剖析尸体一样。

人们反而把传统存在论的范畴内涵加以形式化，作为纯粹消极的限制加到这种存在者之上，或者为了在存在论上对主体的实体性做出解释而乞灵于辩证法。我们说近代康德也好，黑格尔也好，当然看到了主体和客体之间的相互构造，但是这种相互构造，是以一种主体优先的、目的论式的、原则在先进行的构造，所以黑格尔说的历史，实际上是无历史的或超历史的，这是关键。我们说辩证法确实是解决内与外、主体与客体对立统一关系的，是矛盾的、历史的发展过程，这个没有问题，要不然，康德和黑格尔的主体，就和笛卡尔的主体分不开了。笛卡尔的"我思"是固定的、不发展的，和外物相对立，靠上帝协调一致。康德或黑格尔的主体，有建构客体的能动性，怎么建构呢？是带着目的的，按照规范或原则进行建构，而这些范畴或原则本身，当然还有它们所从属的最高司令，就是主体本身，它的存在方式，不再加以反省，这是传统哲学的一个特点，形式高于质料，范畴规范材料。海德格尔说，这种不证自明的主体原则，需要解构。

如果要为存在问题本身而把这个问题的历史透视清楚，那么就需要把硬化了的传统松动一下，需要把由传统做成的一切遮蔽打破。而我们把这个任务了解为：以存在问题为线索，把古代存在论传下来的内容解构成一些原始经验——那些最初的、以后一直起着主导作用的存在规定就是从这些原始经验获得的。 那么具体来说，海德格尔成名，据说最先就是靠他讲课，粉丝很多，且大部分是讲哲学史，讲其他哲学家的思想，有 30 多本。我们现在讲西方哲学史，涉及希腊哲学时，一般都会依传统的认识论线索讲，比如苏格拉底，就会被说成是柏拉图的前身，说他追求正义、虔敬、勇敢的"定义"，甚至说他用的是"归纳法"，后来就被柏拉图发展为"理念"，到亚里士多德变成"形式"，形式后来成为中世纪的"本质"或"隐秘的质"，本质到近代又发展为"性质"和"规律"，这就是认识论线索，用来解释包括希腊哲学的哲学史。这线索也不是我们发明的，而是从国外传过来的。而海德格尔确实从存在论的角度，给出了一种完全不同的解读，我们现在通过尼采的颠覆，通过海德格尔的解读，可以容易地把握这种不同的解释，并觉得"不难"，但在当时，欧洲人写哲学史，就是按照近代不言而喻的认识论传统。柏拉图的灵魂回忆，就把它说成先验哲学，就是康德的路数。理念世界，就是规范感性世界的，不否认他们有些相似之处，但是用先验、经验、范畴、直观这种术语解释柏拉图、亚里士多德哲学，确实有问题。而海德格尔扭转了这种解释传统，从存在论角度用现象学方法重新梳理，所以他特别强调亚里士多德的"质料"，而不太讲"形式"，强调柏拉图的"善"的理念，而不是代表知识的具体众理念，这就是他独具一格的东西。而他的任务是依照存在问题为线索，把古代存在的内容解构为一种"原始经验"，试图通过他创造性的解读，让我们回

到柏拉图、亚里士多德建构存在论的那个古代时代，"回忆"他们当时的
存在感，存在当时对他们的刺激，也就是当时的时代精神。回得去吗？不
一定，但至少我们把这叫有创造性，就是说，让古人成为古人，至少不要
用近代流行的框架来解释。不要老讲古人的爱情，能否有不同于爱情的男
人和女人的故事？现代人就是先谈恋爱，然后二人世界，不成就拉倒。古
人的那种包办婚姻，现代人觉得没有感情，扭曲人性，可古人就那么过来
了，幸福吗？科学的态度至少应该是说：不知道。

如果多讲几句，再举个例子，比如海德格尔写的第二康德书《物的追
问》，副标题是"康德先验原理的学说"，里边其实只有三分之一是讲康德
的，而且显得匆忙，中间有一大部分，讲的是近代牛顿和伽利略的经典力
学世界观，那种世界观，使得我们对世界看法较之前发生了翻天覆地的转
变。第一部分是在说一个问题，他强调康德哲学不是一个认识论，我们以
前总说，古代哲学本体论、近代哲学认识论、现代哲学方法论，这些人云
亦云的说法，也不是我们创造的，康德也被新康德主义定义为认识论，探
究数学、自然科学何以可能，康德自己的确也有这方面的"原话"。但海
德格尔坚决认为康德探讨的是形而上学问题，与古人，与亚里士多德、柏
拉图探讨的是一样的，探讨物是什么，"这"是什么，"这"就是实体，表
述它，就得用形式，用共相或理念，而这种存在与本质的矛盾，一直延续
整个哲学史，这是形而上学问题。他说康德的问题，仍然是存在问题，仍
然是对物的追问，追问物的存在，是老问题。为此他还举了个例子，据说
有个智者周游列国十几年，自认见多识广，回来后遇到苏格拉底，苏格拉
底还在傻乎乎地问他，物是什么；那智者笑话他说，你怎么一点不长进，
还是在追问十几年前同样的问题；苏格拉底说，没办法，哲学只能追问这
个问题。对，问题还是老问题，然而，康德追问物的存在问题的时候，方
式和方法发生翻天覆地的转变，他是受近代科学世界观影响之后，对物的
存在进行新的探讨，这就是书中用一大部分来描述近代力学世界观的原
因。比如，康德喜欢将范畴分成四组，量、质、关系、模态，而在《纯
粹理性批判》中关于"质"的范畴，康德也将之还原为"量"。比如现在

雾霾重，我们晚上看月亮，有时发黄，再严重甚至发红，其实应该叫发"暗"，天气晴好应该发白，明和暗这本来是质的差别，但我们肯定会和康德一样，很容易将其还原为"亮度"，还是"量"的范畴，这种习惯其实是近代科学数学化思维的影响。因为真正"量"的范畴，可以想象为同质的点不断扩大或缩小，"量"是大小的意义，和"质"是不一样的，但受过近代科学熏陶的康德和我们，都会很自然地觉得，质只有还原为量，才能精确地把握，这就是数学化的近代科学思路。所以海德格尔经过解读，第一，打破了我们传统解读康德的框架，出现了新的内容；第二，把康德的时代及其局限性表现了出来，把康德放到了历史的位置上，他就是那个时代的人，问的问题是传统柏拉图的问题，但是追问的方式、追问的特色，打上了近代科学的烙印，是那个时代的产物，这样，海德格尔就让古人成了古人。虽然对康德的解读有时比较武断，但是确实给我们打开了一个理解康德的全新视角。这就是把"古代存在论传下来的内容解构成一些原始经验"，康德那样来追问形而上学问题，建立了那样的存在论，是受了那个时代的时代精神的感染，他经验到了那种时代精神，不同于我们这个时代，揭示出他的特色的同时，他的限度也就表现出来了，他就是那个时代的一个哲学家。这样，既给出一个新的解释，又给了康德一个很好的定位，可谓大家手笔。

指出存在论基本概念的渊源，通过探索展示它们的"出生证"，这与把存在论立场恶劣地加以相对化毫无共同之处。海德格尔批评黑格尔，就是批评他的时代局限性，但是并不完全都是批评。因为康德、黑格尔的那个时代，就是弘扬主体能动性的时代，从中世纪走过来，人被压抑了一千多年，就是要释放能量，这就是时代精神，人就可以带着自己的理想，带着范畴，带着目的去规范，甚至创造这个世界，就会产生那个时代的哲学，它的"出生证"这样就被展示出来了。既然出生在那个时代，就有其特点及其限度，这是客观的，而不是相对主义，在这个意义上，历史恰恰不是你想随便打扮的小姑娘，你主观地去打扮她，才会成为相对主义。

这种解构工作也没有要摆脱存在论传统的消极意义。这种解构工作倒是要标明存在论传统的各种积极的可能性，而这意思总是说：要标明存在论传统的限度；康德的哲学在他那个时代，是极具创造性的，他依照崭新的世界观，去重新把握物的存在，重新建立形而上学。大师就是与众不同，之前都用神的创世说，神学存在论解释世界，康德提出人为自然立法，这就是其"积极的可能性"。但是，康德就是康德，他有他的限度，限度不是坏事，而是真实。

随着问题的一向提法，随着这些提法已经草描出的可能的探讨范围，那些限度实际上已经给出了。这个分析任务不是否定地对待过去，它的批判针对"今天"，针对存在论历史上占统治地位的处理方式，无论这种处理方式是谈学理的也好，是谈精神历史的也好，是谈问题历史的也好。解构传统，揭示其限度，完全不是要"否定"过去，而是批判今天对待存在论历史，或对待一般历史的方式。看看香港人拍的历史片，再宏大严肃的主题，最后都还原为谈恋爱，这就是占统治地位的处理方式，被商业化久了，没了文化根基，脑子里就只剩下了一根弦。解构就是要松动僵化的框架，无论谈学理、谈精神历史，还是问题史，人云亦云的处理方式都会失去历史性，丧失对"今天"的批判意识。

但这一解构工作并不想把过去埋藏在虚无中，它有积极的目的；它的否定作用始终是隐而不露的，是间接的。积极的目的就是，从古人那里发现与我们不同的新东西，创造性地占有它。海德格尔的哲学史解读，确实是非常有价值的。尼采文笔好，灵感四射，看起来很过瘾，但学理性差一些，因为本来他就不是，也没想是哲学家。海德格尔从尼采这里受益颇多，但他人品一般，有些对他影响大的人，他说的少，对他影响小的人，他使劲地批评。当然，对尼采还是很客气的。我把尼采看成是海德格尔的"基本内核"，两人思想实质其实差不多，但是海德格尔有足够哲学史功力，使得他的解读很有价值。读他的这些著作，就会感觉到，解构不是否定。

解构存在论历史的工作在本质上本来是存在问题的提法所应有的，而且只有在存在问题的提法范围之内才可能进行。这是理所当然的，面对存在的意义，海德格尔作为哲学家，现有的哲学史就是最好的解构素材了。解构存在论历史，本身就是追问存在问题切实可行的道路。**不过本书的目的是要从原则上廓清存在问题本身。在本书的探讨工作框架之内，解构存在论历史的工作只能就存在论历史中原则上有决定意义的一些处所着手。**这就是说，只能挑重点，选择关键哲学家着手，后面海德格尔采取从后往前的顺序，先说康德，然后是笛卡尔，到中世纪，最后回溯古希腊，逐步还原存在论历史的发展，特别是在黑格尔那里达到那么一种形式的历史，到今天，哲学最终交给各门科学而终结。这三四页的回溯，充分表达了海德格尔解构哲学史的思路，是非常重要的。

　　按照解构工作的积极倾向，首先就须提出这个问题：在一般存在论的历史发展过程中，对存在的解释究竟是否以及在何种程度上曾经或至少曾能够同时间现象专题地结合在一起？这是海德格尔哲学的最重要特点，必须与时间相结合，以前的存在论是在"论"存在者的存在，用范畴解释"存在者"的存在，而遗忘存在和遗忘时间是一回事，跳出时间而谈论的存在，都是遗忘存在。**为此必须探讨的时间状态的成问题之处是否在原则上曾被或至少曾能够被清理出来？**我们讲了，时间状态是一个时间结构，我们说，时间性结构是此在的一个生存结构，时间结构是此在在历史中存在的场域的结构。存在的发生必须在时间中发生。

　　曾经向时间性这一度探索一程的第一人与唯一一人，或者说，曾经让自己被现象本身所迫而走到这条道路上的第一人与唯一一人，是康德。康德的地位就是高，几乎所有现代西方哲学家或哲学流派，都会扛康德的大旗，虽然海德格尔这里对康德批评的多，但康德仍受重点保护，黑格尔就没那么幸运，被处处当靶子。

　　只有当时间状态成问题之处已经确定了的时候，才能成功地引进光线来照亮图型说的晦暗之处。这里边涉及《纯粹理性批判》的图型论章节，先验逻辑部分是《纯批》中比较难理解的，而图型论这个章节是最令人费解的，新康德主义的马堡学派，甚至认为此章纯属多余，主张干脆去掉。图型是干什么的呢？用来联系先验的范畴和经验的对象。范畴是主体提供的，是自发性的，对象是被给予的，是接受性的，性质不同，范畴如何运用到对象上？康德的经院哲学味道还是比较强的，认为两个东西要联系起来，就一定要有个中介，这个东西既要有自发性，又要有接受性，而这个东西，实际上就是时间。时间既是我们主体的直观形式，有一定的自发性，又是接受或容纳对象的场所。而马堡学派痛恨这个章节，他们认为康德的先验演绎，本来就是说明范畴如何应用于对象这件事情的，先天综合判断如何可能已经解决了，没有必要加一个中介。按照古希腊和中世纪的传统思维，这个中介还容易出现第三者问题，就是说，借助中间加个 C 来说明 A 和 B 的关系，就又要说明 A 和 C 的关系、C 和 B 的关系，问题越搞越复杂，如无必要，勿增实体。而且重要的一点，因为这一派着重发展康德先验逻辑的客观性方面，强调知识的客观性，时间的引入会威胁知识的普遍有效性，所以主张不如去掉，至少他们回避这个章节，这其实也是康德面临的困境。

除了图型说或图型法之外，还涉及先验想象力，海德格尔在他的《康德和形而上学问题》那本书中，对这两者进行了全面的解释。图型法和先验想象力，都是按照知识论路数解释康德的哲学家们不愿意涉及的，图型涉及时间，想象力太自由，都对客观性不利。而作为对追求普遍性和客观性弊端的反省，海德格尔最充分地发挥了康德的图型法和先验想象力两个要素，具体的东西一时半会无法详细阐述，只能把主要思路介绍给大家，大方向还是容易理解的。

康德哲学毕竟属于传统哲学范畴，特别是他的先验哲学，追求知识的普遍有效性，无疑是主旋律，海德格尔对康德的解释，从主旋律上来讲应该说是不对的，是一种强行的解释。康德的"先验感性论"很薄，只有二十几页，后边的四五百页都是"先验逻辑"，这是《纯粹理性批判》最主要的部分，篇幅本身就不对等。而且康德在第二版里面，着重加强客观演绎的力度，就是针对别人说他是贝克莱，所以特意加强了对知识客观性的论证，可见康德的主旨，他的时代精神，决定了他归属于传统哲学范畴，追求知识的客观性，就是普遍有效性。在道德批判里面，追求金规则、实践法则，让你的行为准则同时成为一个法则。准则就是你主观的行为规范，各人有各自的行为规范，但是当你做事的时候，你应当觉得你的主观准则别人会认同，是放之四海皆准的，用咱们的话就是，"己所不欲，勿施于人"。虽然金规则里面缺乏具体内容，但可以清楚地看到康德的追求，他追求普遍的、大家都认同的原则，也正因此，法则才是形式的，有人批评说是抽象的，这是实践法则。那么什么东西能保证知识的客观性呢，那就是范畴，人类的十二个范畴都是一样的，我们作为主体对事物进行规范。虽然知识是感性和知性的混杂，我们之所以能够进行普遍的交流，因为知识中的客观部分或要素是一样的，所以在那个时代，追求普遍性和有效性无疑是第一位的。所以，感性的东西，一定要被知性的东西所规范，是从属于知性的，而想象力和时间就是感性的东西。想象力有一定的主动性，我们可以自由想象，但仍是感性能力，可以从不同的侧面去想象一个东西，也可以想象很多东西，甚至不存在的东西，单纯的想象还没有加范畴，这也是其自由的原因之一。康德的主旨是，感性提供的东西是为知性服务的，最终要交给知性范畴加以整理，形成客观知识。范畴和自我意识是第一位的，所以强调逻辑性、规范性。

但康德本人思想充满矛盾，这种矛盾可以看作一种张力，成为康德思想最具诱惑力的地方。而海德格尔则充分抓住矛盾，对之进行了独特的解释。对于上述问题，他主要是说，只有先把感性的东西提供出来，然后知性范畴才能往上加，能提供和展现的东西是更为本源的，这就是时间和先验想象力。而范畴呢，其地位不仅发生了动摇，成了次一级的，限制了感性内容的丰富性和可能性。更加要命的是，反而成了历史性的，是人们不断赋予对象以客观意义的临时产物，对事物的解释是历史的、发展的，特别是库恩范式论的提出，使我们更加清楚地看到这一点，太阳东升西落的现象，可以给予不同的解释，范畴的历史发生性被揭示出来。这对于康德的先验哲学是致命的，先验哲学最怕时间这个维度，时间一旦引入，普遍有效性意义上的客观性就难以保证。另一方面，从主体这个角度来讲，主体是知识的基础，这是从笛卡尔继承来的，当你把基础都变得摇摇晃晃的时候，变成时间性的存在，那知识的稳固性就更加没谱了。但时间这样的根本性问题，对于任何一个大哲学家都不可能回避，在这个意义上，康德在时间问题上肯定会犹豫不决，海德格尔抓这一点，他确实是抓对了，虽然有时表述上很武断。比如他说，先验感性论虽然只有二十几页，先验逻辑有四五百，但那四五百页，就是为了服务于那二十几页的。你说，先验感性论，特别是时间问题，对于康德是不是很重要？我说，这是强词夺理！

但是，在康德思想中挖掘时间问题，海德格尔功莫大焉！将时间问题摆出来，更加凸显康德思想的张力，他的解释我们无法回避，说康德是在讲形而上学问题，而不完全是认识论，也是有道理的。如果仅仅从追求知识普遍有效性角度讲，太阳晒，紧跟着石头热，没有客观必然性。现在，我加上了两个范畴，成了因为太阳晒，所以石头热，这为什么就客观了？仅仅因为我们主体的范畴都一样，大家就判断一致吗？不，不仅仅是判断问题，而是说，加上范畴之后，原来的观念中的太阳晒，和观念中的石头热，就变成了天上的太阳，晒热了地上的石头。我们对"对象"进行断定，对不是我们自己的、外部的客观事物进行断定，从我们自己超出，这就是形而上学。形而上学不一定是往上超出，超越到天上，往外超越也一样，海德格尔就是这个态度。《未来形而上学导论》中除了数学、自然科学、形而上学何以可能外，还有一个问题叫"自然界何以可能"。前面的何以可能问题，勉强可归于认识论，而后面这个何以可能，明显就不仅仅是认识论问题。自然界有什么可能不可能呢，它不以人的意志为转移地客观存在在那里，不对！它是人创造出来的，人建构它，它才摆在我们面前，有规律、有因果，我们可以去研究，只有在这个意义上，哲学才为科学奠基。创造有因果、有规律的自然，这能仅仅说是认识论吗？当然，这种创造不是神创世那种意义上，而这就涉及先验想象力的创造和时间的图型法。

先验想象力的本领，就是在时间中，把一个对象综合出来，"创造"出来，让它客观地存在（这有点像我们日常说的客观性），然后，知性才能起作用，范畴才可以加在它上面，使之形成一种统一，这才完成知性完整的综合统一功能。海德格尔强调先验想象力的这种"先"给出对象的优先性，康德则强调它应该服务于范畴，对象展现出来固然重要，但它"是什么"我们不知道，我们只有加了范畴，我们才知道它是什么。海德格尔的思路是，加了范畴，就把它的可能性给掩盖了，比如说，我手里的这个，是什么？这是手机。对，但同时就把它的可能性掩盖了，我也可以拿它敲打，或者，怕这张纸被风吹走，我将它压在上面，这时，它是手机吗？这两方面，质料和形式，哪方面优先？一团泥，我们只有赋予它方形，才知道它是砖，但反过来，没有泥，方形何所依？当然，纠结于这种讨论本身没什么意义，但是，在这里表明的，是他反对传统哲学的这种框架式解释，这是重点。所以，他才把感性的东西提得比较高，让知性服务于感性，知性反而成了历史性的建构。

具体说到先验想象力和图型法，图型其实就是先验想象力是对时间的一种先天限定，时间是先天直观形式，无所不包，太普泛，先验想象力可以限定它，然后再和知性范畴配合，形成知识。比如"量"是时间的系列，它的图型就是"数"，量的范畴我们看不到，但我们可以通过数数，在时间中数 1、2、3、4、5 来直观，所以量和感性就结合在一起了。"质"是时间的内容，我们前面讲过一个"亮度"，一个月亮，雾霾天很暗，甚至完全看不到，我们说零亮度，晴天很亮，最亮我们假定为 1，那么 0 到 1之间，亮度的进展，时间内容上的进展，质的范畴，就通过想象被感受到了。又比如因果"关系"，就是时间的顺序、接续性，因为太阳晒，所以石头热，这里面仔细分辨，其实包含着时间要素，因为太阳"先"晒，所以石头"后"热，"因为"、"所以"是看不见的，但是时间的先后是能把握的。"模态"是时间的包容性限定，可能性、现实性、必然性，就是事情发生在时间中的某一段或所有时间段。因而，图型法作为先验想象力的功能，是联结感性和知性的中间环节。具体问题当然比较复杂，在这里我们只要了解，海德格尔把感性服务于知性，掉转成知性服务于感性，另外，还要看到时间对于知识的优先性和本源性，大的方向就是这样。

但通过这条途径就可以显现出：为什么这个区域在其本身的维度及其中心的存在论功能方面对康德不能不始终是禁地，康德本人知道自己已闯入漆黑一团的区域："我们的知性的这种图型说，在涉及现象及其纯形式时候，是潜藏在人们深处的一种技术，我们任何时候都将很难从自然手中获得破解这种技术的真正机关，把它无所遮蔽地摆在眼前。"海德格尔除了他的翻译不可靠这个特点之外，还有一个特点就是，引用材料都是修辞学性质的，而不是学理性的，大师可能认为，不必引用别人的道理，只需引用别人的感慨。意思就是说，康德发现了问题，但是不愿意面对。海德格尔在《康德和形而上学问题》中表达过一个意思，说康德为了追求普遍性或客观性，特别是在《实践理性批判》里面，为了追求放之四海皆准的道德法则，不惜在《纯粹理性批判》中回避对时间的探究。如果把时间引入，就会危及绝对命令，那普遍的道德法则就不再牢靠了，所以，康德为了维护道德的普遍性，尽管看到时间的作用，仍不愿意正视。如果提出时间，先验体系就会发生动摇，就会涉及他的道德批判，当然也会波及整个体系。因为先验哲学的特点，就是用先验的原则，整理或规范经验的对象，或者说，用理想来指引或匡正现实，这正是康德哲学最大的特点，甚至是他的信仰。

设若"存在"这个词语有一种可指明的意义，那么康德在这里望而却步的东西就必须作为专题从原则上得到洞察。在后面的分析中将在"时间状态"这一名称下摆出来的那些现象恰恰是"通常理性"的最隐秘的判断，而康德正是把这些判断的分析规定为"哲学家的事业"。一涉及时间问题，康得就不由得往后退，但要探究存在，就必须正视时间。下面这一段还是针对康德，但换成从主体这个角度看问题。

在以时间状态的成问题之处为线索来完成解构工作的过程中，本书第

二部将试图解释图型说那一章并由此出发去解释康德的时间学说，同时还将显示：为什么康德终究无法窥时间问题之堂奥，有两重因素妨碍了他。注意，这所谓第二部，根本不在这本书中，只能参见他的几本《康德书》。**一是他一般地耽搁了存在问题，**这也并不冤枉康德，因为康德也被当作认识论哲学家，确实我们想一想，从笛卡尔、培根开始，英国经验论其实用不着说，就唯理论的这几个，斯宾诺莎、笛卡尔等，确实专门就存在问题谈得比较少。因为康德哲学之前，说近代哲学采取了主客二分的研究态度，还算是比较恰当的，存在问题的确被淡化了，有时可能转化为连接主体和客体的那个"神"的问题，但很少把存在作为一个专门对象去探讨，的确更多讨论的是知识问题，经验论的印象、观念、观念联想，唯理论那边的天赋观念、心物协同等。康德是不是也耽搁了存在问题，这不好说，《纯粹理性批判》当然更多是对知识的探讨，顶多是自然形而上学的探究，这里面确实不太有存在的事情。但在《实践理性批判》那个领域，就是进入到本体的领域，本体能不事关存在吗？但奇怪的是，海德格尔还真没有对《实践理性批判》和《判断力批判》给予很多关注，可能是他把理论理性和实践理性统一起来看了，《康德书》中明显把《纯批》中先验自我和他自己的此在挂钩，而"此在"也是实践的主体，甚至更多是实践主体。

　　与此相联，在他那里没有以此在为专题的存在论，用康德的口气说，就是没有先行对主体之主体性进行存在论的分析。我们说，康德不能做那样的分析啊，这样一分析就麻烦了。康德的先验自我意识是一个总司令，率领着十二个范畴，对不确定的东西进行规范整理的就是它，如果它被动摇了，普遍有效性就不复存在了，所以康德不能做这种分析。但是在《纯粹理性批判》，我们说他有两个先验演绎，一个是主观演绎，另一个是客观演绎，客观演绎更多是对范畴的合法性说明，以解决知识的客观有效性问题。按照我的理解——这可能有待商榷，我把客观演绎更多地理解为对知识的要素进行的一种剖析和说明，从这个角度来讲，批判就是从成分混杂的知识中，分析出起决定作用的要素，那就是主体先天地加给对象的那一部分，是它们使得知识具有客观有效性。那么主观演绎，被有些人误认为是一种心理学的描述，我感觉是康德侧重于对范畴加到对象的"过程"进行的一种描述，这确实跟心理学有点相似。虽然康德不会承认这是心理学，但其中涉及概念的认定综合、想象力的再生综合、直观的领会综合等描述，就和时间要素的三个维度过去、现在、将来联系在一起了。由于遭到心理学和贝克莱主观唯心论的误解，康德在第二版里面就把主观演绎压缩了，客观演绎加大了。在第一版"序言"里面他也说，我的客观演绎没问题，你们听着就是了，信心满满；但主观演绎我只是提出个人看法，大家可以讨论，但马上又在一个括号中强调说，事实上并非如此。可见，康德的确在犹豫。

这恰恰被海德格尔抓住了，他说这就对啦，并马上将其改造为，这其实说的就是，此在在操劳过程中赋予对象客观意义，甚至是建立客观世界的过程，然后再从这个意义世界领会自身的过程。而这个过程是在时间中进行的，是历史性的，因此那些意义是会变化的，意思就是说，范畴是变化的，而不是固定的。所以你看，康德不好把这个演绎提得特别高，而且在那个时期，大家都觉得那像是心理学的。海德格尔在《康德书》里，明显又是修辞学式地论证说，发挥康德先验逻辑、重视客观演绎的那一派新康德主义，他们实在不怎么样；发挥康德先验心理学、重视主观演绎的那一派还有救，只要你把康德那演绎不当成心理学，而当成类似胡塞尔意义上的那种先验自我意识建构，那这个东西就还行，如果当成此在赋予对象客观意义、建立世界的操劳过程的描述，那你就算理解康德了。我们看到，后来的胡塞尔，也在激烈地批判心理主义，并反复为自己辩解说他不是心理学，而是本体论的建构。这样我们就更清楚了，对主体之主体性存在方式的考察，康德自己不能做。如果主体是个时间性的动物，先验自我意识的统一功能就受到威胁，知识客观性的基础就动摇了，但康德作为大师，他确实又碰到了这个问题，而且主观演绎里也有这个影子，这就很麻烦。

康德存在论教条地继承了笛卡尔的立场，虽然他在某些本质方面多少有所推进。不是多少有些推进，推进太大了，笛卡尔的主体是现成不动的，等着上帝来协调它与客体的关系，而康德的这个主体是要建构客体的主体，完全不同。**另一重因素在于：尽管康德已经把时间现象划归到主体方面**，时间是主体的先天直观形式，而且是内直观形式，空间直观形式甚至还要以时间直观形式为基础，这个没有问题，已经放到主体了，**但他对时间的分析仍然以流传下来的对时间的流俗领会为准，这使得康德终究不能把"先验的时间规定"这一现象就其自身的结构与功能清理出来**。在海德格尔看来，时间在康德那里，说得俗一点，"层次"不够，是流俗时间，在流俗时间中变化的存在者，是要被"自我"用不变的框架，就是十二个范畴来整理和规范的，而先验自我意识作为规范者本身，以及它提供的范畴，就不能再在这种低层次的时间中了，不能参与流动和变化。因此，康德明确地说：自我不在时间中。时间是经验对象显现的条件，某种意义上也综合了对象，有一定的"级别"，但还不够，对象要获得统一性和规定性，那就需要总司令的命名。大官就是让小官们忙活，自己不动。除非有某种"先验的时间"，这是海德格尔用康德的话表述，其实就是他自己的本真时间，这种时间与先验自我能够对等，与它平起平坐，甚至就是它的存在方式。很明显，这是康德不愿意看到的。康德的时间和先验自我不对等，时间只能是"存在者"运动的场域，换用海德格尔的话，与先验自我不匹配，也就是与此在不匹配，从而和"存在"不匹配，不是此在领会存在意义之视域的时间，只是存在者运动时需要"花费"的时间。和先验自我对等的"先验的时间"，对于康德陌生的，或者，康德不愿意去探究。

由于传统的这种双重作用，时间和"我思"之间的决定性联系就仍然隐藏在一团晦暗之中，这种联系根本就没有形成为问题。康德那里的时间地位太低了，也可以反过来说，主体的地位太高了，康德的主体太能动了，这个主体是把历史"看透"了的主体，经验的东西被它所规范，它本身不在时间之中，否则，超时间的规范作用就没了。主体想要成为知识的不变的基础，它就只能超时间。因此，这个先验自我意识，包括笛卡尔那个"我思"，其实就是中世纪基督教的神的一个内化，反过来，中世纪的神，就是我们先验自我意识的外化，因此，海德格尔强调，近代哲学要从中世纪讲起，这是一脉相承的。但是，人的类意识真的能代替神吗？具体到康德，时间中的主体永远是经验对象，是现象，超时间的主体倒是本体，但对于知识是物自体。这还罢了，不可知就不可知吧，可是到了实践领域，也就是本体领域，康德说主体要成就道德，就要遵循法则，不断走向道德王国。然而，问题来了，什么叫"不断走向"，需要时间吗？希望"灵魂不朽"，就是说，下辈子继续干，但"下辈子"、"不朽"，难道不都暗示了时间吗？而这个领域中根本就是超时间的，因为时间中的是现象，是低一层次的，现象界中哪来的自由，康德哲学追求的最重要的东西，被自己给封杀了。可见，回避"先验的时间"，对康德也是麻烦事。但不回避，还是麻烦事，一旦把它和先验自我提到同一级别，就等于要考虑"主体之主体性"，主体就进入了时间，就成了历史性的动物，不确定的主体，怎么还能提供框架范畴，作为确定的知识的基础？康德左右为难，犹豫不决，我们可以理解了吧。

到海德格尔这里，就果断地把"我思"和"时间"对等起来，这样，后现代的东西就冒出来了，没办法，客观性的根基已经动摇了。但作为客观性根基的"我思"，的确是近代以来最大的理论预设，我们读康德的《纯粹理性批判》的时候，从先验感性论入手，到先验逻辑，读到先验演绎的最后，蓦然发现，先验自我意识是知识客观性的最终保障，但它就是人的类意识。但既然是"类"意识，本身就包含普遍、共同、公共这些含义，用本身就被认为普遍的东西来保障普遍性，先天直观形式、范畴，只是一些具体化。康德说了半天，其实，说之前就已经定下了。为了赚稿费吧！所以，传统哲学确实是有毛病的。就像写伟人的传记，已经知道要写个伟大的人，然后根据这一点，再去"历史"中找需要的材料。但大家不要误会，以为康德被海德格尔推翻了，伟人传记不这样写，你想想，还能怎么写？你跑步跑了好几圈，最后又跑回起点，难道白跑了吗？康德的所谓循环论证，对我们的思维难道没有启发吗？只是说，这种目的论的方式，有自身的问题。写历史只能以目的论式的框架去组织材料，但也应该意识到框架本身的局限性。

康德耽搁了一件本质性的大事：耽搁了此在的存在论，而这耽搁又是由于康德继承了笛卡尔的存在论立场才一并造成的。这次耽搁，就笛卡尔最本己的倾向来说，是决定性的耽搁。笛卡尔发现了"cogito sum"[我思故我在]，就认为已为哲学找到了一个可靠的新基地。但在他这个"基本的"开端处没有规定清楚的正是这个思执的存在方式，说得更准确些，就是"我在"的存在的意义。海德格尔采取从后往前的解构顺序，康德说完了，就轮到笛卡尔。笛卡尔的这个"我思"主体就比较孤立了，因为它完全是和客体分开的，它内心的规划和盘算，与客体自身运动的规律，是通过作为一个桥梁的上帝来担保的，这就是三实体、心物二元论。康德的主体是有建构客体的能力的，这是决定性的差别，笛卡尔的主体是一个静观的东西，它面对着客体、物理世界，它内心中的天赋观念，如何和物理世界的运动规律相符合呢，这个是由神来保证的。所以，这个主体，作为基础的"我思"，里边包含着各种天赋观念的"我思"，是不运动的，"不运动"是指本身作用不了客体；当然，"内心"也在活动，但没有建构能力。所以，笛卡尔的"我思"是孤立的，也是简单的，虽然"内心活动"也许很多，但它的存在问题，也就是与客体的关联，没有必要讨论，神是第一位的，有他老人家管大事。康德虽然继承了他的"我思"，但只是继承了一个从主体出发的原则，《纯粹理性批判》是知识问题，但《实践理性批判》又有本体问题，本体问题就是存在问题，而这两个批判密切相关，作为一个大师，他不可能不涉及时间问题，所以康德矛盾重重，他的价值就在这个地方。相对来说，笛卡尔的重要，只在于确立了主体原则。

对存在论历史进行分解回溯的第二步工作就是要把"我思故我在"的未曾明言的存在论基础清理出来。这一番解释不仅会证明笛卡尔不可能不耽误存在问题，而且也显示出：为什么笛卡尔会认为既然我思绝对"是确实的"，就可以不管这个存在者的存在的意义问题。对笛卡尔的批评，在《存在与时间》这本书里有那么一段，主要是批评主体和客体二分的抽象性，客体被还原为广延和运动，主体里面就是一些天赋观念，对顶角相等、平行线不相交等不证自明的观念，这个"我思"是知识的基础，是不能再动摇的。笛卡尔时代数学化的科学兴起，近代哲学与这种科学密切相关，笛卡尔又是解析几何的创始者，他将客体还原为广延和运动是为了放到几何坐标上将其给予精确计算，这是时代大潮。这种数学的抽象，使得无论主体，还是客体，都必须变得简单明了，主体只是作为基础，被确定下来，这就够了，不用再追问它的存在了，这事有上帝管。也正是基于这个被抽象了的基础，客体才能被抽象成广延，其规律才能是统一的和普遍的。因此，对于后来的自然科学发展，笛卡尔的作用甚至比康德还大，德国人对于抽象向来是有警惕的。

　　然而就笛卡尔来说，事情还不只限于耽搁了此事因而使 res cogitans sive mens sive animus[思执，无论其为心智还是精灵]在存在论上陷入全无规定之境。这还是说，"我思"由于被抽象成"基础"，耽误了对其真实"存在"的探究。当然，抽象是为了简单化，从而科学地把握物理世界。笛卡尔把中世纪的存在论加到他设立为 fundamentum inconcussum[不可动摇的基础]的那个存在者身上，以此来进行他在"沉思"中的基本考察。Res cogitans[思执]从存在论上被规定为 ens[物]，而对中世纪的存在论来说，ens 的存在之意义被确定地领会为：ens 即 ens creatum[物即受造物]。笛卡尔的三实体说虽然具有近代哲学的特点，上帝已经不是重点关注对象了，但它作为理论的前提预设，还是起着根本性作用的。我们说，中世纪人们认为，人是上帝造的，我们前面也讲了，其实，上帝和人是互相创造的。无论对于造物活动还是被造物而言，上帝是无所不能、无所不在的，用不着追问，他不在时间中，他是超时间永恒的，人是由他造出来的。人是有时间的，是有历史的，而且基督教展示出一个线性时间观，我们讲过，从亚当夏娃偷果子吃，被逐出伊甸园，受罪，到耶稣为其赎罪，受难，复活，末日审判，进天国，世界末日就到了，历史就终结了。虽然人是在受苦受难的历史中，但是我们说，从上帝角度来看，其实一切尽在掌握之中，他老人家早就定了的。就像我们讲的黑格尔的那个历史观，其实一切已经尽在掌握之中，只不过把这个计划重新说一遍。因此，在这个意义上，被造物一旦被造出来，也就被造定了，就这样了，他本身的时间性也就不用探讨了。或者说，人的这个历史，是要在一个超历史的框架中进行解释的，等于仍然是没有引入时间。就是说，宗教也是不讲时间的，虽然《圣经》表面上讲的就是历史，甚至是"故"事，我们说"history"，就是"他的故事"，但这和黑格尔讲的历史一样，只是站在神的角度，或存在论的角度，给你重新"梳理"一下历史，历史早就定了，神早就知道，人需要去经历一下，也不过是"证明"上帝的计划。

上帝作为 ens infinitum[无限物] 就是 ens increatum[非受造物]。最广义的受造就是某种东西被制造出来，这层意义上的受造乃是古代的存在概念的一个本质的结构环节。这个徒有其表的哲学新开端，拆穿了，却是在培植一个不祥的成见，后世就是从这个成见出发才把以"心灵"为主题的存在论分析耽搁下去的；这一分析原应以存在问题为线索，并同时对承袭下来的古代存在论加以批判剖析。无论是心，还是物，都是神造的，那么从神的角度看，孙悟空纵然一个筋斗十万八千里，终究也逃不出如来佛的手掌心。这里，海德格尔是在反推，说明我们常说的，近代哲学的主体，就是基督教的神的替代物。那么笛卡尔的"我思"，它的心灵与神和物质，并称三实体，看来已经是大逆不道了。斯宾诺莎可能好一点，它说只有一个实体，思维和广延只是实体的两个属性，而这唯一的实体就是神。即使这样说，他还是遭处分了。海德格尔这段话是想说，笛卡尔"我思"的确定性，源自神的确定性，他是将最高的世界保障者，至少从知识层面移到了主体；反过来，"我思"的不证自明的基础性，就源自中世纪对神信仰，神的无可怀疑性，耽误了对"我思"或"心灵"的存在论思考，源于神本来就无须思考，它是一切的尺度。而中世纪神的这种确定性，又与古代存在论有关，于是接着就向希腊哲学追溯。

关于中世纪，我换一套思路再解释一下，从"确定性"这个角度来讲，康德哲学强调客观性，我们以往都比较注意主观性和客观性，这是主流词，我们对"确定性"这个词不太注意，而理解海德格尔解构哲学史的思路，以"确定性"为线索可能会更清楚一些。汉语中确定性和客观性似乎字面上没什么关联，但西方哲学角度看，基本上可以约等于，笛卡尔追求知识的确定性、明晰性，就是客观性的意思，普遍有效性。我思，我怀疑，这事儿不能再怀疑，这就是知识的基础。那么，我们讲到宗教，讲了好几遍，宗教的产生，也是人们追求一种确定性、可靠性，追求有把握的东西，有把握的东西给人以希望。现代人为什么真心信宗教的越来越少呢，因为科学帮我们把握了某些片面的规律，而且把握得很准，科学发达了，我们就不再怕意外，就可以代替神了。神的产生就是人对不确定的恐惧，一切皆流，万物常新，明天如何，不确定，可能失业了，也可能当副总理了，人有悲观的、有乐观的，悲观的就需要保障，现在就看到希望。有什么东西最可靠，西方就认为是神，《圣经》有新约和旧约，约就是契约，以色列人与神定约，就是定一些事情，信教的守约，我按神说的做，守十诫，神保证以色列人有国土，子孙多，不再用洪水冲他们。神也够小气的，就给那么一点土地，还得和巴勒斯坦人抢，子孙多，也多不过中国人，洪水泛滥是冰河期，我们不守约的也不一定被洪水冲。当然，神最后还保障大好处，最后保你进天国。保障，哲学术语就是"确定性"。所以，近代哲学的确定性，恰恰就是从这个神这个最大的保障来的，这个确定性不过是人追求的确定性的外化形式，保障使你不再恐惧。近代科学要找世界的规律，当然是为了有所保障，确定规律必出自确定的基础，神已经没戏了，怎么办，笛卡尔用"我思"代替那个基础。所以海德格尔先是推到笛卡尔，"我思"不是平白无故的，它有来头，是从中世纪基督教的神返回内心来的一个东西。上帝是不可怀疑的，人的自我意识是确定的，这是一脉相承的。从这个角度来讲，西方科学和宗教并行不悖，这并不奇怪。科学理想就是谋求控制，预知未来，宗教的神知道未来，虽然我们有点被动，但是神给我们保证。现在我们牛了，可以自己用科学来保障，在这个意义上，反而能够发现，神是人造的。

我们以"确定性"为中心，拉一条海德格尔解构哲学史的线索：普适性—客观性—确定性—可靠性—在场性。这些词在海德格尔看来是相关的，普适性过一会儿说。在康德、黑格尔那里，更多用的是客观性或普遍性，笛卡尔的"我思故我在"追求知识的确定性，在中世纪，从宗教角度讲，上帝是最大的确定性，最具可靠性。德文中确定性和可靠性是一回事，都是 Gewißheit，汉语中的"可靠"是靠得住，有保障的意思，确定性则更多让人想到稳固、不变的含义。面对一切皆流，万物常新的世界，人们感到恐惧，试图找到一个可靠的东西，使得我的一切努力都有所回报。这些词，你把它都归于广义的"客观性"，是没什么问题的，客观性就是普遍有效性、公共性，普遍有效，就明确、确定，公共认可，大家都愿意，就有保障。但是，为什么要特别提一提"确定性"呢，哪怕只是因为汉语说着方便？因为与客观性相对，一般容易想起主观性，现代西方哲学反对普遍性，就是反对客观性，但是说它弘扬主观性，似乎用词不当，说弘扬个体性，倒是有根据，但这对说明海德格尔的解构思路帮助不大。而如果说反思"确定性"，提醒我们注意"不确定性"、"可能性"，这确实是现代西方哲学较流行的表达，比如"存在先于本质"，就是强调人的不确定性。上一节我们说，近代哲学的"我思故我在"、"先验自我意识"、"绝对精神"都是从上帝返回到人自身，回归到人的主体意识，宗旨还是追求确定性。我们把客观性再往当今推一步，海德格尔说过"哲学的终结"，那么哲学终结了以后，怎么探究这个世界呢？他说，不妨交给各门科学，其实我们也是这样做的。科学貌似是对更加客观的东西，甚至永恒规律的探寻，而规律是普适的，普适性和普遍性没什么不同，我单列它，无非是要说哲学把探究世界的任务最终干脆交给科学，科学的普适性更"客观"。科学追求的确定性颇有成效，保证我们可以把这个世界牢牢地控制在手中，更加可靠，这是一脉相承的。追求普遍性而拒斥形而上学，把我们对世界的探讨交给自然科学，这顺理成章，而这种思路发展到极端，出事儿了。于是，海德格尔对之加以反省，他就从现代技术往回推，从普适性—客观性—确定性—可靠性，最后，一直追溯到根源，古希腊的"在场"形而上学，而希腊哲学的在场性，用确定性解释，就比较好理解，也可以说，在场的当然比较可靠，评职称的时候，你出国了，不在场，当然不太可靠。

笛卡尔"**依附于**"**中世纪经院哲学，使用的也是经院哲学的术语，这是任何熟悉中世纪的人都看得出来的。不过，只要还不明白中世纪存在论在后世对思执的存在论规定或无规定究竟产生了多么深远的原则性影响，"发现"这一事实在哲学上就将一无所获。**笛卡尔的《第一哲学沉思集》中有很多术语难理解，就是因为我们不太熟悉中世纪思想，跟材料少有关。近代哲学用主体代替了神，这个问题可能很多人都会说，都意识到了，但这还不够，我们还需要抓它更加深刻的根源，其中一点就是，笛卡尔的确定性，就是神的可靠性的变形，神不可怀疑，我思就不言而喻。

要对这种影响作出估计，就首须以存在问题为准来指明古代存在论的意义和限度。这就又往前追溯了，这个古代是指古希腊。**换句话说，前述的解构到此又面临一项任务：看到时间状态的成问题之处并据此来解释古代存在论的基础。**这个时间状态其实就是时间，只是德国人讲东西，喜欢讲结构，我们的老子、庄子就不爱讲结构，时间的结构与存在的结构是同属一体的，我们可以通过探究时间的结构，来探究存在的发生结构，这是海德格尔写完《存在与时间》之后要做的第一个步骤。这个步骤我们可以参考《现象学基本问题》，海德格尔在那里针对时间问题进行了探讨，尤其亚里士多德《物理学》中的时间，还有就是《康德和形而上学问题》。**这样一来就挑明了：古代对存在者之存在的解释是以最广义的"世界"或"自然"为准，而且事实上是从"时间"取得对存在的领会的。**这里的世界、自然和时间，都是打引号的，这本书中打引号的，大多是派生的层面，但派生的不一定是消极的、低层次的。这里的时间，不是海德格尔原初意义上的时间。

关于这一点的外部证据——诚然也只有外部证据——就是：存在的意义就被规定为 parousia 或 ousia，这在存在论时间状态上的含义是"在场"。这里的"在场"，就像德里达概括的，西方的形而上学是"在场"的形而上学，也叫做"光"的形而上学，光的形而上学某种程度上就是知识论的形而上学。用确定的知识把握在场的东西，或者说，只有在场的东西才确定，才能用知识把握。在柏拉图的理念论里，理念是可以看得见的东西，看得见、发光的东西，就隐喻知识，西方哲学就是知识论的传统。最亮的东西是太阳，但它反而不能用眼睛看，会刺瞎眼睛，那就是善的理念，善的理念超越了知识，教科书上说有神秘主义倾向，但这个维度不是柏拉图、亚里士多德着重讨论的。后来基督教把它转化成上帝，最光亮的存在者。这两个希腊词，后面这个词是希腊词"是"的变格，但我们一般翻译为亚里士多德的"实体"，而海德格尔翻译为"在场"，细想起来这两个汉语翻译还是有关联的，"实体"就是这一个，当下、在这里、当场给我们显现的"这一个"。

存在者的存在被把握"在场"，这就是说存在者是一定的时间样式即"现在"而得到领会的。存在者之存在，主要是依时间的三个维度的"现在"维度来把握的。海德格尔追根溯源到古希腊，认为希腊人从在场的存在者出发，去探究存在，这就意味着，存在本身被在场化了、简化了，在场化就是"现在"化，时间的不确定的两个维度被忽视了，把不在场的在场化，就是对确定性的追求；在场性到了中世纪，就变成了最可靠的神，神无处不在，在场至极；可靠性再一转变，就变成了确定性，确定就意味着客观性；最后，再把这些对世界客观性的把握，交给了各门科学，就是通过各门具体的科学来把握这种确定性，有朝一日，将这些科学再"综合"起来，我们就把握了这个世界，随后，也就没有什么哲学的事儿了，我们就成神了。

希腊存在论像任何存在论一样，其成问题之处必须从此在本身觅取线索。此在，也就是说，人的存在，在流俗的"定义"中正如在哲学的"定义"中一样被界说为 zoon logon echon[会说话的动物]，这句话通常翻译为：人是有理性的动物，**即这样一种生命，它的存在就本质而言是由能说话来规定的。**人能说话，人是逻各斯的动物。海德格尔认为某某"学"，就是指某某的逻各斯。如 biology、psychology，后缀 -gy 德文 -gie 就是关于生物的、心理的逻各斯，存在论就是 ontologie，关于存在的逻各斯，说存在。逻各斯含义非常丰富，海德格尔取其最原初的"说话"，他认为"说话"不光是发音，而是把一个东西指给你看，我们汉语也说，看，这是一支粉笔，这粉笔就被我呈现给大家了。配合海德格尔的思路，存在发生着，人去言说存在，就把存在展现在这个地方，当场展现在这里，在场，于是，语言就是存在的家，存在住在里面。谁来展现？此在。为什么它有这本事？因为会说话。或者我们用传统哲学的话说，将逻各斯翻译成"理性"，多指人的一种能力，是主观理性，从更高的层面讲，就是客观理性，就是逻各斯，按中国哲学的话说，就是天理，就是道，这叫逻各斯。人是有理性的动物，赋予人理性，就是说，人的主观理性，能够认识客观理性，能够和客观理性相一致，与之合拍，领会天理的动物，存天理，灭人欲。海德格尔是从关于的说话、话语角度来讲的。

如果我们着眼于存在谈及存在者，从而使存在者前来照面，那么 legein〔说〕就是一条指导线所，引导我们获得以这种方式前来照面的存在者的存在结构。我们只说存在，那是空的，我们一定是在说某个东西的存在。看，这黑板是墨绿色的，展示这个存在者，它存在，它的绿色性质存在。"说"就是把东西"说"到眼前来看，指称那个东西。此在展示存在者的存在。**因而在柏拉图时期形成的古代存在论就变成了"辩证法"。**这个辩证法更多指对话，所谓真理越辩越明，两个人或多个人，通过对话，把所谈及的东西一步一步地加以呈现。原初意义上的真理，就是把某个东西说出来，摆出来，前面说过，把无线电波以声波的形式表达出来，大家都听到，相互说。

随着对存在论的进一步成清理，也就是说，随着对 logos〔逻各斯〕的"诠释"的进一步清理，就越来越有可能更彻底地把捉存在问题了。那曾使哲学狼狈不堪的辩证法这时变为多余之事了。解构传统存在论，本身就是在把捉存在问题。这里的辩证法，又是在批评黑格尔，批评他那形式化的逻辑，正—反—合。马克思批评说，他的内容被他的形式给闷死了，这一点都不假。不管从哪个角度讲，这种正—反—合，英美人首先就不承认这样的逻辑，有无相生，物极必反，这不叫"逻辑"，尽管也许是事物更高级的发展规律。不过在黑格尔看来，世界本身发展步骤就是那样，这是客观的逻辑。虽然他的形式太武断了，比起"对话"的生动性，那是倒退，但我们学黑格尔，我们一定要学他的内容，一定不要因为海德格尔、叔本华之流批评了两句，就觉得他不怎么样。特别是一些如文学院的哲学爱好者，他们喜欢尼采，喜欢海德格尔，甚至也可以喜欢康德，但大多反感黑格尔，觉得他僵硬。但当深入理解了黑格尔之后，就他所论及的内容之广博，那思辨的水平，对概念的把握能力，西方哲学史上还真没有人能超过他。他那巨大的包容性，他能把所有看似不相干的东西，纳入他的体系当中，也就是说，他的六经注我的能力超强。《逻辑学》中，光是数学就卖弄了几百页，就能从微积分、比率等解读出哲学意蕴，这种能力凡人罕有。就海德格尔和黑格尔的关系来讲，如果我们换用现代西方哲学的眼光来看黑格尔，海德格尔解构西方哲学史，黑格尔也同样对西方哲学史也进行了一个强行的解构，他把巴门尼德、赫拉克里特、笛卡尔这些大家，都解读为服务于他的哲学，虽然他是以传统哲学的目的论形式来写的，但这东西，就看你怎么来看。

从某种意义上来看，海德格尔的《存在与时间》"告诉"我们要去做哲学，我也说，他解读哲学史，是他真正在做哲学，《存在与世间》只是他的一个宣言，一个纲领，之后去实践。那么是不是我们也能把黑格尔对世界历史、对哲学史的解读，也看成是一种现象学的解读，一种材料的组织，是《存在与时间》"之后"的，是哲学活动？再看看后现代的那种解构文本的游戏，虽然和黑格尔的精神取向完全不同，甚至相反，但也是广义地"玩"材料。当然，黑格尔可不是随意的游戏，他把历史上那些斯多葛主义、怀疑主义、苦恼意识、启蒙运动、宗教、伦理、法律等等，统统纳入到他的框架中，在他的体系中进行了一种新的编码，最终服务于他对时代精神的弘扬。从现象学的角度来讲，黑格尔的《精神现象学》，也是对材料重新编码的游戏，而且他的编排，比历史上的任何一种哲学家都具有包容力。他把那些现实的"意识形态"，当时人们现实的精神状态、社会氛围，说成是绝对精神发展的一种必然结果，历史上的那些时代的精神，比如犬儒主义、怀疑主义的氛围、基督教情绪等，都被包容在他的哲学体系里，这就是典型的，对历史的一种创造性的占有，这不就是海德格尔讲的嘛！比海德格尔仅仅针对哲学史材料，不是更厉害吗？所以说，我们不能只听海德格尔的批评。形式化是他次要的方面，在简化版的《小逻辑》里，你看他的那些例子，举得那叫个生动活泼，再看康德的例子，有时比原文还不好懂。可能跟个人性格有关，一元论的都结婚，比较活套，二元论的不结婚，死板。

亚里士多德之所以对辩证法"不再有所理解"，那是因为他把辩证法置于一个更彻底的基地上并扬弃了它。这句引文不知从何而来，但肯定又是一句不太重要的话，或断章取义。当然，在写作风格上，亚里士多德不用对话形式。但是在柏拉图和亚里士多德两个人之间，海德格尔更倾向于亚里士多德，倾向于的原因在于，他对形式和质料二者的兼顾，而柏拉图更多强调理念，亚里士多德在第一实体和第二实体之间摇摆不定。关于第一实体，亚里士多德就有点说不清楚，第二实体就是柏拉图的理念，但他毕竟把第一实体放到了第一位，后来我们就把他说成了实体论，柏拉图是本质论，后来又有唯名论和实在论，等等。这是些一般性的说法，但我们读亚里士多德，最好不要有先入为主的偏见，你会发现，其实他大多并没有什么"结论"，一会儿说这一会儿说那，有时显得有点儿乱，但真的像是一个思想家在思索。比如"实体"，就是决定那个东西是那个东西的东西，或者说，和其他的事物区别开来的东西。有时"质料"是实体，比如金戒指和铁戒指，区别就是在质料上。假如你认定，人是有理性的动物，那么苏格拉底不同于柏拉图和亚里士多德的是什么，不就是他那个身体，那团肉嘛！但有时"形式"是实体，一个维纳斯雕塑和一些同样材料的拙劣雕塑，区别当然在形式。有时他又说"数"是实体，你买冰糖葫芦，5元一串，你一看，大多都是6个，其中有一串是7个，这时，当然是数使它与众不同，你就拿了这个。亚里士多德的摇摆，不是脑子烧掉了，而是一种探索，我们写得倒是明白，因为我们太简单。亚里士多德最关键的摇摆，就是在"这一个"和"其所是"之间的摇摆，就是第一实体和第二实体之间的摇摆，这个就涉及现在说的，在场形而上学。他的这种摇摆，根子上是人的有限性的一种表达，这里有个东西，但告诉我，这是啥？你总不能说，"这"就是"这"，你只能用词，其实就是理念或第二实体来说它：这是粉笔，你这样一说，就把它确定了或规定了，恭喜你，答对了。

但在海德格尔看来，当这一个被确定的同时，你就把它的可能性遮蔽了，因为它可能不是粉笔，有个同学打瞌睡，我把它扔过去，这是粉笔吗？粉笔是什么？这就是人的有限性，你必须说"这"是"什么"，你不能光说这是这，你必须从一个角度来描画这个东西，但你一规定，就把它确定了，就把它遮蔽了。斯宾诺莎就说过，规定即否定，这话针对神，针对存在，就是遮蔽。这就是人的有限性，矛盾。更进一步，"这"本身也是对存在的遮蔽，存在是整全的，但对你呈现的，只能是某个存在者的存在，某个在场的"这"，而具体存在着的"这一个"，那就是实体，它只是在场的东西，本身又不是存在，它的可能性被遮蔽了，时间的不在场维度隐没了。人的语言就是这样，一说就说不准，不说又啥也不知道，宽泛地理解语言，人一揭示存在，就是面对一个具体的"这一个"的存在，就是在场化，就失去视域的丰富维度。所以，海德格尔注重亚里士多德的第一实体、质料和潜能，就是对"不确定性"和可能性的重视。

在这之前，巴门尼德已经把 noein，对现存的东西就其纯粹现成状态的单纯知觉，取作解释存在的线索了。我们可以猜测，巴门尼德在海德格尔心目中，肯定不如赫拉克利特，是要被批的，因为前者强调不变，后者强调流变。Noein，就是英语的 know，就是"知"，比如这个黑板，它对你当下的呈现，你对它的觉知，这就是真。德文的"真理"是 Wahrheit，"wahr"就是真的、真实的、真正的，"-heit"这个后缀就是状态、性质等。这个词字面上本身就是真的或真实的状态，完全没有"理"的意思。"真理"这个词真的不应该从海德格尔的嘴里说出来，德语里没有"理"这个意思。但翻译成"真理"这个词，也不是偶然的，因为在传统哲学里面，就要用逻各斯来把握这个世界，我们就是要用范畴、逻辑获得对这个世界的真实把握，理论性的把握，要讲理、说理，所以翻译成"真理"也没什么问题，一点不奇怪。但是在海德格尔这里，就有点别扭，他反对的就是"理"，他强调的是真实的状态。巴门尼德就说"知觉"，当下给你呈现出来的东西，对它的那种知觉，就像胡塞尔所说的"当下被给予的"，真实可靠，这种状态谈不上什么"理"。

Legein[说] 本身或 noein 具有使某种东西纯粹"当前化"的时间结构。什么东西最真？那当然是眼见为实，在我们眼前当下展现的东西当然最真。冷暖自知，春江水暖鸭先知，就是那种当前的"知"，在场的东西，最真实。**这个在当前化中并为当前化而显现的存在者，这个被领会为本真存在者的存在者，就因此从当一前方面获得了解释，也就是说，这个存在者被理解为在场（ousia）了。**这个词就是我们所说的"实体"，也有"现实"的意思。真正的存在者被认为是当前的实体，现实的实体。其实这句话接着前面的内容，是要说，存在本身被当前化为存在者的存在，从在场的、现实的存在者来领会存在，已经发端了。可见，在场形而上学"内部"也还略有差别，海德格尔倾向亚里士多德而批评柏拉图，是因为柏拉图更强调理念或形式，这就为以后哲学的本质化、普遍化埋下了种子。而亚里士多德虽然在柏拉图之后，但他没有忘掉比形式更丰富的"实体"，"这一个"的可能性，质料的不确定性。但"这一个"本身也把存在给在场化了，于是，探究存在的着眼点，就从在场的存在者出发了，而"这一个"再往前追溯，就是巴门尼德的"觉知"，当场呈现的，在场的当然比不在场的要确定。可见，在场形而上学也有差别，比起亚里士多德和巴门尼德，柏拉图更严重些。其实，比较合海德格尔和尼采口味的，古希腊只有赫拉克利特。

然而，当希腊这样形成了对存在的解释之时，人们对在其中起作用的线索仍不鲜明知悉，对时间的基础存在论的功能并不熟悉甚至全无了解，亦未见到这种功能的可能性的深处。海德格尔认为希腊人也没有将存在和时间对等起来思考，当前化的存在成了存在者，从在场的存在者出发探究其存在，时间也就随之成了流俗时间。**相反，人们把时间本身当作与其他存在者并列的一个存在者，未曾言明地、质朴地以时间为准来领会存在，却又试图在这种存在之领会的视野里就时间的存在结构来把握时间本身。**可见，在海德格尔心目中，包括亚里士多德和巴门尼德，是把时间理解成与桌子、板凳、人、历史一样的现成存在者了，而且是从"现在"系列角度上来理解的。从这个角度上看，过去就是已经逝去的现在，将来就是还没有来到的现在，仍然是以现在这个维度为主。所以，海德格尔所说的存在的遗忘，可以说就是时间的遗忘，存在"与"时间，这两个是阴阳八卦图的黑与白。古代也探究时间，为什么说古代遗忘了时间呢？古代把时间当作一个现在系列，将来是还没有到来的现在，过去是已经失去的现在，以现在为主。而对时间的遗忘，更多的是指对"现在"之外的两个维度，对过去和将来的遗忘。如果我们在时间中加进去内容，就更容易理解了，比如梁山伯与祝英台，那就是爱情故事，这就是把过去拉回到现在，已经过去的现在，过去的爱情故事。把将来也拉回到现在，将来如果发生地震，我们按照现在做的预案来处理，将来小行星要撞地球，我们现在就知道咋办。一句话，过去、将来两个维度不在场，当前这个维度叫在场，也就是说，通常我们把不在场的在场化了，这就叫在场形而上学。在场当然最可靠，最确定，不确定的东西的确定化。如果我们真的把将来当作将来的话，明天会怎样，就是不确定的，你可能当副总理了。过去呢，看似最确定，已经发生了的事情不能改变了，但发生了"什么"，其实还是要后人去解释，这种解释有不确定性，也应该保持其不确定，我们不要老是按照现在的观念去解释。

　　如果我们从一般时间意义上来讲，比如康德有"实体"概念，它超越过去、现在、将来中变化的属性，这样，我们的实存就有了保障，你换上黄马甲，我还是认识你，先验自我意识是总司令，它可以把将来和过去都集中到现在看穿，所以本身不在时间中。基督教给你的保障也依靠神创造的时间，它有始有终，呈线性，他老人家创造的东西一开始就定了，你

"现在"照着它"曾经"规定的要求去做，"将来"就会有保证，进天国没问题。你在现在系列中苦熬，但有希望，"希望"就是能看到将来，神可以一下子都看穿，人视力没那么远，但希望的特点，就是渺茫。现代科学技术里的那个世界的过去、现在、将来是一样的，这个世界虽然是运动的，但是运动规律是永恒的，我们要把握的，就是这种把将来和过去"压扁"到现在的规律。可是，当我们把将来真的当作将来、将要来到，将来就是不确定的，我们真的把过去当过去，我们不要把过去理解为现在，古人才会成为古人。不是说，古人肯定就不谈恋爱，而是说，保持其不确定性。比如说，古代的一个文本，我们保持它的不确定性，不断地去阅读它，使他的意义不断地为我们呈现出来，这不就是解释学所讲的吗？文本的存在方式就是不断地去解释，不断地有不确定的东西出现，万物常新。

存在发生在时间三个维度的统一中，而从古希腊一开始，人们就对不在场维度感到恐惧，试图把不确定的维度纳入当下，变成此时此刻可以把握到的，以此来把握流变的世界，于是，确定性就以"在场"为抓手。现在，我们再推回去，在场的东西确定又可靠，谁最可靠呢？神最可靠。没有了神呢？我最可靠。我是谁呢？我是一个类意识，这是一个普遍有效的、客观性的基础，这个客观性的东西可以发现普适的规律，通过科学技术掌握永恒，哲学终结，现代技术统治，从希腊到当今，思路就是这样。客观性是人的类意识产物，相应的个人就成了主观的，个人有限，但类无限。人虽然不是神，但我们可以在"现在"系列的不断行进中去往天国，达到大同世界，等等。

海德格尔反思西方的传统哲学，甚至西方文化，当时的很多西方思想家也在反思，斯宾格勒就著有《西方的没落》。两次世界大战让人觉得理性发生了问题，海德格尔就是顺着这个思路，从世界大战、技术统治，一直追溯到古希腊的源头，发现古希腊哲学的源头处，就有这种在场的形而上学特性，就有一种对这个世界把握、控制的倾向，希望把不在场的、不确定的东西确定下来，这是人的本性吧！当然，西方文化更强一些。比如原子论，比如毕达哥拉斯说"数"是世界的本源，这就是对世界进行强把握的一些突出的想法，到了近代，世界被还原为原子，用数学加以把握，世界就尽在掌握之中了，它们的文化骨子里面就有这种源头。当然，古代原子论、数论含义和现代完全不同，但可以这样发挥，所以所谓它的没落，或极端化造成的困惑，根子就在这里。因此，对不在场维度、可能性维度的重视，也就是亚里士多德所说的质料或潜在，这就算追到头了。这一段所谓对时间功能的不曾探究，就是说时间不在场环节也被在场化了，时间成了现在系列，失去了真正的流变特性。虽然"现在"貌似不断消逝，未来的"现在"，过去的"现在"，这种说法，本身就表露出"现在"并不流逝。

本书意在从原则上廓清存在问题，在这一工作框架内不可能连带从时间状态上详细阐释古代存在论的基础——特别是它在亚里士多德那里达到的在科学上最高和最纯粹的阶段，只能不得已而对亚里士多德时间的著作做一点解释，因为这篇著作可以选来作为古代存在学说的根基与限度的判别者。在《现象学基本问题》里，海德格尔对亚里士多德的时间讨论比较多，中心的意思就是前面我们说过的。在亚里士多德那里，由于他的分析向来是方方面面的，所以他对时间的讨论，既有把不在场的东西在场化的倾向，也有对不在场环节本身的关注，大哲学家思路是一致的，因为他"摇摆"，摇摆表现在各个方面。他不像柏拉图过分强调理念或形式，亚里士多德也强调质料或潜能，第一实体这一个的不确定性，从时间角度，就是非"现在"维度的不确定性。亚里士多德"摇摆"，他才是集大成者。

亚里士多德的时间论著是流传至今的对于时间这一现象的第一部详细解释，它基本上规定了后世所有人对时间的看法——包括伯格森的看法。亚里士多德的时间论著主要是《物理学》，确实起到了定调的作用，西方大多对时间的思考是沿着他的思路下来的。但说到伯格森，他是法国人，法国人可不是德国人完全可以罩住的，法国人善浪漫、善捣乱，你看那些怀疑论，大多是法国人，后现代也是。柏格森活着的时候，影响非常大，他说时间与自由意志相关，自由意志在创造状态下的那个时间就是绵延，已经超出了海德格尔的理解，要靠直觉来把握。"直觉"这个词我们也讲过，和直观是不一样的。西方哲学里讲直观，康德就讲直观，能"观"，就是光的形而上学。观，就是面对一个对象的看，尽管直观是感受性，但是加上范畴就是知识了，至少它是一个"亮堂堂"的东西，大家都可以公共地、公开地看的东西。但是"直觉"却是一个有东方意味的词，法国人有的喜欢东方文化，伯格森强调的是直觉，一说"直觉"，就超越了知识，直观是知识的一个环节，直觉就麻烦了，中国人为什么能天人合一呢，全靠直觉这个独门武功。直观具有公共性，无法装神弄鬼，如二元一次方程组，不是弱智，你就能解决鸡兔问题，数字大也没关系。但有人可以不靠方程，很快直接说出答案，有人三位数乘法一下子就能算出来，这就得靠直觉。当然，直觉也有坏处，比如中医，就给了一些庸医装神弄鬼提供了机会，一摸你的脉，虚！咋办？补！开些天价药给你，你还无法反驳，靠直觉嘛！还有那天人合一，我只能承认，我合不了，我认为大多人也合不了，只有个别圣人、仙人可以。法国人不严肃，也喜欢接受异域文化，柏格森讲的那个原本的时间，就是自由意志喷发向上的状态的感觉，绵延，这玩意不是海德格尔的框架可以框住的。伯格森也说，一般时间是原本时间的空间化，这反而和海德格尔有一些相似之处。原本时间的空间化，就是"现在"系列化，"一点一点"的时间，这是派生的，而原本的那个直觉时间并不是"现在"系列，也就是说，亚里士多德的这个时间包括不了伯格森。

对亚里士多德的时间概念进行分析，同时就可以回过头来看清楚康德对时间的看法。他的看法就是在亚里士多德制定出来的结构中打转的：这个说康德是没有问题的，康德的确是这样，他是德国人，不乱来。前面我们说过，在本体领域，道德主体处于一个尴尬的位置，实践就是当下去做，但是做，就要在时间中，就要落在现象界，但在时间中就意味着不自由，可行动不在时间中，咋办？这确实是因为康德的时间继承了亚里士多德的"现在"系列。**这就是说，不管康德对问题的新提法与前人有多少**

不同，其存在论的根本方向依然是希腊式的。这个没问题，从先验哲学的角度来讲，先验哲学的特点，就是用形式的、规范的东西，来整理质料性的、不确定的、偶然的东西，这是典型的传统哲学，所以从时间角度看，它也是一定会遵循典型的传统时间，"现在"系列是貌似流变的。这些都是配套的，大家要想清楚。

只有通过一步步解构存在论传统，存在问题才会真正变得具体而微。一步步解构，用胡塞尔的话，现象学是"工作"。存在一定是存在者的存在，不可能不谈存在者而直接谈存在，存在问题不能空谈，海德格尔在解构哲学史时，让你看一个新的柏拉图，新的柏拉图就是一个存在者，你以前没有从这个角度看过，跟以前的不一样，这里的张力，就是存在的发生过程，存在要具体而微。**这个过程将充分证明追究存在的意义问题是无可逃避的，并且将表明"重提"存在问题的意义。**解读哲学史的过程，就会发现对存在的"论"，是有时代意义的，同时也是有时代局限的，僵化理解是必然的，所以需要不断重提。

在这一园地中，"事情本身是深深隐藏着的"，海德格尔就喜欢引用这些没学理价值的话，**在这块园地中的任何探索工作都要防止过高估计自己的成果，**这句话重要，后面的现象学方法还要提到，现象学要对自身成为批判性的。想想康德的批判导言，雄心勃勃，康德说，我把地基打好了，你们只要添砖加瓦就可以，事情就干成了，这是传统哲学。而现在说，任何探索工作都要防止过高估计自己的成果，它是一个不断探索的过程，因为你一个时间性的动物，别想把事儿说彻底清楚，你只能看到某个片面，某一阶段的东西。因为可能的情况：**随着这种追问不断地向前驱迫，自有一片更其源始更其浩瀚的视野开展出来，那便是或能求得"存在"是什么这一问题的答案的视野。**想象一下在海上航行，不断有视域展开，无限，但就看到那么个范围，地平圈有限。

唯当我们重新唤起的存在问题，争取到了一片园地以便展开可加控制

的争论，才有希望认真谈到上面这些可能性，才有希望收获积极的成果。

从前面的时间角度说，过去、现在、将来，除了"现在"，其余都看不见，不在场。如果我们从空间的角度讲，就是从视域的角度讲，海上地平圈的视域，我们只能看见地平圈内的海，超过这范围，我们也就看不见了。我们的"忘性"很大，往前走，前面视域展开了，后面的就沉到下面去了。黑格尔有一个概念叫"扬弃"，这个扬弃不是抛弃，以前的全保留下来，当然要克服，进而再超越，以前的东西也是作为合理的保存在现在的里面。也就是说，在传统哲学里，传统哲学是有"记性"的，历史的规律是能被记住的，我们一代一代是进步着的。但是到了现代哲学，这个视域概念，前面的展开，后面的就沉没，我们没记性了。也难怪，最大的历史规律就是，人从来都记不住历史规律。海德格尔认为，这就对了，人只能行进在时间中，所以不在场的东西，永远是一个黑暗的区域，临时的在场只是一时的光明，所以萨特的书叫《存在与虚无》，有与无之间的辩证。其实海德格尔也是这样，向死存在，这里的死，就是一个表达"无"的概念，有无相生，在场与不在场之间的一个统一。所以，视域是一个地平圈，你往前走，后面就消失了，扬弃就是不可能的，而没有扬弃，也就谈不上进步。所以，这个后现代思想一出来，就对传统哲学的观念与理想有解构的作用。

第七节　探索工作的现象学方法

前面是海德格尔讲他的哲学的内容，讲各种问题，本节讲方法，这个方法，我们读完之后，发现与他的观点和思想是完全配套的。人在时间中探究事物，有限的人在生存中来展现存在，它只能采取现象学的方法，当然，"现象学"在海德格尔这里被赋予了特定的含义，其实比较简单。

我们已把这部的探索专题对象（存在者的存在，或一般存在的意义）粗略地描述了一番。随着这番描述，探索的方法似乎也已经先行描绘出来

了。我们其实已经不得不多次谈到现象学方法。**使存在从存在者中展露出**
来，解说存在本身，这是存在论的任务。要解说存在本身，海德格尔指的
是，不要以解说存在者的方法，但说存在一定要涉及存在者。即使海德格
尔后期描画一首诗，描述农夫的鞋，描述一个壶，那也需要从一个东西去
说，不要真的以为可以离开存在者就可以谈存在。另外要注意，这里的
"存在论"，就是指海德格尔自己的存在论。

　　当人们想从历史上流传下来的存在论以及诸如此类的尝试那里讨教的
时候，存在论的方法却还始终颇成问题。历史上存在论的方法，只是针对
在场存在者，探究它的存在。**由于对这部探索来说，存在论这个术语是在**
很广的形式上的含义下使用的，所以，循着存在论历史来澄清存在论方
法这样一条道路本身就走不通。本部探索也可以叫"存在论"，揭示存在，
但不能依照以前的"论"存在的方法，也别想从中总结出正确的方法。

　　而且，我们使用存在论这一术语，说的也不是某一门确定的哲学学科
立在其他林林总总的学科之中，我们的任务远非先行给定一门学科，情况
倒是相反：只有从某些特定问题的事质的必然性出发，从"事情本身"所
要求的处理方式出发，才能够形成这样一门学科。存在论不是众学科之
一，它要从事情本身所要求的处理方式出发，才能够形成。方法对了，才
"有"这门学科，看看，方法何其重要！这个"事情本身"打引号，但这
里没有贬义，而是重点，到底什么是事情本身？这个后面会解释，"面向
事情本身"，这是现象学的一个口号，这个口号听起来很一般，各行各业
都这样喊。所谓处理方式，就是"怎样"面对事情本身。我们说科学家在
探究原子，探究光究竟是波还是粒子，这不是回到事情本身吗？他那个方
法有什么不对吗？这肯定和哲学是不一样的。

　　随着存在的意义这一主导问题，探索就站到了一般哲学的基本问题
上。处理这一问题的方式是现象学的方式。我们觉得在海德格尔的心目
中，哲学唯一的研究对象就是存在，所以他把讨论存在的学问也叫"形而

上学"，只有存在问题才配称为形而上学问题，其他的都是一般的哲学问题。而存在的问题只能用现象学的方法来处理，这是唯一的方式。唯一的对象，唯一的方式，高、大、上，这在后面我们会越来越清楚地看到。**但这部论著却并不因此误把自己归入某种"立场"或某种"流派"。因为只要现象学正当地领会了自己，它就既不是某"立场"也不是某个"流派"，而且也不可能成为这类东西。**我们说，现象学不是一个哲学流派，像新康德主义一样，有他们共同的方法、观点、价值判断，就像科学的"范式"。现象学不能当哲学来讲，要当作方法，我们觉得挺别扭，怎么是个方法？

　　"现象学"这个词本来意味着一个方法概念。它确实不是一个流派或一个观点。它不是从关乎实事的方面来描述哲学研究的对象是"什么"，而描述哲学研究的"如何"。人是什么？答曰：人是理性的动物，水是什么？无色无味透明的液体，或 H_2O，这些都是"什么"，研究"存在者"都是这样。但哲学探究存在，就得追问存在"如何"展现。

　　而一种方法概念越真切地发生作用，越广泛的规定着这一门科学的基调，它也就愈源始地根植于对事情本身的分析之中，愈远离我们称之为技术手法的东西，虽说即使在这些理论学科中，这类技术手法也很不少。现象学是一个方法，这句话为什么让我们头疼呢？因为我就把方法理解为处理一个事情的办法。怎样尽快减肥？方法：三伏天披上塑料布去长跑。于是，说现象学是一个方法，我们就搞不清楚了。伽达默尔的那本书叫《真理与方法》，他又说，我这个方法不是解释文本的技巧的科学方法的学说，我这是关于人的存在的问题的讨论。大家觉得奇怪，其实就是将方法理解为办法。据说做现象学也有很多办法，据说有西方现象学家拿一个杯子，先是本质还原，再是现象还原，最后就把哲学说出来了。这确实是大师做派，就像黑格尔描述微积分描述了 200 多页一样，海德格尔描述无聊描述了 150 多页，最终真的会落实到哲学问题。他描述某人提前 4 个小时到达火车站，火车不来，很无聊，一会儿踢石头，一会儿数枕木，一会儿看表，他的高明之处在于，这都属于打发时间，最后就将这事儿与时间问题挂钩了，于是就和存在挂钩了，和有限性联系起来了。黑格尔从数学里面的微积分，物理里面的两极性，化学里面分解化合，弄着弄着就把有限与无限、一与多等辩证法思想阐明了。马克思就更厉害了，干脆就分析粉笔、商品，帝国主义战争就从这里分析出来的，英国人卖粉笔，法国人也卖粉笔，都卖给毛里求斯，冲突了，怎么办？打！这就是资本逻辑造成的必然结果，这样的高手，不服不行。所以手法也可以有，可以用多媒体来讲现象学，但这并不重要。

"现象学"这个名称表达出一条原理；这条原理可以表述为："面向事情本身！"现象学就是要你面向事情本身，这就如同我们经常听到的"实事求是"的含义。当然，这句话最初就如下面的这个注解，是 20 世纪初以胡塞尔为代表的哲学现象学提出的一句著名口号，在一定意义上，它针对的是当时流行的新康德主义的口号，"回到康德去"。最初有这么一个针对，但最主要的宗旨，与这没多大的关系。下面是关键。

这句座右铭反对一切漂浮无据的虚构与偶发之见，反对采纳不过貌似经过证明的概念，反对任何伪问题——虽然他们往往一代复一代的大事铺张其为"问题"。这句话才是最关键的。这也不新鲜，回忆一下费尔巴哈论，什么叫作唯物主义？不是物质第一性，意识第二性，而只是说，唯物主义没有别的，只是告诉我们在认识事物时，不要为先入为主的唯心主义的怪想所左右，实事求是地看事物。所以现象学也好，还是正确的唯物主义也好，反对的都是主观主义和教条主义，表现形式就是唯心主义怪想。当然，说唯心主义的怪想，有点贬义，但是中性地看，这个唯心主义的怪想就是认识世界时的前理解，你的认识框架，这个东西你摆脱不了，不摆脱不行，摆脱了也不行，这就是关键所在。漂浮无据的虚构与偶发之见，作为前理解、理解框架，没办法，摆脱不了，但是当它比较极端，僵硬僵化的时候，就成为阻挡我们认识的障碍。

比如人们崇尚"绿色"食品，这词有意义吗？当然有意义，但是当它被喊出来，随之变成一个人云亦云、鹦鹉学舌的标签时，往任何食品上加一个标签或赐予这样一个词，还不容易吗？可是人们就信了，建议大家把海德格尔的《存在与时间》关于"常人"那一章好好读一下，我们觉得就是那个样子，常人的力量太强大，经常搞出一些词汇，让我们大家觉得是天经地义、不言而喻的。我们必须吃绿色食品。围绕着太阳，天上就是有九条轨道，地球就在第三条轨道上，我们会真的以为天上有轨道，现在有人给我们讲地心说，我们就会捧腹大笑，我们是绕着太阳转的，科学家将那些轨道都画出来了，那还有假？其实不必高深知识，只需日常经验，我们都知道运动和静止是相对的，我们谁都清楚，但是经过从小到大的洗脑，我们就觉得我们"本来"就绕着太阳转。

人们都说，吃东西要讲营养，现在动辄听说，这不能吃了，那有问题了，这个含某某，那个不含某某，含什么，你爱听的词，不含什么，你不爱听的词，富含油酸、亚油酸，不含胆固醇，啥叫亚油酸，其实没人知道。可是，什么是有营养？你们都知道三聚氰胺奶粉事件吧，你们到超市里，随便找个奶粉罐，所有的上面都会标着营养成分，字很小，从罐顶一直标到罐底，第一项通常是蛋白质、钙铁锌硒、维生素。为什么会有这些东西？因为我们"相信"。这个信仰是从哪里来的？从西方，从科学来的，从"存在即被感知"这个命题来的。什么是奶粉？奶粉就是蛋白质、维生素、钙铁锌硒等的复合体，把这些复合的东西抽掉，就没有奶粉了，西方的营养学就是这么来的，它的认识论基础就是贝克莱的"存在即被感知"。于是，什么叫好奶粉？就是你希望在上面看到的那些词更多一些，当然，它会把那些叫"元素"，更多一些。好听的词多些，钙、铁、锌，最近又在流行钾，铅和汞不好听，等等再说，哪天说不定就好了。奶粉中据说蛋白质最重要，而检测蛋白质，我们可以测量氮的含量，氮元素多了就说明蛋白质多，蛋白质多就说明奶粉好，而三聚氰胺含氮多，那就加吧！于是，不法分子们，就可以加氮元素了。为什么要加？他们心坏了。为什么可以加？因为我们对营养学的盲从，我们希望这些元素再多一些。而且据说，大家都必须喝奶粉，不喝奶粉，你还想活吗？你营养怎么能跟上呢？牛奶工程是怎么来的？炒作起来的，它可以拉动经济的增长，但必须建立在我们的盲从之上。古代蒙古人容易喝牛奶，东南大部分地方喝不到，喝不到就缺蛋白质了吗？北方人吃不到鱼，就缺脑白金，就缺心眼吗？确实不如南方人灵光。喝不到牛奶，不能从其他的食物上获取相应营养吗？当然，现代人就是要人人都一样，尼采说，吃的不一样，长出来的人就不一样。现代人为什么差不多呢？一是通过媒体教导，观念都差不多；二是大家吃得都差不多。广东人也天天要喝蒙牛，北方人也必须天天吃脑白金，据说鱼脑子做的。还说，一杯牛奶可以强大一个民族，最后，喝的最有营养的三聚氰胺奶。我们都相信这个。

其实，海德格尔批评的就是人们对这个世界，对人本身的计算和算计，就是资本主义的这种生产、生活模式，资本的游戏规则，炒作一个概念，然后变成产品，做广告，鼓动你去追逐这个概念，甚至变成一个"工程"，这就叫"政治经济学"。为什么说马克思这么厉害呢！经济和政治是绑在一起的，古代经济服从政治，现代政治服从经济，经济一滑坡，奥巴马就得下台，就没戏了。为什么现在明明知道环境污染，还要片面追求 GDP？没办法，这是一个经济时代，资本主义时代，计算算计的时代，海德格尔说：技术的时代。营养学就炒作出了这种貌似经过证明的概念。还有些女生喜欢漂亮，喜欢骨感，就会想，既然人身体的维持，就是靠那些营养元素，那我们为什么还要吃那些含有脂肪、胆固醇等难听的词的食物，直接吃好听的元素不就行了，比如善存、金维他那些药片？里面的钙铁锌硒、维生素比肉、菜、水果里更纯，更多，还没有胆固醇等杂质，按照营养学，当然可行。是的，真有这样做的，据说一个上海女子，最后骨感了，差点要了命。是更有营养了吗？按营养学的角度来说，应该是更有营养了。按照营养学，估计中国的什么老汤、豆腐乳，不但没营养，简直可能就是毒药，"细菌"、"病毒"严重超标。吃饭要分餐，杜绝传染病，科学。其实告诉大家，汉人本来就是分餐的，不信去看古画，大锅饭是北方民族传来的，后来大家觉得热闹，增进友谊，就这样做了，也没听说古人天天闹传染病。"营养"其实就是典型的被大肆铺张其为"问题"的伪问题，说中国儿童有营养问题。据说又在搞什么"鸡蛋工程"，很多真的是别有用心，特别是在海德格尔说的技术时代。当你认为很"科学"的时候，就上了套了，所以广告给你宣传的一些概念，就是给你洗脑，最后，让你觉得没有那个东西你就活不了，你不喝牛奶，你还想长高，还想健康，你就输在"起跑线"上了，哪来的起跑线啊？不就是个空概念嘛！中国古代的"营养学"其实最科学，就四个字：吃啥补啥。在西方看来，这太不科学了，太含糊了，其实这是最高境界的营养学。按照这个原则，你反过来想，想营养怎么办，啥都吃，别多吃，就好了。而这种营养观和条分缕析的西方营养学是不一样的。流行的一些词或观点，海德格尔称为"漂浮无据的虚构与偶发之见"、"绿色"等，特别是科学一旦和经济搅到一起，我们都知道资本的逻辑，利润达到百分之一百、二百、三百，人们会如何行为。马克思早就给你说过了，资本就是要获得更多的利润，在利润优先的氛围中，科学家的良心也就难保了，科学家就告诉你，你吃这个吧，这个有营养，这是绿色食品，那个没营养。那个为什么不好？因为那个是其他厂家生产的，仅此而已。假如你信了这个事，那就是没回到事情本身，就是不实事求是。当然，科学家们、专家们的忽悠，也让你没有回到事情本身的能力，你只能跟着漂浮无据的观念人云亦云，"碘盐可以预防核辐射"，就是这个道理。谁告诉你的？大家都这么说。当然，偶尔也可能是某位专家说的，张悟本，他告诉你，绿豆包治一切，你就可以买绿豆期货了。也有专家良心没坏，怀着善良的意愿，比如研制瘦肉精，既可以让猪肉中招人烦的"胆固醇"降低，又可以避免高血压、高血脂、高血糖，让人健康地成长，造福人类。于是，专家们一致认为好，好的全保留着，坏的全不要，何乐而不为，通过立项申请，于是，就生产出来了。最后，瘦肉精对人的身体怎么样呢？

我相信或许不全是科学家坏了良心，但他依据的是人云亦云的营养学，在这些漂亮的概念中徘徊，暴露的是人的有限性。因为科学家是在片面地看待事情本身，他只站在一个点上，站在一个点上，就是立场，立场就是观点，观点就有片面性。从时间角度说，就是把过去和未来都纳入现在，科学家的眼界就是那么宽，他大多不是故意做坏事，这是营养学的观念在作祟，好像猪肉就是那些元素的复合体，我们把好的元素留下，把坏的元素去掉，这就是贡献，自然科学家不就是这样想问题吗？当然，这个事情也是经过论证的，但仍然不是面对事情本身，也就是说，世界不是由原子组成的，你把世界看成原子组成的，也能够为我们解释世界的一些规律，但这些规律是片面的，并不是事情本身。关于"伪问题"，比如中国哲学合法性问题，炒作了好几年，结果呢？发表了一些文章，评了一些教授，没了。中国哲学的合法性还需要论证吗？按西方哲学标准，我们没有哲学，没有怎么啦，我们活得好好的。按人类智慧标准，那还用论证吗？中国人还能没有智慧，白混了几千年。这就是伪问题。大家不是实事求是，不是面向事情本身，争论不休，当我们搞清楚争论这个问题的意义到底是什么，真的面向事情本身，我们就不会再争论了。为什么中央党校要立个碑，上面四个大字：实事求是。为什么要强调这个，就是因为实事求是其实很难，因为教条主义和主观主义，一直在左右着我们对事情本身的认识，而且表现出来的，恰恰是人云亦云的观点。

人们也许会反对说，这一座右铭原是完全不言自明的，此外，它表达的是无论哪种科学认识都具有的原则。化学家认为的水是 H_2O，但我们做哲学的，就是要告诉他，水就是水，水不是 H_2O。歌德就非常反对说光是七色的合成，反对水是 H_2O，水就是水，能喝，能生养万物，能洗澡，为什么非要说它是这个化学式呢！说它是化学式，可以说明一些化学变化，在一定的范围内是正确的，但这个抽象是片面的，它不是事情本身。当然，从化学的角度来讲，也可以说它是事情本身，水"本来"就是这个化学式，明摆着，一电解，就会分解为两个氢，一个氧，就是这个东西。所以，口号虽然一样，但从哲学和科学角度来看，它的内涵是不一样的。哲学上怎么样才能面对真正的事情本身呢？恰恰是我们无法获得"不以人的意志为转移的"事情本身，这个事情本身，恰恰是需要我们不断地去揭示的，这是哲学的态度。

人们看不出为什么要把这种自明性突出标识为某一门研究的名称，事实上，这里关系到的是我们想更切近地加以考察的一种"自明性"，而这种切近考察对阐明这部论著的进程是很重要的。在胡塞尔那里，自明性就是直接被给予的东西，就是现象，现象学要求，你看见了什么就描述什么，不要随便加东西，描述真正自明的东西。比如，我手里的这支粉笔，你们看见什么了？答：一支圆圆的粉笔。不老实，你们并没有看见这圆圆的，圆圆的，是我们在使用的过程中才发现的，当下直接给予你的东西，是粉笔的一个面，你并没有直观到这是圆圆的。粉笔，你也没看到，就是个白乎乎的东西，甚至最根本的东西，"存在"，都是要被悬置的。比如你看见墨绿色的这个黑板，你却不能保证它的"存在"，因为这个存在是我们的先验自我意识构建起来的，你当下看到的，就是墨绿色的一片。如此看，断定水是 H_2O，世界是原子组成的，都不是自明的，而是经过建构的。在这里，我们将限于阐明现象学的先行概念。

现象学 [Phänomenologie] 这个词有两个组成部分：现象和逻各斯，二者都可上溯到希腊术语：phainonenon[显现者] 与 logos[逻各斯]。从外形上看现象学这个名称就像神学、生物学、社会学、这些名称一样。这些名称可以翻译为神的科学、生命的科学、社会的科学，因此现象学似乎就是现象的科学。我们应得把这个名称的两个组成部分即"现象"与"逻各斯"所意指的东西描述出来，把由它们合成的名称的意义确定下来；由此我们便可提出现象学的先行概念。据认为，现象学这个词产生于沃尔夫学派；不过，这个词本身的历史在这里无关宏旨。关于沃尔夫，我不太清楚。康德第一次提"现象学"是在《自然科学的形而上学的基础》一书中，但那本书中的现象学和这里的现象学关系不大，然后就是黑格尔的《精神现象学》。海德格尔在刚开始时对黑格尔批评得比较严重，但到中后期，解读哲学史时，他就逐步恢复大师们的地位，为大师们辩护了，黑格尔的"精神现象学"也被提得比较高，被认为是精神本身显现的一门学问，精神显现为各种意识形态，而不是"关于"精神现象的科学。这样理解的黑格尔的现象学，就比较现象学了。

我们接着读第七节，上节课开了一个头，重点就是现象学表达的一条原则：面向事情本身。我们讲了一些例子，很多貌似面向事情本身的，其实并不是事情本身。比如说：牛顿面向事情本身，他脑子里的事情本身是原子，事物是由原子组成的。我们研究这个事物，研究原子的组成及其运动规律，这就是最实事求是的研究。但是如果我们从哲学的角度来看，其实你把世界还原成原子，它本身就是一种抽象的结果，就是依照牛顿物理学对这个世界进行的一种规划，用海德格尔的话叫"筹划"，也就是说"人为自然立法"。康德提出一个大的原则，而具体的筹划或规划，还得靠自然科学家去做，自然科学对世界进行具体的建构，在牛顿体系里所有的事物就会还原成原子。按照我们的日常经验，我拿着显微镜看原子，看见一个小球，那个难道不是事情本身？我们学了库恩的理论就会知道，那太阳东升西落是不是事情本身呢？我亲眼所见，就是那样的，但是我们转化一个范式结构的话，太阳东升西落就是一个假象，它就不是事情本身了。所以说，人们，或者说自然科学，在探讨这个世界时，也会喊叫所谓事情本身，但实际上更多地带上了人的建构色彩。其实我们讲，经验科学或者说具体科学，它的对象，反而是一些抽象的结果。包括社会科学，我们也讲过，法学是研究的法人及其相互关系的学科。法人就把人的其他性质抽掉，我们只在法律解释的这套体系之下来观察这个人，所以，法人就不是一个完整的人。A打了B，就要追责，不管A是不是B的爷爷，那些因素都要抽掉。而我们说，哲学的目的是完整地把握一个事物，探究存在者的存在，而对存在者的完整把握，并不能归结为其性质的总和，因为你不能从性质相加的角度去理解某个事物，再多的性质加起来，仍然是一个抽象。比如人吧，他不是物体、元素、动物、法人的叠加。

从某种角度来看，事情本身，其实也类似于柏拉图的"理念"。我们习惯于把柏拉图那篇著作翻译成《理想国》，大家都知道，这是一个意译，不是直译，希腊语变格多，精确对应有难度，有人主张翻译为"政制"，如果看内容，也不难把握，就是讨论什么样的城邦结构是合理的。由于我们理解希腊哲学，难免打上近代思想的烙印，而近代思想是经过了基督教教化的，认为《理想国》就是好的国，附加了太多基督教道德的含义，理想国善，这个世界不够善。其实，理想国就是保障人们各安其位、各司其职的国，每个人在其中能够成为你自己本来的那样，只给你提供适合你自己的机会，鞋匠就好好做鞋，别整天想着跳槽，不理想的国就是让本来不适合干某个事情的人干了那个事情。理念世界中的黑板，确实代表最"好"的黑板，但没有任何道德含义，而是最"是"黑板的黑板，"好"就是合适，黑板就该是那样。人的理念，就是人本身，人就要像人那个样子，虽然道德也很重要。到了康德，道德就变得最重要，甚至和人等同了，但这只是后来的观念。我们说，这是一匹好马，也用"好"这个词，那就更不是道德高尚的马，而只是说"合适"，符合马之为马的东西，跑得快，徐悲鸿画的那样，也不仅仅是因为"好骑"。马就应该是这个样子的，现实的这只腿太短，不威武，那就不好。当然，一说应该，人们就会想到理想，这也难免，但不宜赋予过多的"价值"。尼采就反对我们现代人的这种矫情，我们心目中的好老虎，要被鸡追着跑，我们会欣喜地说，看，这只老虎多善良，居然不吃鸡，有人道主义风范！可是，老虎不吃鸡，它还是老虎吗？那就是已经退化了的，不"是"老虎的老虎，不是本来的老虎，这里面根本就没有所谓道德的事儿。豹子把羚羊给吃了，我们说，它不道德，多残忍啊，可这就是豹子之为豹子的本性啊！大鱼吃小鱼，我们诅咒到，那个统治者就是坏，居然残忍地吃小鱼，甚至它自己下的小鱼，没有良心！不吃小鱼，让它吃什么呀，小鱼怕吃吗？大鱼一口，一千只小鱼被吃了，小鱼一次排卵，又生出好几亿只，撑死你。这就是小鱼的生存方式，如其本然，庄子的齐物论，这里面根本就不涉及残忍或不残忍。我们总是把大鱼吃小鱼、豹子吃羚羊说成是"丛林法则"，说成是社会达尔文主义，是不道德的原则，这实在是冤枉了动物们。所谓"丛林法则"，恰恰是我们这些禽兽不如的人的虚构，以我们小人之心，从我们社会的角度，去看待自然，去度动物们之腹，是我们认为的强权，在欺压我们认为的弱者。冷静想想吧，大自然中，有谁是强者吗？是豹子、狮子或老虎吗？到底是哪些物种快要灭绝了？是老虎，还是老鼠？是狮子，还是蚂蚁？大自然就是那样的，万类霜天竞自由，各自展现自己的生命，豹子是吃了羚羊，羚羊也要吃草，草就不是弱者吗？而豹子威风之后，要被微生物分解掉，或被它的同类干掉，豹子真的不是有心"剥削"或"迫害"羚羊的，"丛林法则"是人自己的唯心主义怪想，不是自然法则，不是事物本身，动物们冤枉啊！所谓回到事情本身，如其本然地来描述，描述直接被给予的，不要加进过多你脑袋里的东西，唯心主义怪想。

前几天我看到有"做节目"的，母亲节采访同学。问：你们多长时间给你妈妈打一次电话？给她说"爱"了没有？结论：说爱不能等。至少从我个人经验来讲，就说"爱"这个字吧，让我说，我就说不出来，我想不光是我说不出来，我这个年龄段的，应该很少有人说得出来。我们的父辈之间，或者再往上一辈，比如说夫妻之间，你让他们说这个字，会更觉得很别扭，因为中国传统语境中不会使用这个字。日子就是慢慢过，两人也不搞对象，家里一包办就成了，成了以后发现还不错，有的事情她干的比较在行，有的事情他干得心应手，配合一下，一加一大于二了，这个时候也就离不开了，相互依赖了。一开始谈恋，可能还有点爱，但是那东西，毕竟不那么持久，主要是过日子，相互依赖，各安其位、各司其职，即使有小冲突，想想也就这样了。家庭是这个样子的，那么父母对晚辈的关爱，我觉得也不是西方的那一个"爱"字就能解释的，生了你就得管，责任而已。子女关心父母，正常的事情，平时不管不顾，就在节日喊一个"我爱你"，这玩意儿太矫情。你做个"节目"，"呼吁"大家关爱母亲、关爱父亲、关爱牙齿，节日越来越多，为什么节日多了，就是因为该有的东西少了。这就不是面对事情本身，只是为了做节目。

又比如，现在有些人想着把儒家弄成儒教，为什么弄成儒教呢？说是现在你看，君不君、臣不臣了，这个不说，至少是家庭关系，或者晚辈与长辈的关系变得冷漠，然后就要弄个儒教出来。人是可塑的，这固然不假，经过形式上慢慢地教化，逐渐就变好了或者变坏了。现在，儒家那一套在"五四"的时候被搞掉了，之后商品经济搞得人们相互疏远，你把那个东西重新恢复一下，这也未尝不可。大部分人并不是学哲学的，没有那么强的思辨能力，去琢磨它与现代社会的矛盾，随着时代的冷漠化，有一些人会有内心需求。比如有一些人去信佛教了，有些人信基督教了，反正很多人就是非要信个什么，那你现在创造个机会，让他们信个儒教，顺便也弘扬一下传统文化。这样也挺好，无非就是搞一个形式化的，确定的东西，让这部分人在某个确定的框架或氛围内得以安生，省得无所适从。冒出这些想法，无非是看到西方商品经济很发达，人情本该冷漠至极，但由于有基督教，宣扬四海之内皆兄弟，所以整个社会人情关系还算"中庸"，于是就拍脑袋，想办法，想拿出某个"教"，应对我们的当今现状。但是，基督教在西方是早就有的，早于商品经济，后来现代西方人启蒙，才把人弄成一个个原子，但人家很早就被告知四海皆兄弟了，这不是人为弄的。可是我们现在是，先觉得缺了东西，然后再想人为弄一个出来，补那个东西，这就不自然了。我们实施了多年的计划生育政策，这一政策就让我们从家庭结构上，比美国人还美国人了。美国人可能还有个兄弟，各位有没有兄弟姐妹就不好说了，那么，在这种一个子女的情况下，中国以前的儒家的那个孝的内涵，不改行吗？父母在不远游，外地的都别来上学了。但在古代就可以，生七八个孩子。实际上他们也不是都不远游，找一个老大把家庭照顾着，老大就别远游了，你给咱们好好"卧冰取鱼"。他因孝顺耽误了其他事，其他兄弟外出挣钱去，再补给他，这个家既出了孝子，经济上也宽裕。你想按照传统的一套东西来要求现代的人，按照古代的方式行事，这很难办。生活方式永远是第一位的，现在大家都拿着手机，都开着车，都到处求学，还要往美国跑。古代的那个传统思想怎么发挥现代作用，这是个大课题，即使大力宣传儒教，结果无非是弄出个"儒教爱好者协会"或团伙，和集邮爱好者协会或组织，没什么两样。

再比如，我们搞孔子学院，本来目的是传播中国文化，促进相互理解，加强友好关系，有人却错误地认为是要争得话语权，由此促使我们强大起来，这就把事搞反了。我们当年学西方，是因为他们把我们打惨了，这个在先，然后，我们才主动去学。学习时也是先学技术，后学制度，最后才发现些文化。西方传教士早在他们不如我们的时候，就有来传教的，可那时我们强大，谁听它的那套，康熙、乾隆皇帝一不高兴，就把他们赶走，文化输出，效果真的约等于零。后来打不过人家了，想听也得听，不想听也得听，不由我们了，这时我们自己发现落后了，就去主动学习，有人捎带着，也就信了他们的基督教。可是现在却反过来，有人认为主动推销文化，就能使我们强大起来，这就是典型的唯心主义、主观主义，就是不面对事情本身，不接触现实。你看，现在中国才刚刚有了一点点钱，就有外国人学汉语了，这才是真的，这是事情本身。

举这些例子，确实是觉得，面对事情本身，或者说实事求是，真的不光是现象学的口号，对于日常生活也有意义，我们现在被太多的主观想法、主观概念所左右着，不会正常思维了。主观主义、教条主义如果是个人的毛病，这个还好办，不幸摊上个领导，他也有下台的时候。但最可怕的是，人云亦云的流行观念，大众的公共意见，不知不觉地支配着每一个人，苏格拉底的死，希特勒的上台，争着买碘盐，怕孩子输在"起跑线"上，这都是人云亦云、观念鼓噪的结果。苏格拉底连申辩的对象都找不到，因为那就是雅典人，所以他总是用希腊语的呼格：雅典人啊！你们怎么怎么样。

现象学作为现代流派，"回到事情本身"还有对抗主体哲学的意思，主体将人云亦云的建构推到极致，最突出的表现就是，现代技术的控制，世界的碎片化、抽象化，使我们更加远离"事物本身"。人有积极有为的一面，这个海德格尔绝不否认，此在的"能在"嘛，去创新，去响应存在的发生，这个是它积极的方面。但另一方面，人过分的积极作为，主体对事物的过分改造，也许是有问题的，海德格尔的哲学当然更多的是强调有限性、被动性这些方面。所以，"回到事情本身"主动、被动两方面含义都有，但相对于主体哲学来说，从某种意义上更强调接受性和被动性。所以海德格尔有句话：世界成为今天这个样子，不是有人就是这个样子，但也不是没有人就成了这个样子。在他看来：人更是存在的倾听者。你要听，要归属，这听起来有些被动，因为你已经很主动了，人的本性就是要主动建构世界，这个环节到了现代，就不用再强调了，主体哲学和自然科学已经很强势。现在该强调的是，人应该保持主动和被动的中庸地位。面向事情本身，多少也有这方面的意思，不能把主观意愿到处强加，把自己的主观变成一种客观，主观的就是主观的。我们现在看"现象"这个概念。

a. 现象的概念

"现象"这个术语可追溯到希腊词 phainomenon，而 phainomenon 则由 phainesthai 动词派生而来，意味着：显示自身〔显现〕。因此，phainomenon 等于说：显示着自身的东西，显现者，公开者。phainesthai 本身是 phaino 的中动态，phaino 的意思是：大白于世，置于光明中。"现象"一词，你按内涵丰富的汉语来理解，本身就既可以是名词，也可以是动词，"现"出某物的"象"，其实就是"显现"。phaino 像 phos 一样，其词根是 pha-，而 phos 的意思是：光、明，即某某能公开于其中的东西，某某能在其中就其本身显现而易见的东西。因此，"现象"一词的意义就可以确定为：就其自身显示自身者，公开者。现象就是事物自身的显现，所以这里的关键，还是怎么理解这个"自身"，到底什么是"自身"。不加你的偏见，就是那东西自身，当然，理想的自身是这样的。胡塞尔把它叫作：直接的被给予性，海德格尔基本上也是这个意思，就是胡塞尔所谓悬置之后，看那个东西对你呈现出什么，你给我们如其本原地描述，不要加任何主观的东西，哪怕是最熟知的东西，你也不要加。

于是 phainomena 即"诸现象"就是：大白于世间或能够带入光明中的东西的总和；希腊人有时干脆把这种东西同 ta onta〔存在者〕视为一事。"onta"这个词很简单，就是"东西"，财产、财富、现有的东西。显现自身的东西，就是存在者。按照通达存在者的种种方式，存在者又可以以种种不同的方式从其自身显现。甚至它可能作为它本身所不是的东西显现。某物可以显现为"假象"，即作为所不是的东西显现。张三远远走过来，我把他当成了李四，没关系，不怪你，你是在描述某个东西。但是如果没有一个东西显现，你也不会说那是李四，即，张三本身所不是的东西。比如说：我晚上披一个袍子，戴一个面具来吓唬你，我装鬼吓唬你，而我要是不显现，你看不到，我折腾个什么劲儿。当然我得显现，我不是隐身人的话，必然显现，那么这个时候，我不就是装个东西来吓你吗？就是对你显现，装成我所不是的鬼来显现。

存在者在这种显现中"看上去就像……一样"。这种显现称为显似。装神弄鬼，"看上去像"，这个没错，插到水里面的筷子，看起来像弯了，这个没有错。英国经验论的传统就是，看见什么说什么，不要加你入的东西。其实英国经验论真的很严肃，他们说："筷子插到水里弯了"这个错误是你在做"判断"的时候才发生的。如果我现在在让你描述，你就应该说：在我"看来"，这个筷子"好像"在这个地方弯了。没错，这东西就是这样显现的。西方哲学史上的小苏格拉底学派、麦加拉派的欧克里德、西兰尼派亚里斯底普都主张说：你不要用"是"来判断，你要用"好像"来说话。银子"好像"是锡，或者，锡"好像"是银的颜色，没错。现象学让你去描述，而不是去定义。但你总要用语言来描述，这个没办法。描述当然也是用"词"说话，那没办法，除非我不说话。那么描述的态度就是你实事求是地描述，看见什么就说什么。铁轨在远处似乎相交了，没关系。但是你不要以定义的方式说：铁轨"是"相交的。我现在在这个地方看见的两根铁轨，离我越远的地方，距离好像就越近。没人说你错。这个就是显现，即使它显似，好像是相交了，是假象也没关系。**所以，phainomenon即现象这个词在希腊文中也就有下面的含义：看上去像是的东西，"貌似的东西"，"假象"。"假象"这个东西，大家不要把它低估了，这个跟下一页提到的"现相"不是同一层次的。"假象"和"现象"同样是原初的层次。**

Phainomenon agathon 意指某种看上去像是不错的东西，但"实际上"它却不像它所表现的那样。称为 phainomenon 的东西有着两重含义，即作为自现者的"现象"与作为假象的"现象"。而要进一步领会现象概念，全在于看到这两种含义如何按现象概念的结构相互联系。现象和假象是同一个事物的两个方面。如果我们把后面的提前讲一讲的话，现象本身就是假象，一个事物它既是现象"同时"又是假象，这话题在后面将重点论述。

唯当某种东西就其意义来说根本就是假装显现，也就是说，假装是现

象，它才可能作为它所不是的东西显现，它才可能"仅仅看上去像……"。
这就是我刚才举的例子。我装作一个东西来吓唬你，条件就是我装的这个
东西可以显现，它是一个现象。虽然它是假的，鬼没有，我装的一个鬼，
或者我装作另外一个人来给你们上课，而大家都没有判别出来。所以，现
象和假象这个结构，在分析哲学那里止步，分析哲学搞不了这种本体性的
东西。江怡老师曾到我们学校来讲座，袁祖社老师主持，当时我就问过：
你俩长得都很帅，假如今天你们两位老师决定搞个恶作剧，袁老师装成江
老师来给大家做报告，你俩长得相近，换个衣服就行了，结果整个晚上，
我们全被蒙住了。按照分析哲学判断真理的条件：与"事实"符合、逻辑
值为真、普遍同意、逻辑不矛盾等等，你就发现，分析哲学一定会断定，
是江老师做了报告，它对于这种本体性的假象无能为力。只要装得像，大
家都被蒙蔽了，这就是真理了，根本就没有"装相"这件事了。可见，英
美哲学一般不探讨"究竟"的东西。所以到语言哲学，或者逻辑实证主义，
后来历史主义，后来到蒯因，它们不得不"承诺"某种本体，否则的话，
它那个层面上的东西就弄不下去啦。因此，我们说现代西方哲学有一个所
谓人文主义和科学主义的分流，其实科学主义构不成一个所谓的分流，它
不可能跟主流分庭抗礼。黄河和渭河，顶多只能是渭河汇入黄河，一个分
支而已，只是因为近代以来科学力量强大，使得科学技术哲学成为一个二
级学科，但是你真的把渭河提到黄河一样的地位，那是不可能的，它最终
还是要归回主流。一些科学思维方式主导的哲学，都是在康德哲学所说的
现象层面进行的某种结构分析，不论它是对语言还是经验的讨论，都是在
现象的层面上，真正到本体意义上的假象、现象，根本就不在它们的视野
内，它没法处理这个事情。或者说，康德的物自体，分析哲学没法处理，
但康德可以在实践领域内予以讨论。现象显现出来之后，如果按照海德格
尔，它本身就是假象。这更加超出了分析哲学的范畴。

**在作为"假象"的 phainomenon 的含义中已经共同包含有作为公开
者的现象的源始含义。公开者这种含义对假象这种含义具有奠基作用，我
们在术语的用法上用"现象"这个名称来指 phainomenon 正面的和源始**

的含义，**使之有别于假象这种现象**。这一段里面，海德格尔对这个假象还说的不够本源，说它"奠基"于现象。我们想造假一定要通过现象去造假。等到后面 c 小节，讲到现象学概念的时候，他更进一步明确：现象同时就是假象。为什么要现象学，为什么需要不断地回到事情本身？就是因为当你揭示事物的时候，同时就是对它的遮蔽。赫拉克利特说，自然喜欢隐藏自己。这是自然的本性，所以你就只能在时间中不断地去揭示它。你揭示出来的东西，永远都既是现象又是假象，所以才需要现象学。

　　假象是现象的褫夺性变式。不过首要的是：这两个术语表达出的东西同人们用"现相"乃至"纯粹现相"所称谓的东西风马牛不相及。这里提到了"现相"，汉语翻译的两个词"现象"和"现相"，并无多大差别，这时提到的"现相"必须从含义上去理解，这就是我们课本上经常提到的，所谓"透过现象看本质"的那个意义，这个意义的现象这里翻译为"现相"。下面这个整段的含义就是要说，"现象"不是"透过现象看本质"的意义上的"现相"。

　　例如说到"病理现相"，它意指身体上出现的某些变故，它们显现着，并且在这一过程中，它们作为显现的东西"标示着"某种不显现自身的东西。这样的变故的发生和显现同某些现成存在着的失调并行不悖，虽然这些失调本身并不显现。举例：某人有炎症。"发炎"本身我们是看不见的，但是一般有炎症就会发烧发热，所以我们也破除一下视觉中心主义，来一下触觉中心主义。就是说，发热作为一种现相，你是可以经验得到的，可以显现的，摸摸他的头，或者你拿温度计测一下，是可以测出来的。我们说的透过现象看本质，什么意思呢，发热是个现相，无所谓，关键是发炎了，而发炎这个东西本身并不显现。所以在透过现象看本质这个论点里面，现象和本质就是 A 和 B 两个东西，一个东西"标识"着另一个东西。这两个东西是两个现成存在者，用海德格尔的话说，它们是两个不一样的东西，只不过一个能看见，一个不能看见。如果我们说摸摸不可靠，用视觉中心主义来看，发热的不太严重的话，一般没事，如果发到将近40度就会面颊通红，这就可以用视觉中心主义了，我们就可以看到了。通过满脸通红，浑身没有力气，判断此人生病了，有炎症，这个就是透过现象看本质。发炎与发热或面红耳赤并行不悖。

因此，现相作为"某种东西的"现相恰恰不是说显现自身，而是说通过某种显现的东西呈报出某种不显现的东西。再次提醒大家，学哲学的时候，一定要把教科书里面通过自然科学举例子的毛病彻底抛掉。光，分解为七彩光，这只是现象，本质是麦克斯韦告诉我们的，不同频率的电磁波，紫光的频率最高，波长最短；红光的波长最长，频率最低。比红光的波长再长，就叫做红外线；比紫光波长再短，叫紫外线；然后是 α 射线，β 射线等。最后统一都叫电磁波，这是它的本质。你看到的红橙黄绿青蓝紫，我们会轻蔑地告诉你，那只是现象，你怎么能执迷于现象呢？我们的教科书就是这样举科学的例子，以表示自己与时俱进，懂科学。其实再仔细辨别一下，比如说大名鼎鼎的歌德，不要说让他透过红橙黄绿青蓝紫之现象看电磁波之本质了，白光分解为七种颜色的光，他都无法理解，他说白光是最纯洁的，岂能混杂。就是说，他会被人讥笑说连透过白光之现象，看七彩光之本质都不懂。歌德还说：水就是水，怎么就成了 H_2O 呢，怎么就变成氢和氧的复合物了，氢就是氢，氧就是氧，水就是水。但是在化学家的眼里，水是现象，你是一般人，只能看到现象，本质嘛，给它一通电就变成氢气和氧气了。也没有错，真的是这样，所以水的本质是 H_2O。在物理层面上，水是无色无味透明的液体。可是歌德，他连物理层面的说法也反对，他说"水"的内涵太丰富了，怎么会只是一个无色无味透明的液体呢。

所以你看，古代的"本质"和"存在"是分不开的，它们都是西语"是"那个词不同的变格，学拉丁语、希腊语你就知道了。所以古代人讲本质，这个人为什么是苏格拉底，使得苏格拉底成为苏格拉底的那个东西，就是实体，其实就是苏格拉底的本质，也是苏格拉底与众不同的存在。总的来说，本质就是指某物之为某物的那个东西。到了中世纪，这个概念就变成了叫"隐秘的质"，所以我们批评它，说它装神弄鬼，我们批评这个说法对科学毫无用处，它确实对科学毫无用处，因为它是对那个东西全面的把握，正因为全面，所以把握不出什么具体的东西来。所谓的目的论，它要成为它，所以它就是它，和废话一样。

到后来科学发展了，解释这个东西为什么是红颜色的，将其还原成特定波长的电磁波，我们说抓住了它的本质，其实是在用一个 B 说一个 A，或者说，是从某个角度把它抽象为某个东西，抽象为一个片面的东西，一种片面的存在。用一种片面的存在说另一种片面的存在，是抽象的一个结果。科学实际上就是用一个东西说明另一个东西，用某一个片面的东西来说明整体的东西，就是盲人摸象，所以，说大象是一个蒲扇，恰恰是透过现象看本质。这里的关键，包括下一段和整个这一页，就是反对这种"透过现象看本质"，而且我们说这个过程是无穷的，比如说光是什么？光就是光，但是在牛顿那里已经经过一个抽象了——七种光的复合，这就已经在用七种光的复合来解释光之为光。科学继续发展，觉得不够深入，这个本质还不够，所以电磁波被说成是光的本质。七色光也是现象，而电磁波你一旦能拿仪器测出来它，就也成了现象。电磁波是什么，再去解释，比如波粒二象性，所以它又成了一个现象。这里面毛病在哪，什么叫真理，什么叫回到事情本身？对自然科学家而言，在远处放着一个真理，我们一步一步地接近它，在哪一天就会把它挖出来，挖出来怎么办，挖出来就没事干了，就成神了。所以说，这就是科学理想，人变成神，你一旦把本质找到，就万事大吉了。当然我们也说，真理是一个过程永远找不到，但这个目标至少观念中就放在那里，这就是传统哲学，自然科学的想法，毛病就在这个地方。

我们前面课举过三聚氰胺的例子，其实那也是"透过现象看本质"。什么是牛奶？那些水注注的东西，都不是它的本质，而是现象，可以弄干了变成奶粉，这样，关键的东西、本质就抓住了。奶粉又是什么？奶粉也是现象，不是本质。本质是钙铁锌硒等和多种维生素、蛋白质等相加，加起来就是奶粉。蛋白质也不是本质，最后，蛋白质最关键的就是氮元素。

于是，就有了含氮高的最有营养的奶粉。恰恰就是这么一步一步地抽象，所以，现象和本质它还不光是简单两下子就完了，其实是一系列的。我们从逻辑角度来讲：A 是 B，B 是 C，C 是 D。这是一个说明、探究或抽象的过程。接着往下。

现相是一种不显现。但我们绝不可把这个"不"同褫夺性的"不"搅在一起。这个"不"是下一层次的，派生的。褫夺性的"不"所规定的是假象结构。假象是高一级的，至少在海德格尔看来比较原本的一个层面。**而以现相者的那种方式不呈现的东西，也绝不可能 [作为假象] 显似。**就是说，七色光的频率它就显现不出来，从视觉角度来说就显现不出来。如果你从触觉角度来讲，"炎症"也是显现不出来的。炎症又是病毒，用显微镜看它就变成现象了，但是你从前面那个层面讲，它就不能显现，也不能显现为假象，所以，只好用另外一个东西去代表。

一切标示、表现、征候与象征都具有现相的上述基本形式结构，虽然它们相互之间还有区别。表现、象征，一个东西象征着什么。有的时候象征还靠点谱，可是有些就是强行那么说的，一开始把它规定成那样。比如蓝色代表忧郁、沉稳；玫瑰代表爱情；什么什么代表友谊。毕达哥拉斯就说，4 代表正义，是不是呢？大家都慢慢那么被忽悠，至少在某个团体之中，它就越看越像，于是就成了"绿色"代表和平。所谓"代表"，就是说那个被代表的东西在这个东西上是看不见的。人民代表，代表人民，人民就是集体名词。这些标示、表现、征候、象征的共同点，都是一个东西与另一个东西的关系，虽然他们之间还有区别。如果我们设想胡塞尔式的现象学工作，就是探究先验自我意识怎么样建构起"标识"这种对象，"象征"又是和"征候"不同的什么样的逻辑项，那么德国人会建构各类的东西，这些东西都可以研究。

虽然"现相"不是并且绝不会是一种现象意义上的显现，但现相只有根据某某东西的显现才是可能的。发烧能摸出来，再热一点脸发红，我们就能看出来，必须有显现。**然而这种显现虽然使现相也一道成为可能，它**

却不是现相本身。现相通过某种显现的东西呈报出来。所以，如果人们说，我们用"现相"这个词是指这样一种东西，在其中有某种本身不是现相的东西现相出来，那这还不是对现象概念进行界说，而是把现象概念设为前提了。这个话就是说，这种"透过现象看本质"的现象（现相），不管它是不是现象，它只要显现，就必须以原初的现象为前提。因为只有存在者大白于天下了，才有可能对它进行某种认识或者不认识，认对或者认错，必须有东西展现，如果面对的是没有现象——虚无，就什么都别说了。而我们说"存在"，在海德格尔看来只能用现象学方法来描述，怎么个意思呢？存在必得显现，也就是变成存在的意义，而显现就是在时间中显现，或者说，存在必须时间化，让此在感到，这就是问题之所在，因此叫《存在与时间》。

不过，这一前提仍然是掩蔽着的，因为在这般规定"现相"的时候，人们是在双重意义上使用"现相"这个词的。现象、假象，"透过现象看本质"的现相，然后就连这种"现相"还有双重意义，让我们看到德国人的分析水平。讲完"导论"我们再讲一节"世界"概念，会进一步看到，我们中国人相对来说，还是缺乏条分缕析的能力。

所谓在其中有某种东西"现相"，意思是说：在其中有某种东西呈报出来，亦即这一东西并不显现。而在"本身并不是'现相'"这句话里，现相则意味着显现，但这个显现本质上却属于某种东西在其中呈报的那个"何所在"。这两句大家可能不好理解，前面说的"现相"是说，那本来要显现的东西，通过"现相"表现不出来。而后面这句话是说，这个现象确实呈报了某些东西。我们可以用汉语这样来翻译一下前一种情况和后一种情况，我们汉语真的奇妙美妙无比。比如我轻蔑地说："那是一个现相"，我重读"现相"，什么意思呢？不用重视，"那只不过是"个现象，表面现象，本质的东西没显现出来。同样一句话，我换着重的口气说："那是一个现相"，重点在"那是"，什么意思呢？你得重视它了，它标识着某些东西。"那可是"个现相，那个小伙子和那个小姑娘总在一起，是不是谈恋爱了呢，得查一查。再换成前一种"那是个现相"，重读"现相"，不用管它，只不过是小伙子老不做笔记，快考试了，缠着小姑娘借笔记。后一种"那是个现相"，你要注意了，他们俩确实谈恋爱了。所以，汉语同一句话就有不同的意思，一句是说它代表不了什么东西，另一句说它真的代表了一个东西。但这两种情况的共同点是，用一个东西代表另一个东西。

因此，现象绝不是现相，虽然任何现相都提示出现象。如果人们借"现相"这个本身尚且含混不清的概念来定义现象，那就完全手足倒置了。所以说，我们这个"透过现象看本质"的这个现相，在哲学上是一个很不入流的观念。其实哲学上根本就不这样去讨论问题，"透过现象看本质"，特别是自然科学这个意义上，在哲学上真的没有意思，不足以作为话题。从这一基础上对现象学进行"批判"自然是古怪无稽之举。

"现相"这个词本身又有双重含义：一会儿是呈报意义上的现相——呈报而不显现，一会儿又是呈报者本身——它在其显现中指点出某种不显现的东西。最后，人们还可能用现相来称谓真切意义的现象，即显现。这就四种了，现象，假象，两种意义的"现相"。既然人们把这三种不同的情况都标识为"现相"，混乱就不可避免了。假象有时候也是现象，加上这就四种了，还没完呢。

由于"现相"还可以有另一种含义，于是上述混乱就从根本上加剧了。呈报者在其显现过程中指点着那不公开的东西。如果人们把这种呈报者把握为在那种本身就不公开的东西身上浮现出来的东西，或从那种东西那里辐射出来的东西，而这不公开的东西又被设想为根本不会公开的东西，那么，现相就恰恰等于呈献，或被呈献的东西，但这种被呈献的东西又不构成呈献者的本真存在。这句话是什么意思呢？我们前面讲的"透过现象看本质"，后来我们弄明白了，那个本质一旦被揭示出来又变成现象了。教科书上说的现象是座椅板凳，本质是原子，一旦拿显微镜看见原子像小球之后，我们又会说，原子的本质是什么，把它打开一看是质子、中子、电子。质子再把它打开，各种更小的微粒都来了。我最近读《量子史话》，这本书是讲量子力学发展史的，玻耳、爱因斯坦，大科学家们弄来弄去你就会发现，说到底，还真的不能不涉及哲学。玻耳其实就是一个具有哲学气质的人；爱因斯坦固守着牛顿意义上的经典决定论，反对上帝掷骰子那些非决定论的、随机的、偶然的。他认为这些东西只是你认识能力不足，这其实就是我们传统对科学的认识。有一个真理，你现在不太清楚，是因为你还没到那份儿上，有朝一日，我一定把它拿下，这是爱因斯坦的理想。当然，这也是一般作为自然科学家的理想。但是在量子力学一出现，它就把随机性、测不准原理，后来连人的意识都卷入了，甚至有多世界理论，从物理角度解释的多世界理论。哲学上，布鲁诺也主张多世界理论。物理的解释，根源上很难和哲学分开，到根本性的问题上，就是一种哲学的探讨。只不过物理学家，哪怕承认测不准或不确定，但他们还是要把不确定性弄一个方程来描述，说白了，他们还是物理学家。而他们的很多灵感是从哲学上来的，探讨的就是不确定的东西，或者人的有限性，或者是人的时间，像海德格尔说的：人得进到研究过程中，你科学家搞科学，也是一种生存方式，当你把世界当一个对象来看的话，是不是合理呢，是不是就能抓住它的真理？

　　所以，科学搞到后来，要是大家，一定是哲学家。要是一般工作者，就随便去搞你的计算机去，但其实就连计算机，现在都量子计算机了，如果这样的话，就有一种算法上革命了。原来叫1、0、0、1的组合，现在都不确定了，但是也有办法让它做计算，具体的我不太懂。所以大家仔细想下就会意识到，认识世界，哪怕物理学家认识世界，其实还是人对人自身的一种认识。康德《纯粹理性批判》告诉说：你认识的世界，就是你能认识的世界。即使物理学家提出测不准原理，还是把它看作一个客观的规律，世界就是那个样子的，是客观规律。还是海德格尔说得透彻，他把做研究、做哲学活动的此在或人本身引入哲学描述中，我觉得还是比较到位的。关键在于，这已经不再是哲学了，这就衍生出后现代解构活动，做哲学，这是不同于哲学的。我们回到话题，这里提到的"不公开的东西"，我们刚才说"透过现象看本质"的本质会不断地被还原为现象，会公开出来，而这个里边所说的不公开者，永远别想公开。这其实就是康德意义上的现象和物自体。

这种现相就是"单纯现相"意义上的现相。被呈献出来的呈报者虽然显现自身，但作为它所呈报的东西的辐射又恰恰在自己身上始终把它所呈报的东西掩藏了起来。就是说，显现的东西显现了，但是被显现的东西永远不显现。不像那个电磁波，它是光的本质，后来我可以测到它，于是电磁波就显现了，哪天我还可以再深入电磁波的本质，再把它呈现出来。但是单纯现相的"底子"永远不显现，单纯现相就是"物自体"的显现，物自体永远不显现。

但是，这种掩藏着的不显现又不是假象。康德就是在这种双重性中使用现相这一术语的。在康德看来，现相只是"经验直观的对象"，即在经验直观中显现的东西。但这种自身显现者〔真正源始意义上的对象〕同时又是另一种"现相"，即是由隐藏在现相里面的东西的有所呈报的辐射。这就涉及康德的问题了，康德设立一个物自体，我们经常考大家：康德设立这个物自体的意义？可以答：康德给知识设定一个界限，在《纯粹理性批判》第二版序言里面我们读过，康德论物自体存在的时候，有人抓他的辫子，你不是说理论理性只针对经验中显现的，不显现的东西我们不要乱讲，归辩证论。物自体，还有先验自我意识，一个是物自体，一个是我自体，康德的论证恰恰就是一个唯理论的论证，因为现象就是显现，显现一定是"某个东西"的显现，所以"有"物自体。"我"是伴随一切表象的表象，先验自我意识是综合其他表象的那个能力，所以它本身存在，但不能再问了。可是，不再是经验的东西，别人就会说，你不是号称"批判"吗？你怎么得到它的知识，哪怕仅仅是它们"存在"、"有"这样的知识？这是康德的一个问题，但是这个问题其实也不构成问题，因为康德哲学你要从整体来讲，它除了理论理性之外，还有实践理性，在现象界里面只能以逻辑追溯那样的方式去进行一个悬设，但是在实践理性里面，实践理性就是对本体的展现，现在是要你去"做"，按照道德法则超经验地去做，本体或物自体就有了实在性，这种实在性不是知识意义上的实在性，不能"说"。

这个时候两个批判就互补了，整个构成他的批判哲学，不能光看实践理性或理论理性，所以对康德的这个批判是没有什么意思的。但是他设立物自体，它是一个界限，为知识划定界限，这对现代人来说，意义还是比较重要的。知识不是无所不能的，人的建构是有一定界限的，要保持一个非知识的领域，作为信仰也好、意志也好、情感也好、这不是知识所能达到的领域，而加上这些领域，人才是全面的，这个意义还是有的。

但是仅从"理论"上看，物自体就是一个毛病，而针对这个毛病，费希特和黑格尔就是把它消解到那种目的论式的历史过程中去。不是物自体吗，用不着设它"有"，只要我们对这个东西不断地进行深入的考察即可。我们经常举"纯水"为例，其实就是个物自体，现象界就没有，都不纯。"宇宙整体"，康德明确说它就是一个理念，但是黑格尔的意思，或者引入辩证法后就可以说：宇宙整体虽然是个理念，但是我不断去观察这个宇宙整体，本身就是把那个物自体消解了，把理念变成经验了，这是黑格尔的思路，这不能说就完全把康德推翻了，因为康德是说，无论你怎么看，怎么经验，那个理念它还在前面，这就等于成了词语上的争论，所以在这个意义上，康德和黑格尔的区别并不大。以前我们讲过，"凡是现实的都是合理的"，这就是黑格尔思想一个最大的特点，不要看后面那一句"凡是合理的都是现实的"，后面这句话区别不了康德和黑格尔，就看前面那一句就行了。而要把康德和黑格尔区别开来，我们可以认为康德会说："凡是现实的都是不合理的"。这两个思想家没有本质的区别，都是有一个理想在前面，不断地向其前进，只不过黑格尔更强调它的基础，康德更强调它的不足。所以物自体是有价值的，但是仅从"理论"假设看，它是有毛病的。如果你抛开康德的实践理性，只看理论理性，他就是在理论理性领域做了一个武断的假设。后面人们寻求对它进行某种超越，费希特、谢林和黑格尔试图从他们那种角度超越，引入辩证法，谢林晚期好像认识到不能光靠这种方式。

而我们现在要说的现象学，也不需要物自体的假设，那么现象学是怎么消解这个物自体的呢？要义是：人是有限的，看到的它就是现象，但同时又是假象，所以呈现出来的就是现象，现象后面没有本质，所以没有物自体，有的只是你的有限性，它是这样把物自体消解了。消解了是消解了，但是海德格尔为什么会对康德比较亲近呢？作为揭示人的有限性这个物自体的意义，他刚好利用，你不管怎么折腾，你都是一个时间性的动物，所以现象就变成假象了，克服假象，你就要接着来弄，后面有一句经典的话：现象的对立面不是本质，而是遮蔽。这就把事情说清楚了，这就跟康德不一样了。所以说康德的哲学仍然是认识论为主，是静观的考察方式，虽然我们讲，实践理性批判有的时候会夹杂一点现代哲学意味，但是真正讲康德哲学，你还是要更多地从认识论那个角度去把握它，物自体确实是认识论下的一个理论的假设，是一个唯理论的尾巴。所以这一段说的就是，对人而言，人只能看到现象，展现在时空中的才是我们能把握的。康德的现象，你可以简单地理解，就是展现出来的这个样子，至于它不展现在时空中是什么样子，我们就不管了，这是康德的说法，所以这里的"单纯现相"就是指这个含义。人只能看到它显现的，确实有不显现的，但是这个跟你没关系，当然，这是我们从理论理性来讲的。

对于"通过某种呈现者呈报出来"这一含义下的"现相"来说，现象是起组建作用的；但现象又可能以褫夺方式演变为假象。只要是这样，现相也就可以变为纯粹假象。这里说的纯粹假象，是比"透过现象看本质"的假象还假象的假象。**在某种特定的光照下，某个人可能看上去双颊赤红，而这种显现着的赤红可能呈报着发烧的现成存在，而发烧复又标示着机体失调。**这就是我刚才说的发炎就是机体失调，发炎显现为发烧，这已经是不入流的"透过现象看本质"，而就这个"现相"也可能变得更离谱，在红光的照耀下，说你是不是发炎了，这个假象就假的没边了，但是不管怎么说，这仍然是现象，就是本原意义上的显现。至此，我们已经涉及六种含义的现象。

现象——就其自身显示其自身——意味着某种东西的特具一格的照面

方式。而现相则相反，它意指存在者之中的某种存在者层次上的指引关联；而只有当指引者〔有所呈报者〕就其本身显现着，只有当指引者是"现象"，它才能够发挥其可能的功能。只有面颊通红，我才能推测你发炎，虽然不靠谱。**现相和假象以形形色色的方式奠基于现象。人们用现象、假象、现相、单纯现相这些名称来称谓多种多样的"现象"，而唯当我们一开始就把现象概念领会为"就其自身显现其自身"，我们才能够廓清由此而生的混乱。**所以我们回到一开始，什么叫现象？就其自身显现其自身。还是我们的口号：回到事情本身。回到事情本身显然是两方面，先是必须有某东西自行显现，然后下一节讲逻各斯的概念，这种显现虽说是它自身显现，但没人去揭示它，它就不是自身，"自身"并不是"不依人的意志为转移的"，所以"逻各斯"就是把某个"自身"接纳过来，"说"出来。两项加起来，就构成了现象学的概念。

如果在这样把捉现象概念的时候始终不规定要把何种存在者认作现象，如果根本不管显现者究竟是某种存在者还是这种存在者的某种存在性质，那么我们所获得的还仅仅是形式上的现象概念。仅仅从"形式"上知道现象是"就其自身显现其自身"还不够，我们前面重点都在讲某个存在者自身显现，但如果自身显现的仅仅是存在者，而不是存在者的存在，那么这还够不上现象学的讨论。海德格尔理解的现象学的唯一对象就是存在本身，虽说存在一定是存在者的存在。真正揭示显现的内容，即存在，就不能只是说说，就得有此在，或我们也可用"主体"来说，在时间中真正地参与，揭示存在是实践活动，不仅仅是理论静观，哲学是做而不是说，显现自身者要被此在当下接纳到某个处境中。

《存在与时间》看起来都是在讲此在，于是有些人认为海德格尔走歪了，讲来讲去，变成主体哲学了，后来不得不把这扔掉。我觉得有必要再次强调海德格尔"思"的一个特点，那就是，全部"说"过的、论证过的，都要落实在"此"，落实到此在或主体这里，使之"切身"领会前面说过的。《存在与时间》就是要把此在能领会存在的资格讲清楚，反过来，任何存

在论性质的揭示，都要落实到此在的切身生存活动，或者说，就是此在所
"做"的哲学活动。举个典型例子，比如对本真状态的讨论，本真生存就
是"向死存在"。日常操心总是不完整，操心结构形式上是"先行于自身—
已经在自身中—寓于上手事物"的存在，日常操心总是期备着下一个事情，
刚才课前已经预习了，这时正在上课，过一会儿将去吃饭，然后睡一觉，
下午逛街去，然后……，一天就这么混过去了，还有明天……，这个过程
总不完整，"前面"总有某种期备。但如果你"跑到头"，先行期备的事物
或事情没有了，从生存论术语说就是"死"，这个时候生存才完整，此在
活生生的"生"，其实无时无刻不悬临着"死"。可是，当海德格尔给你讲
完这些"理论"的时候，在正式讨论"时间性"章节之前，他插入了一段
讨论"处境"和"决断"的章节。为什么要有这一节，那就是说，我们刚
才说的那些理论，一定要落实到此在当下做向死先行这一决断的处境中，
这才是生存论式的揭示方式。仅仅"说"、"分析"，甚至"描述"，那都是
理论，向死先行要在"此"处境中落实。海德格尔说，我们做哲学，要落
到我们做的这个当下的处境才管用，这就叫"思"。哲学的终结，就是传
统哲学的终结，传统哲学是对世界的描述或解释，描述完了就完了。世界
就是那个样子的，然后你得出你的方法论云云。海德格尔与众不同就是，
你说得天花乱坠，必须落实到你当下做的这个处境之中来，你才算是做哲
学，否则就是世界观，你可以随便观，大家公说公有理，婆说婆有理。海
德格尔批判尼采，也主要从这个角度理解，尼采仍然是哲学，而海德格尔
不完全是哲学了，而是实践意义上"思"的活动。回到正文，形式的现象
概念，说了半天的现象概念，自身显现者一定要有此在来揭示，是显现给
此在的，或被此在揭示出来的。

接下来是海德格尔利用康德又超出康德对现象学的说明，这里他赋予
康德的概念很多自己的意思。**如果把显现者领会为可以通过康德意义上的
经验直观来通达的存在者，那么，形式上的现象概念倒算得到了正确的运
用。**这是说康德将自身显现者落实为主体的经验直观，就是说，自身显现
者，是在经验直观中通达的，是在时空中呈现出来的，而时间、空间这些

先天直观形式，是主体提供的。这是康德意义上的将"就其自身显现其自身"这个形式的现象概念，落实到提供先天直观形式的主体，使之得以运用。这和海德格尔将存在或现象，落实到时间或此在思路一样，但层次有别，康德是将显现的存在者落实到主体，二者时间内涵不同。但思路相同，可以借鉴，可以利用来解释他自己的现象学概念。因而，**现象的这种用法只是具备了流俗的现象概念的含义，但还不是现象学上的现象概念**。康德虽然说：存在是呈现在时空中的存在，但由于康德的时间观仍然是流俗的，所以海德格尔认为他的现象仍然是存在者层面上的，是某物的显现，存在者显现的场域，还不是存在本身的现象或显现，存在显现在本真时间中，这个区分是关键。

　　如果只限于康德对问题的提法，而且先撇开这种提法与现象学所理解的现象有什么其他不同之处，那么我们就可以这样来描画现象学上所理解的现象——我们说：在现相中，即在流俗领会的现象中，向来已经有一种东西先行显现出来了，并始终显现着；它虽然不是以专题方式显现，却是能够通过专题方式加以显现的；这种如此这般就其本身显示自身的东西〔"直观形式"〕就是现象学的现象。这里是在尽量借用康德的术语来说现象学。所谓"虽然不是以专题方式显现，却是能够通过专题方式加以显现的"，就是指作为先天直观形式的时间和空间，是主体提供的，是经验对象得以可能的条件，但直观要成为经验对象或知识，还要加上范畴。康德的《纯粹理性批判》第一部分是先感性论，第二部分是先验逻辑。先验感性论就是讨论物自体，或海德格尔意义上的存在，如何呈现在时空中，接纳到时空中，随后的先验逻辑，讨论先验自我意识用范畴把这个直观进行规范，从而形成知识。由于传统哲学最看重的是客观知识，我最终是要知道它"是什么"，所以直观就成了起辅助作用的环节，服务于范畴，所以先验感性论只有二十多页，先验逻辑则有好几百页。从传统哲学形式和质料关系讲，形式高于质料，质料只保证存在着某东西，形式才告诉我们它是什么，直观服务于范畴，因为最终要形成普遍客观的知识。在海德格尔这里，情况反过来了，他强调说，你那些加到感性直观上范畴，是随着历史的发展而不断变化着的。我们从库恩范式论角度看，比如太阳东升西落，我们以前从地心说的那一套理论范畴来讲，那就是我们的经验。那么从日心说出发，我们也可以看到那个感性直观，但是我们给予它不同的解释，也就加的范畴是不同的，是在历史中变化着的。但是那个基础，时间空间中的感性呈现是更原初的。所以，现象学关注的就是"这种如此这般就其本身显示自身的东西"，即先天直观形式本身。当然，时间空间不再是作为固定的先天框架，规范的不仅仅是存在者及其运动，而是说，时间被改造为存在发生的视域，此在得以领会作为现象的存在。

因为，康德说空间是秩序的先天所在，而他若声称这是有真凭实据的先天命题，那么，空间与时间显然必须能够这般显现，它们必须能够成为现象。现象学的直观，更注重这种还未加范畴的原始时空综合，"知识"不可能不加范畴，当然也离不开直观，但这里海德格尔抓住范畴建构知识之前的先天条件，时空已经被改造为存在的显现，现象学将其称为现象。胡塞尔说现象就是直接的被给予的东西，就是要把范畴先悬置起来。在康德看来，范畴是起引领作用的主角，现在它们变成了配角，那个直观成了主角。康德在《纯粹理性批判》中的矛盾和犹豫，被海德格尔利用来解释自己的思想，悬置范畴而直观，时间本身就是存在的现象。而传统哲学认为，光是"看"，根本看不出某物是什么，还不够完整，加上范畴我才知道是"什么"，你总得告诉我那是什么。现象学则要展示它"是"本身。

且不管还能怎样更切近地规定显现者，凡要对现象学的一般现象概念有所领会，其无法回避的先决条件就是：**洞见形式上的现象概念的意义，以及洞见在流俗含义下对这一概念的正确运用的意义。不过，在确定现象学的先行概念之前，还须得界说〔逻各斯〕的含义，这样才能够弄清楚现象学究竟在何种意义下能够成为"关于"现象的"科学"。**现象的形式概念就是自身显现者，"运用"就是将其落到实处，即主体或此在。也就是说，那个现象自身显现着，你怎么与那个现象相关，如何"关于"，答案是：此在必须去"说"现象。海德格尔说逻各斯就是"说"的意思，而说就是展现、揭示的意思。你把那个自身呈现着理解为不依人的意志为转移的，那就不是事情本身了。必须要有此在去揭示它，它才是事情本身。这个听起来很矛盾，我们通常认为，事情本身就是不去动它，不揭示它，它才是事情本身。不对！被不断揭示的它，才是事情本身。

b. 逻各斯的概念

在柏拉图与亚里士多德那里，logos〔逻各斯〕这个概念具有多重含义；而且，这些含义相互抗争，没有一个基本含义在积极地主导它们。事实上这只是假象。只要我们的阐释不能就其本来内涵适当把握 logos 的基本含义，这种假象就会持续下去。如果我们说：logos 的基本含义，那么只有先规定了"话语"这词本身说的是什么，这种字面上的翻译才有用处。logos 这个词的含义的历史，特别是后世哲学的形形色色随心所欲的阐释，不断掩蔽着话语的本真含义。这含义其实是够显而易见的。在海德格尔看来，"逻各斯"本来含义就是说话，当然，说话不是我们的发声能力，不是人有人言，兽有兽语，说话就是展示。我说"看，这块黑板擦得真干净"，我用汉语说，汉语也是视觉中心主义，"看，这个人多高尚呀"，按理说高尚是看不见的，"看，这人多高尚"，其实这个"看"，如果我把它去掉，比如只说"黑板多平整呀"，我说这话，就是让大家看，然后它就展现出来了。原始意义上的"说"，海德格尔就是这个意思。这个东西，如黑板，是一个自身显现者，而我这么一"说"，这不就"关于"上了嘛，所以叫"关于"现象的科学。但为什么"随心所欲的阐释，不断掩蔽着话语的本真含义"呢？就是因为逻各斯被理解为理性、判断、概念、定义、根据、关系等等，而这些东西往往把原始的展示的含义遮蔽掉了，而原始的真理含义也遮蔽掉了。真理就是对那个东西的去蔽、揭示。这块黑板本来擦得很干净，可是大家不知道呀，我说"看，这块黑板擦的多干净呀"，它就展现出来了。原初真理的去蔽就是这样。

接着读现象学的方法。上一节课，主要讲了"现象"的概念。现象学，海德格尔把它拆成两部分，现象就是自身显现者，这个很简单。但是，自身显现者不能理解为不以人的意志为转移的客观实在。自身显现者的"显现"恰恰需要另一方面，或者说另一环节，即"此在"，此在通过什么活动把它展现出来呢？通过逻各斯。逻各斯，海德格尔把它从比较本源的意义上译为"说话"，也就是"说"，人是会说话的动物，他就是这样来理解逻各斯的原始含义。

上节课念到了：**logos 被"翻译"为，也就是说，一向被解释为：理性、判断、概念、定义、根据、关系。**"逻各斯"是从赫拉克利特那里流传下来的一个概念，除了海德格尔的这几项翻译、解释之外，另外还将其翻译成"道"，就是咱们中国道家最高的那个概念"道"。此外还有翻译成"秩序"、"规律"、"理性"，有的时候也翻译成"命运"。这个词的含义非常丰富，咱们学赫拉克利特的时候，会提到客观的逻各斯、主观的逻各斯，如果翻成"理性"的话，客观理性、主观理性。一种是从天理这个角度，客观的逻各斯，"道"的发生，生生不息。人是有理性的动物，人是会说话的动物，也是用这个词，也就是，人是逻各斯的动物。因为人是有理性的，所以，人就能够与逻各斯发生一种共鸣或响应。于是，赫拉克利特说："智慧就在于认识这个逻各斯"。而在赫拉克利特看来，逻各斯使得"一切皆流，万物常新"，所以尼采、海德格尔更多的是从这个角度发挥赫拉克利特的思想，即流变的、不确定的思想。当你把一个事物看作是固定的存在的话，反而是背离了逻各斯本来的样子。赫拉克利特把它叫意见，或者叫观点。真理是逻各斯，你对逻各斯的主观看法，或者你对它的描述，是一种意见，一个观点。

但话语怎么能变换出这么多种模式，竟使 logos 得以意味着上列种种，而且还是在科学的语言用法范围之内？即使把 logos 的意义领会为命题，一旦把命题又领会成"判断"，这种貌似正当的翻译仍然可能使逻各斯的基本含义交臂失之；我们若在当今的任何一种"理论判断"的意义上来理解判断，那情况就尤其不妙。西语中比较典型的句子就是

判断句，即"A 是 B"这种形式，这是西语比较特有的。我们中国话很多不具备这样的结构，例如"把"字句等，我把这个粉笔扔掉了，西语就很少具有这种结构。当然，汉语本来并不那么讲语法结构，是后来改造的，原来甚至标点都不用。但西语里最基本的就是"A 是 B"的这样的判断。海德格尔认为逻各斯若是被理解为命题或判断，原初的活泼泼的"展示"意味就丧失了。西方人的判断理论一般认为，判断就是"联结"。

如果人们把判断领会为一种"联结"或一种选取角度（认可、反对），那么，logos 说的就不是判断，无论如何它本来并不等于说判断。 判断"联结"就是两个概念通过系词"是"的联结，将主语、谓语联结起来，"选取角度"就是说，认可：肯定判断，黑板是绿色的；反对：否定判断，黑板不是红色的。海德格尔认为，判断是将逻各斯的含义狭窄化了，而且他特别指出，奇特的是判断中间就有一个"是"。如果这个"是"被贬损为一个仅仅系词的话，那么很多本源性的、丰富的、人的活动性的意思就没有了，你只能看到"A 是 B"这么一个逻辑学上的陈述，或者叫命题，这就成了一个非常枯燥的东西。海德格尔就是要还原逻各斯本来的，与人的生活相关的含义——说话。

Logos 作为话语，毋宁说恰恰等于 deloun：把言谈之时"话题"所及的东西公开出来。亚里士多德把话语的功能更精细地解说为 apophainesthai[有所展示]。logos 是让人看某种东西（phainesthai），让人看某种东西，是让人看话语所谈及的东西，而这个看是对言谈者（中间人）来说的，也是对相互交谈的人们来说的。 说话的意图就是，让你清楚一件事情，我给你说个啥，就是让你明白。当然，这可能是一个物，例如黑板、桌子，也可能是件事情，事情也是存在者，我给你讲一个故事，也就是把这个故事展现出来，这故事真的、假的不管，有的是真的，发生过的，有的是虚构的，但是通过"说"，把这个东西展开、呈现出来，这是逻各斯最基本的一个意思。言谈者可能不止一人，两个人叫对话，或大家一起讨论某个东西，就是说，有一个东西在场，大家一起讨论这件事是怎么回事，"人是自由的还是必然的"，真理就在大家讨论的中间。真理越辩越明，大家讨论的、关注的就是这个东西。

话语"让人"apo〔从〕某某方面"来看"，让人从话题所及的东西本身方面来看。话语所表述的，或宏观、或具体，我们说，这是个黑板，这是整体角度，我们说，这个黑板是绿色的，这就细一点，是黑板的性质，具体的某个方面。这些话的效果都是指示某个东西或性质，让它公开出来。**只要话语是真切的，那么，在话语（apophansis）中，话语之所谈就当取自话语之所涉；只有这样，话语这种传达才能借助所谈的东西把所涉的东西公开出来，从而使他人也能够通达所涉的东西。**话语有一种公开功能，但是我们知道，公开出来就是对于公共而言，就成为一种客观的、普遍有效的东西。我们又知道，海德格尔的哲学里面，对具有普遍有效性含义的传统哲学的客观性，是要反省的。可是人又必须通过说话把某个东西公开出来、公共化，问题就在这里。当你把下一小节，现象学的先行概念搞清楚之后，就会领会到，海德格尔哲学，与这个现象学方法是非常配套的。这个方法反过来会使你更加深入对前面那些内容的理解。一公开，它就会有问题，但有问题，也必须通过话语来公开。这里先说明的是，所谈的，一定来自所涉及的，话语一定有所指，指涉的东西通过话语展现到公共中间。

这就是 logos 之为 apophansis〔展示〕的结构。这种"使……公开"的意义就是展示出来让人看。当然，并非一切"话语"都具有这种意义上的"使……公开"的样式。譬如请求（euche）也使某种东西公开，但却是以其他方式来进行的。"A 是 B"是西语最基本的话语样式。而一个祈使句，比如：去，把门打开！这句话里虽然没有"是"，不是最基本的判断句样式，但是当说这个话的时候，你一定是和某人说，随后某人明白这件事，即：那有一扇门，去把那门打开。那门或那事同样公开出来。句子结构可以不标准，但仍然是"使……公开"。维特根斯坦谈语言游戏时举例子，师傅对徒弟说："板子"！"榔头"！不用说"把那个东西给我拿来"，只要说一个词，徒弟就都明白了他的意思，所以语境是很重要的，一个词本来代表不了什么，但某种语境，这里说"展示结构"，行使"使某物公开"的功能。

　　在具体的话语过程中，话语（让人看）具有说的性质——以语词方式付诸音声。logos 就是 phone〔发出语音〕，而且是 phone meta phantasias——向来已有所见的发出语音。这就是下一层次的话语，说话肯定会发出声音，我们记得在中世纪有极端的实在论和极端的唯名论，极端的实在论是要为神的存在做论证，而极端的唯名论就是说，客观的概念或语词的意义不存在，不过就是一个声音，这个声音只是和现实的个别事物之间有个相对应的关系而已。这就是极端的唯名论所主张的，词语就是一个声音。

　　logos 之为 apophansis，其功能在于把某种东西展示出来让人看；只因为如此，logos 才具有 synthesis〔综合〕的结构形式。我们在康德哲学的"先天综合判断"中听到过"综合"这个词，大家想象力丰富一点，我们说"这是一根粉笔"，在海德格尔语境中就是，我把这根粉笔展示给大家看。在康德的语境中呢，则是将"粉笔"的概念"综合"到"这"上去，将"因为……所以"综合到"太阳晒……石头热"的对象上，"综合"就是将概念加到对象上，只不过是两种不同的语境或表达方式。其实我们在讲康德的时候，人为自然立法，可以理解为人对自然进行的实践的、现实的建构。当然，康德哲学无疑是静观式的，但是如果你往这边去想，把概念加到对象上的那么一个过程，就是综合，就是主体加范畴给客休，客体充实主体，相互建构的过程。海德格尔换了一种话语方式，逻各斯就是展现出来让你看，这更为原始，对象"这"先展现出来了，然后把"粉笔"那个概念加到"这"上去，说话，就是展示作为粉笔的"这个"。

　　综合在这里不是说表象的联结或纽结，不是说对某些心理上发生的事情进行操作——诸如此类的联系方面会产生出这样的"问题"来：这些心理上的内在的东西是如何同外部物理的东西相符合的？传统判断理论认为，判断就是联结主词和谓词，或两个表象的联结，康德哲学将其提升为主体活动，海德格尔认为"联结"在"展现"的基础上才能完成，这是更加本原的。心理内在观念如何与物理的外在事物相符合，这是近代认识论问题，我们的、心中的、不依经验的天赋观念，为什么刚好描述的就是地球、行星、或苹果落地的运动，为什么是这样呢？心物是如何协调起来的？从海德格尔这种原初的、此在对存在的感应这个角度，你就会发现唯名论、实在论、经验论、唯理论、唯物主义、唯心主义之间的争论都不是本原性的，它们都是在这个基础上，各持一方的某一说法。心里的东西例如"粉笔"，存在吗？不存在，这就是一个概念。存在着什么？存在的就是"这"、"那"。存在的东西就是"这"，只能指点，说不出来。严格讲来，说"这"也不行，因为黑格尔说，"这"也是一个概念，我只能敲着某东西给大家看。那么"黑板擦"概念怎么就和具体的这物符合了？明明它就是个"这"，"黑板擦"是每个教室里都有的，不是"这"个，唯名论认为不存在。那么二者是如何符合的？追根溯源，就是当你使用它的时候，用海德格尔的话，当它"上手"的时候，你就知道"这"是"黑板擦"。"这是个黑板擦"作为一个命题，你怎么理解它？就是这样"用"的时候理解它。反过来，作为命题或判断的逻各斯，原始意义就是展示、说这东西给你看。在此基础上，你当然也可以从理论上去把握它，这就是理论研究，我们发现这东西这么长、这么宽，有这样一些质感的一般就是"黑板擦"，这是科学研究的方式。这个理解不是最原本的，海德格尔称为现成在手的状态，而上手状态，就是你用，所以你知道，这是更本源的。我们所讲的实践哲学，就是在这个意义上，而不是你理论上"讨论"了"实践"。

syn 在这里纯粹是展示的意思（这是海德格尔自己的过度解读，本来是一起、一同、一致、合成等含义），**它等于说：就某种东西同某种东西的共处的情形来让人看，**"黑板是墨绿色的"，就是让人看黑板和墨绿色这两个东西共处这种情况，康德称为"后天综合判断"。**把某种东西作为某**

种东西让人看。"这是黑板擦"，就是让人看，它是一个作为黑板擦的，用来擦黑板东西。就这么简单，所以大家在理解的哲学时候，一定要把理论还原到活生生的生活中去理解，这样你就会觉得，哲学也就这么回事，特别海德格尔这一套，越讲越觉得简单。

再则，唯因 logos 是让人来看，所以它才可能是真的或假的。你先把某个东西展现出来，大家才能"下一步"做判定，你说对了还是错了。在这里，**问题也完全系于不要沾染"符合"那种意义上的虚构的真理概念。**我们课本上的真理的概念说：真理的内容是客观的，形式是主观的。什么叫真理？就是我那句话说对了，所以真理就是一句话，怎么就对了呢？因为被说的那个东西"本来"就是那样的。例如这个黑板是绿的，为啥呢？因为它本来就是绿的，我说是红的，就错了，绿的就对了，这是不依人的意志为转移的，这就是我们的真理观。我们之所以有"透过现象看本质"一说，就是因为我们觉得真理就在那儿放着呢，不以人的意志为转移。光是什么东西呢？我们说是波、粒子、波粒二象性，这都是现象，然后不断地接近光本来之所是，那东西不依我们的意志为转移，所以就有错了或对了。波动说说粒子说是错的，粒子说说波动说是错的。我们通常认为真理就存在于命题之中，是主观的东西，我掌握了真理，就是我对了。

这种观念根本不是 aletheia [去除掩蔽] 这一概念中的本来观念。这个 **aletheia** 就是通常翻译为"真理"的希腊词。而这个前缀"a"就类似于 discovery 中"dis"的意思，揭开、去掉，揭开遮蔽才能发现。"真理"这么牛的一个词，本来却是一个消极概念，是去掉遮蔽，这就表明人们经常被蒙蔽。真理是什么呢？把蒙蔽去掉，就很不简单了，你若准备有朝一日把真理抓到手中，还是死了这心吧！

logos 的"真在"亦即 aletheuein 说的是：在 legein 这种 apophainesthai 中，把话题所及的存在者从其掩蔽状态拿出来。人就有这本事，因为人是会说话的动物，就是说，人把遮蔽着的东西揭示出来，使之敞亮起来。王阳明的徒弟说：这个花，在我看它之前在没在啊？有没有啊？王阳明说：当你看它的时候它就一时"明白"起来，你未看此花时，此花与汝同归于"寂"，不看它的时候，它就寂灭了。所以，王阳明把学本领、学知识叫"减担"，"为学日损"。不要以为在这里学知识是越学越多，很多东西把你遮蔽了。我们真该为我们学习哲学这玩意庆幸，因为只有学哲学是去蔽，其他的所有学科都是遮蔽你，给你增加负担。若是把物理学学得根深蒂固的话，你就觉得世界是原子组成的，跟你说什么你都不听，不但牛顿的经典物理学是这样的，爱因斯坦改变了原子或实体这些说法，但是他的脑袋里依然认为，世界通过某个公式就可以把它彻底搞定。牛顿把世界还原为原子及其相互碰撞，我们的情感意志、爱情、亲情、感情等，都可以还原为原子之间的相互碰撞，只不过它们更加复杂，这没关系，等到计算机发达了，数据库大了，大数据、云计算，早晚有一天会把它算出来，因为其本质就是一堆原子。人虽然有长得好坏之分，但只是原子组合，组合不对就长得难看，组合对了就长得好看，所谓整容就是整原子，甚至道德也可以还原为 DNA，最终还是原子，研究透了，可以整出大量的雷锋来，牛顿认为这就是事情本身。在牛顿看来，光学、力学、声学等所有的东西最终都还原为粒子，后来惠更斯、麦克斯韦的波动说开始流行，两大阵营才开始打架了。波动说的设想是将所有的东西还原成波，粒子只是波的一种显现结构。爱因斯坦说"场"，这桌子也是场，场的凝聚，凝聚得密就成了物体，场比较稀就是空气，再稀一点就是真空，只不过是一个数学上的量的问题，这就是事情本身。这就是各式各样的遮蔽。

当然，遮蔽不是不好，学物理就是被遮蔽，但是从哲学角度看，自然科学是一种抽象，它就是试图从某个片面来解释整体的世界，这就是典型的盲人摸象。哲学之所以跟它不一样，就是告诉你，无论物理学、化学甚至我们日常经验，什么叫真理？就是把一个遮蔽着的东西不断地抢出来、夺出来。严格说来，物理学其实也是去蔽的一种方式。牛顿传记的扉页上就写道：世界的规律在黑暗中隐而不显，上帝说，让牛顿去吧，于是一切都会照亮。也就是说，上帝让牛顿去蔽去了。自然是一本书，这个书是由数学写成的，有着秘密规律，大家弄不懂，所以牛顿去做这事情。但他是从物理学的片面角度去蔽，显现的同时就是对自然的一种遮蔽，而这事情自然科学家本身不知道，他们不知道自己去蔽的同时被遮蔽了，也没有必要知道。所以牛顿说，自然科学家要远离形而上学，他自己可以不远离，但晚年的他也遮蔽于自己的原子论。一般的自然科学家，学一点儿哲学就行了，学多了就不好好搞，或搞不好自然科学了，因为解蔽的同时就是遮蔽。

让人把它当作去除掩蔽的东西（alethes）来看，也就是说，揭示话题所及的存在者。我们说，人响应存在，就是创造出时间这个视域，我们回想一下此在的几层优先地位，第三层优先地位，它是其他一切非此在式的存在者得以可能的存在者。他通过揭示，把那些东西展现出来，甚至这个世界的存在，就是通过此在的存在而展现出来的。很牛，但别太得意，揭示同时就是遮蔽，所以你是一个有限的存在者。

同样，"假在"即 pseudesthai 说的是遮蔽这一意义上的欺骗，把某种东西放到一种东西之前（让人来看），从而[把它挡住]使它作为它所不是的东西呈现出来。这里翻译成"假在"的就是"假"，海德格尔更倾向于说"真"或"假"，当下的真实状态，我们通常说"真理"或"谬误"，都是主观的判断，海德格尔反对的就是"理"。假象挡在"真"的前面蒙蔽你，但蒙蔽的前提是去蔽，去蔽了之后才能遮蔽，其实这事是"同时"进行的。

但正因为"真理"具有这一意义而 logos 则是让人来看的一种确定样式，所以 logos，才不可被当作真理的本来"处所"来谈。存在是由此在揭示出来的，这就是真理发生的过程。由此可见，唯物主义或唯心主义都是次一级的主张。被揭示的本来是逻各斯，"道"是变动不拘的，但是一旦这东西被揭示出来，人们就会误认为它是不变的存在者，进而认其为客观实在。赫拉克利特说，存在是意见，变化是真理，我们将揭示出来的东西固化为客观的，不依人的意志为转移的，这就是唯物主义。揭示活动本身也会发生次一级的蜕变，也就是说，我对这个东西做表述，貌似主观的，其实揭示活动本身是原本的，表述是次级的，在次一级层面上，就出现了主观表述和客观实在相符合的问题。实体论、理念论、唯名论、实在论、经验论、唯理论、唯物主义、唯心主义，它们都是揭示真理过程中派生出来的二分法，于是有人说主观符合客观，有人说客观符合主观，我们说康德的"哥白尼革命"，这种"颠倒"本身在海德格尔看来并不重要，德国哲学探究的向来是"相关性"，主与客也好，意向行为和意向对象、此在和存在也罢。失去了本原活动的维度之后，才会采用二元对立的对真理的认识。

如今人们习以为常，把真理规定为"本真地"归属于判断的东西，真理的"处所"被归到了命题里面，归到了主观判断之中了，**而且还为这个论点援引亚里士多德；然而，不仅这种援引无道理可言，而且这首先是误解了希腊的真理概念**。按照希腊的真理概念的原意，后面这个"理"字就不该加，真理是去蔽，真的事情就是你对这个事情去蔽的时候，那个事情对你展现出来的状态，你面对它时它的样子。德语的真理"Wahrheit"，其实也没有"理"的含义，后缀"-heit"就是"状态"、"性质"的意思，前面的"wahr"就是"真的"、"真实的"、"真正的"。例如说，这个黑板是绿的，你看它，这个绿对你呈现，这还有假吗？当然，"真"与"假"同构，这个不谈，但这状态，就是对主观的客观显现。前面章节中已经提到，在巴门尼德那儿，存在就被理解为感知、知觉。

在希腊的意义上，"真"是 aisthesis〔知觉〕，对某种东西的朴素感性觉知，它比上面谈到的 logos 更其源始。我们哲学上老是把知觉或感觉这些东西贬到最低层次。感性、知性、理性，我们要将感性上升到理性，感觉、知觉、表象，概念、判断、推理。感觉是最低层的，知觉也不咋样，表象好一点，经过总结上升到概念就很牛，一般都这样说。但是海德格尔又回去了，朴素感知或知觉，别添加那么多东西，这就是现象，现象学就是你看见啥就描述啥，描述的时候小心，少用"是"，多用"好像"，现象学就是让你这样来看或描述事物。

**只要一种 aisthesis 的目标是它自己的 idia〔专职〕，亦即这种存在者天生只有通过它并且只是为了它才可通达，譬如，看以颜色为目标，那么觉知总是真的。这等于说，看总是揭示颜色，听总揭示声音。在这种最纯粹、最源始的意义上，"真"只是有所揭示从而再不可能蒙蔽。而纯粹 noein〔认识〕则以素朴直观的方式觉知存在者之为存在者这种最简单的存在规定性。这个"noein"就是英语的"know"，可见"知道"或"认识"，比较原初的含义恰恰是"春江水暖鸭先知"的"知"，它知道了那水的温度了吗，还是知道了时节，还是认识了二十四节气。在我们看来，它什么都不知道，这些"知识"对它来说，属于对鸭弹琴，它就是一只鸭。但是水的水温对它来说就叫"知"，它比我们更先知，比我们拿着温度计"知"得多。各种感官都有它针对的对象，都是最原本的"知"。别怀疑你的舌头，认为不爱吃辣椒，就是档次低，修养不够。

纯粹 noein 是这种最纯粹原始意义上的"真"。这样一种 noein 绝不可能进行遮蔽，绝不可能是假的，充其量它只能保留其为不觉知，即 agnoein：不足以提供素朴的适当的通路。从这个意义上我们重新去理解英国经验论。你对你所看见的东西进行比较谨慎的描述，谨慎一点，把它描述成"我看到的东西是那个样子的"，而不要把它说成"那个东西本来就是那个样子的"。在耶鲁，看到两万人，在牛津，看到三万人，在剑桥，有两万五千人，于是就推论出：好大学就是人多，人多就是好大学，想办好大学，就要扩招。我描述我看到的这三个大学是好大学，而他们的人确实也挺多，这个没问题，没人说你武断、主观，因为大家也这样看到了。但是，不要把"好大学"和"人数多"做一个因果关联。英国经验论的宝贵之处，我们应该好好琢磨一下，看一辈子，甚至几辈子太阳晒，石头热，也不要轻易说"因为"太阳晒，"所以"石头热。我们的政策为什么忽左忽右、忽东忽西，因为有些人看到几个例子，一下就上升到"唯理论"的高度，认为经验论很蠢，只有像他这种"唯理论"的人是有智慧的，很多政策就会脱离实际。原始的呈现，绝不会假，但判断会出错。

如果揭示的形式不再是纯粹的让人来看，而是在展示过程中回溯到另

外某种东西，从而让人把某种东西作为某种东西来看，那么，在这样一种综合结构里就有蒙蔽的可能性。 这里说的就是把某种东西"作为"某种东西来看，用刚才举过的例子同样适合。"这是一个黑板擦"，这个判断没错，它是一种揭示，但当这个东西"作为"一个黑板擦展示给你的话，如果你把它当成一个真理，那它就有遮蔽的可能性，为什么呢？这会儿穿堂风大，我把它压在这些纸上，以免它们被吹走，当我这样做的时候，它就不是个黑板擦，只有把它做擦黑板使用的时候，它才是个黑板擦，在用作他途的时候，它就是一个像黑板擦的东西，实际就不是黑板擦了。当你对它定义、判断、下结论的时候，揭示的同时也有遮蔽的可能。这就是在恢复康德的"物自体"，物自体在《纯粹理性批判》中是作为理论假设，现代哲学把它恢复起来的意义是什么呢？一个东西自身有它丰富的"可能性"，我们对它的揭示，只是揭示出它某一方面的可能性，作为"某某"的可能性。这个世界从原子那个方面，其可能性是牛顿揭示的，而世界还有不是原子组成的那方面的可能性，需要从另一方面去揭示，比如"波"，但自然科学家就此打住了，而现象学就是要求你"不断地"做这个事情。

"判断的真理"却只是这种蒙蔽的反例而已——也就是说，是一种另有几重根基的真理现象。 然后话锋涉及实在论与唯心论，**实在论与唯心论都同样彻头彻尾错失了希腊的真理概念，结果人们从希腊的真理概念竟只能领会到一种可能性，即把"理念学说"之类当作了哲学认识。**"理念"在另一个世界，柏拉图不认为它是脑子里的东西，从这里我们就可以看得很清楚，在海德格尔看来，理念世界和感性世界的区分是派生的，本来先是真理的"展现"；在此之后，理念才被推到了另一个世界，同时，感性的东西被留在了这个世界；然后，它们之间的符合这就成了柏拉图的问题，他必须拯救现象。亚里士多德认为：如无必要勿增实体，要搞清这个世界，为什么要用另外一个世界对其进行说明呢？但亚里士多德又用质料和形式，也是一样的，特别是，亚里士多德发明了范畴，用范畴来规定事物，其实更加强了后来西方哲学的泛逻辑化思维方式。亚里士多德这个人矛盾重重，同时他可又强调质料的重要意义，海德格尔发挥了质料的不确定性内涵，这方面柏拉图不太重视，因此亚里士多德哲学内容更丰富，它作为希腊哲学高峰，确实是名不虚传。而我们认为他脑袋糊涂，左右摇摆，想不清楚。

因为 logos 的功能仅在于素朴地让人来看某种东西，在于让人觉知存在者，所以 logos 又能够意指理性。因为 logos 不仅使用在 legein 的含义上，而且也使用在 legomenon〔言谈之所及〕的含义上，而且因为这个 legomenon 不是别的，正是 hypokeimenon；凡着眼于存在谈及存在者之际总已经现成摆在那里作为根据的东西，所以，legomenon 这种 logos 又等于说根据：ratio。 我们说客观的事物，不依人的意志为转移的客观实在，实际情况是：话语“说”事物，是将其活生生揭示出来之后，知性对它进行的一个派生的抽象作用的结果。把它与主体的揭示活动剥离开来，放到对面去，作为一个不依人的意志为转移的客观实在，而这个客观实在，反过来又成为检验你说的对不对的一个根据，符合论就是这么来的。

最后，legomenon 这种 logos 又可以意味着这样一种东西：它作为某种由它谈起的东西，乃在它同某种东西的关系中才变得明白可见，即在它的“相关性”中才变得明白可见；所以，logos 又具有关系与相关的含义。 这里谈逻各斯的“关系”含义是怎么派生出来的。比如说，张三是某班学生，于是，张三归属于某班级，与之相关，比较原始的揭示活动应这样来理解：作为某班级一成员的张三，被展示给你。但随后派生为：张三和其班级的“关系”被判断或规定。**对“有所展示的话语”所作的这一番解释大致也就足以弄清楚 logos 的本来功能了。**

c. 现象学的先行概念

前面的两个词放在一起，大家就很清楚现象学方法了，在海德格尔这里，现象学真的是很简单的东西。**如果我们就眼下的目的来看待刚才我们解释“现象”与“逻各斯”之际所提出来的东西，那么，这两个名称所意**

指的东西之间的一种内在关联就跳入了眼帘。现象学这个词可以用希腊文表述为 legein ta phainomena。legein 则等于说 apophainesthai。于是，现象学是说：apophainesthai ta phainomena：让人从显现的东西本身那里如它从其本身所显现的那样来看它。此处，海德格尔翻译得啰里啰唆，原本的希腊文就三个词，没这么啰唆，就是让现象显现，让人们看一个如其本来显现的东西，现象学就是这个意思。**这就是取名为现象学的那门研究的形式上的意义。然而，这里表述出来的东西无非就是前面曾表述过的座右铭："面向事情本身！"**让现象显现，换一种说法，就是"面向事情本身"。"面向"这两个字很重要，你要去面向，如果不去面向的话，就没有事情本身。这跟我们不依人的意志为转移的理解，刚好是相反的。我们通常认为人不参与，才是事情本身，但在现象学看来，事情本身恰恰是要通过人去揭示，揭示的东西才是事情本身，至少是"让"事情本身显现，"让"是个既主动又被动的行为。那怎么防止主观，需要继续向下看。

所以，"现象学"这个名称就其意义来看实不同于诸如"神学"之类的名号。那些名称按照有关科学各自关乎何种实事来称谓这些科学的对象。"实事"就是知识，就是关于某对象的内容，神学告诉我们：神是全能全知全善的，物理学告诉我们关于物的科学：牛顿三大定律，光电声热的规律，这些就是"实事"。

"现象学"这一名称则既不称谓其诸研究对象，也不描述这些研究关乎何种实事。现象学从某种意义来说没有内容，所以它不是传统意义上的哲学，哲学一般总要说点什么，特别提出某个世界观。例如叔本华的哲学，讲世界的本原是意志，意志就要个体化，个体化之后就相互争斗，斗争就痛苦，只有在审美的时候能够暂时忘记，但很短暂，意志在人这里表现为欲望，于是只能是悲观主义。怎么办呢？死去吧，但还不能自杀，只能饿死等等，这就是叔本华哲学给我们讲的内容。那么海德格尔说了些什么呢？其实你也可以讲出一些，例如"此在"是怎么样的结构，他对第二次世界大战的一些看法，技术批判，等等。但是从一个比较单纯的含义来讲，现象学在海德格尔看来，真正的含义是一个方法概念，它什么都能研究，所以对象反而不重要。现象学确实可以描述生命、政治，也可以描述这个桌子、那个杯子，但是它不描述关于对象的具体性质规律，它又不定义什么，这就是它独特的地方，不称谓其研究对象，什么都可以是它的研究对象，也不给出观点、看法，不用范畴、逻辑去规定那个东西"是什么"。

无论应当在这门科学里论述什么，"现象学"这个词都只不过告诉我们如何展示和处理这种东西。你真的可以针对一个不起眼的杯子去做现象学，所以旅环院的老师整天向我询问"旅游现象学"，其实这也没什么不对，但是现象学本身更多的是作为一种方法，是说怎、如何去处理、展开某个对象，而不是规定这个对象，是"how"而不是"what"。为什么呢？因为针对的是存在，存在真不是个东西，只能被展示。其他的学科就是告诉你"这是什么"，"那是什么"，有什么规律，有什么性质，就是这个东西。现象学更多的是告诉你"如何"去揭示那个东西，这就是方法的含义，当然，是海德格尔这样简单地理解现象学。"面向事情本身"，就是一句方法的口号，很简单。就内容来讲，它什么都能研究，但是就告诉你，如其本然地去揭示事物，这就是现象学，里面究竟有多少技术性的方法，至少海德格尔这里没那么多。

现象"的"科学等于说：以这样的方法来把捉它的对象——关于这些对象所要讨论的一切都必须以直接展示和直接指示的方式加以描述。直接给予你的那些对象就是现象，对之加以描述，把不该有的那些先入为主的观念先悬置起来，随后，胡塞尔再用先验自我意识，海德格尔再通过我们的日常活动把这些材料组织和构建起来，一开始看的时候，就是看见什么描述什么，彻底贯彻英国经验论的原则。

"描述性的现象学"具有同样的意义，这个用语其实是同语反复。在海德格尔看来，现象学只能描述，描述也要用语言、词语描述，也会遮蔽，这没错，但如果不借助词语那就没办法了。庄子、老子也都得用语言，不过要这样来理解，"描述"的反面是定义、规定，从反面就好理解了。在这里，描述并不意味着植物形态学之类的那样一种处理方法——这个名称还有一种禁忌性的意义：远避一切不加展示的规定活动。描述不是诸如：三叶草，属于某某科，生长期有多长，药用价值高等。严格讲来，规定活动本身也是一种展示，一般意义上理解，就是把这事物儿"定"下来，这"是"一个黑板擦，物体受万有引力作用。物理学其实也是一种特殊的去蔽方式，是一种比较强的规定活动，规定而缺少开放性，或者叫抽象，这是它不同于"描述"的主要特征。

描述性本身就是 logos 特有的意义。只要从被"描写"的东西〔有待依照与现象相遇的方式加以科学规定的东西〕的"实是"〔Sachheit〕出发，才能够把描述性本身确立起来。看来，人是会描述的动物，描述"实是"（Sachheit）。实事求是，如其本原地看事情，面向事情本身，党的思想路线就是"实事求是"，马克思主义活的灵魂也是：具体问题具体分析，根据时间、地点、当时的情形做决定。前期井冈山革命等让人信服，后来搞了教条主义，共产国际有命令，要求按苏联的经验办，就一塌糊涂了。实践证明中国应该农村包围城市，而不是像苏联一样城市辐射农村，情况不同，照搬不行，实事求是是制胜法宝。观念是什么？苏联来的那些条框，无论是"左"的也好，右的也好，只要不是针对当下实际情况的，统统是教条主义。那种意义上的"经验主义"实际上是"唯理主义"，我们很多时候归纳出来的那些"经验"，根本不是经验论的那种经验，而恰恰是低级唯理论、教条主义、主观主义。只通过三两个例子就总结出一套"经验"来，其实是糟糕的"理论"，我们把它叫负面意义上的经验主义。下三烂的经验论和唯理论都不行，还是需要自己去观察、去实践、去描述，不要看到美国空气新鲜，人们排队，见面说 Hello，就一下子得出是由什么制度导致的，这就是瞎扯了，是毫无关系的臆想。从"实是"出发，实事求是，才能够把描述性本身确立起来。

无论现象概念的形式意义还是其流俗意义，都使我们有道理这样从形式上界定现象学：凡是如存在者就其本身所显现的那样展示存在者，我们都称之为现象学。就这么简单：回到事情本身。如来佛，"如来"就是如

其本来，该怎么样就怎么样，看山还是山，看水还是水，可后来反而弄出
了各种戒律清规，不让吃肉，不让娶媳妇，它的解释是：你境界还太低，
先别吃，等到境界高了的时候，就可以随便吃了，如济公活佛。佛教说
"如来"就是"如其本来"，该干啥干啥，我佛以慈悲为本，并非善恶不分，
不行了，就杀他个遍天昏，所以有人在这个意义上说，佛教不是宗教，这
话也有点儿道理。可是你说它不是宗教，好像也不对，庙里那么多和尚，
有组织，有戒律清规，那么严格。但是跟基督教相比，佛教可能还真是有
它独到的地方，我们国家意识形态反对基督教要比反对佛教严，因为基督
教会破坏传统伦理亲情关系，而佛教好像咋都行，鼓励你出家，但你不出
也可以，居士很多。它是一个似是而非的玩意儿，佛也可以是活佛，与世
俗融洽，只要经济上别太过分，一般也不会招来灭佛之灾。而西方宗教，
基本上是强命令格式，典型的是基督教，犹太教更甚，和世俗皇帝整天斗
争。有人把佛教和现象学比较，不知有没有注意到这种纲领性的相似，如
其本来，让其自身显现。

　　那么，形式上的现象概念若要脱其之为形式而化为现象学的现象概
念，应当考虑些什么呢？如何区别现象学的现象概念与流俗的现象概念
呢？现象学就是要去"说"现象，把显现者揭示出来，这样才能脱离形式
化。这样"做"，就是在时间中去揭示，是切身的实践活动，是揭示存在
者的存在，流俗现象只是存在者的显现，现象学的唯一对象是存在本身。
现象学要"让人来看"的东西是什么？必须在与众不同的意义上称为"现
象"的是什么？什么东西依其本质就必然是突出的展示活动的课题？显然
是这样一种东西：它首先与通常恰恰不显现，同首先与通常显现着的东西
相对，它隐藏不露；这就到了精髓之处，我们越分析，海德格尔的思想就
越简单。让人来看的、自身显现的东西，原来"首先与通常恰恰不显现"，
所以我们才需要现象学，事物本身通常是遮蔽着的，才需要去蔽，这才是
真理。赫拉克利特说：自然喜欢隐藏自己。但同时又从本质上包含在首先
与通常显现着的东西中，其情况是：它构成这些东西的意义与根据。通常

显现的东西并没错，不能说它错了或对了，现象就是要显现，但是显现同时就是遮蔽，就是不显现，这是个矛盾。这矛盾就是赫拉克利特告诉我们的：一切皆流，万物常新。因此，某物本体论上：既存在又不存在；认识论上：既是又不是；方法论上：不断去蔽又遮蔽。用俗话说，要求我们矛盾地、辩证地看待事物。

这个在不同寻常的意义上隐藏不露的东西，或复又反过来沦入遮蔽状态的东西，或仅仅"以伪装方式"显现的东西，却不是这种那种存在者，而是像前面的考察所指出的，是存在者的存在。所以现象学是探究存在者的存在，任何存在者，对象无所谓，什么都可以，旅游、历史、杯子等等，都可以进入现象学视野，但都不限于某个东西，我们探究的是那些东西的存在，这是关键。而存在者的存在，是显现的，同时又是遮蔽着的，而各门科学呢？以各种方式对它进行遮蔽、伪装，这就是不同之处。

存在可以被遮蔽得如此之深远，乃至存在被遗忘了，存在及其意义的问题也无人问津。从这个意义上，自然科学或社会"科学"根本就不去探究存在者的存在，它们只探究已经给出的存在者，已经存在的存在者的运动、性质及规律，只有哲学是探究存在者的存在，而现象学与传统哲学的不同在于，它在时间中展示存在者的存在，因为一切皆流，不能规定。**因此，什么东西发自其最本己的事质内容而以一种与众不同的意义要求成为现象，它就由现象学作为专题对象收进了"掌握"之中。**"要求"成为现象的，本己的内容就是存在本身，所以说，存在不是说你一时半时，或一下子当下就能搞定的，它的特点就是，必须随着此在的历史性生存而不断地去揭示。而我们的科学的理想就是一下子搞定，虽然实际上它们也一下子搞不定，不断有范式革命，但是你不能否认自然科学家的理想，那就是把握永恒不变的规律，哲学从来没有这个奢求。

无论什么东西成为存在论的课题，现象学总是通达这种东西的方式，总是通过展示来规定这种东西的方式。存在论只有作为现象学才是可能

的。在这个意义上，海德格尔甚至说：哲学就是现象学，基本上等同到这个程度了。对存在的讨论，即存在论，其方法只有现象学一途。这里用现象学方法展开的"存在论"，显然不是传统哲学意义上的存在"论"。

现象学的现象概念意指这样的显现者：存在者的存在和这种存在的意义、变式和衍化物。这是海德格尔的话。换用胡塞尔的话，这个世界的各种逻辑及其变相，各种逻辑项，各种逻辑的构造方式，顺着这个意义上来理解。我们再想想黑格尔的"逻辑"学，我们可以毫不犹豫地说，德国人所谓的"逻辑"，指的就是事情本身的逻辑，所以才有历史和逻辑的统一。如果你把德国人说这个逻辑想象为英美的、我们通常学的形式逻辑，那就完全不一样了，历史和逻辑的统一就成了无稽之谈。我们的逻辑是分析事物的手段，跟历史无关，大不了是在分析历史事件的时候，语言上不发生矛盾，逻辑顺畅，仅此而已。所以德国人脑袋里的逻辑，从来都是宽泛意义上的逻各斯或道。

而显现并非任意的显现，更不是现相这类事情。**存在者的存在绝不会是那样一种东西——好像还有什么"不现相的东西"在它的背后似的。**存在者的背后或许有另一个存在者，"现相"就是个存在者，所以才有"本质"这另一个背后的存在者。存在者之存在完全显现，存在本身就没有"背后"。

在现象学的现象"背后"，本质上就没有什么别的东西，但应得成为现象的东西仍可能隐藏不露。既然现象背后没东西了，它一展现不就显现出来了吗？但仍有可能隐藏不露，为什么？**恰恰因为现象首先与通常是未给予的，所以才需要现象学。遮蔽状态是"现象"的对立概念。**哪有什么"透过现象看本质"啊，现象就是在去蔽的同时就遮蔽掉了，所以才需要现象学对事物不断地去揭示。我喜欢举两个例子来说明这个问题。一是"蹦迪"，现在好像不流行了，就是跳迪斯科。蹦迪的时候一定会有声音很大的音乐，为了增加节奏感，还会加上很多灯光，那些灯有时是一闪一闪的，黑暗中群魔乱舞，当灯亮的那个瞬间，你会发现你的同伴定格在某个动作之上，对不对，就是那样的状态。但是，如果你说那个人就是定格时候那个样子的，那你肯定是既对又错，因为他不停地在动，这个就是赫拉克利特告诉我们的，世界是一团永不熄灭的活火，你从这个角度，从这个瞬间去看，看到的是对的，但同时就是错的。火在熄灭的同时向你显现出来，所以，赫拉克利特对逻各斯的这个形象的比喻非常到位。只是火的显现很瞬间，刚才的例子也很瞬间，一个苹果可能持续的时间长一点，若将它放在太阳下面暴晒三个月，之前你说，这"是"一个苹果，三个月之后你再去看一下，它就不"是"苹果了。再长一点，沧海也会变桑田。"爱情恒久远，一颗永流传"，这是钻石戒指的广告词，再长久的东西，实际上也处于无时无刻不在进行的变化之中，只是碳元素不活跃而已。当你人认为这个东西"是"什么，把它用作定义的时候，揭示的同时就是一种遮蔽。

再举个例子，电影胶片。电影有好多精彩的剧照，电影胶片就是一系列固定的画面，通过快速播放，形成视觉上的流变，现在不知道是不是这样了。你说，每一个定格是真的，还是假的？没这些定格，哪来的电影？当然是真的。可是当你说某一帧、某一幅就是那个电影本身的话，那就是错的，这是从时间上来讲的。从空间上说，任何一个东西，你从某个方面，从某个点去看那个东西，当下看到的是对的，但同时又是错的。这就是"观点"，即观察时的立足点的局限性。大象摸起来"好像"一根绳子，没错，但是你说，大象"是"一根绳子，就不对了。这就是为什么要有现象学，为什么事情本身要不断地去揭示，因为从本体上来讲，一切皆流，万物常新，这是赫拉克利特的原则。所以遮蔽是现象的对立概念，而不是本质，你看，这里虽然恢复了康德物自体的概念，但是已经意义全非了。康德物自体是"理论"上的假设，而在海德格尔这儿，物自体是人的"生存"有限性的界限，不同时代赋予不同的意义。什么叫解读哲学史，就是解读出时代所需要的那些意义。这就叫面向事情或面向存在本身。

现象可能有各式各样的掩蔽方式。有时现象还根本未经揭示，它可能

在这种意义上遮蔽着。这就是徒弟问王阳明，我不看那花之前它怎么样，未经揭示的事物没有意义，是寂灭的。当然，这也有抽象的意义，当我们相信不依人的意志为转移的客观实在的时候，我们的科学家就可以努力去探究，人类存在之前我们的自然界是什么样子，对科学家来说，这本身也是一种意义。但是，哲学认为这些事情不是我们要干的。**关于它的存在，谈不上认识也谈不上不认识。再则，一种现象也可能被掩埋。这种情况是：它从前曾被揭示，但复又沦入遮蔽状态。**"五四"的时候，我们说《白蛇传》宣扬了爱情，它是好的，这就是符合时代精神的一种揭示，因为当时就是需要思想解放。现如今，你如果还将这个看法喋喋不休，人云亦云，那就是一种遮蔽，就是你脑子僵化了。《白蛇传》也可能是在宣扬封建礼教，现在我们思想已经解放了，太解放了，不再需要强化爱情了，于是，封建礼教也可能被颂扬为传统美德。

遮蔽状态可以成为完完全全的遮蔽状态；但常规的情况是：从前被揭示的东西还看得见，虽然只是作为假象才看得见。然而，有多少假象，就有多少"存在"。人所看到的东西一定既是真又是假。从存在论的角度去理解赫拉克利特，某物既存在又不存在，既是又不是。反过来，假象以存在为根据，存在一定要显现为现象，现象同时变为假象，前面已经说过现象和假象原初的同构性，所以，有多少假象，就有多少"存在"，说得多好。

这种作为"伪装"的遮蔽是最经常最危险的遮蔽，因为在这里，欺骗和引入歧途的可能性格外顽固。这里说的"伪装"是遮蔽的一种，就是那种人云亦云的、不证自明的、大家都那么说的、不会有错的那种东西，它也是一种揭示方式，这没问题。但是这种不证自明的"熟知"，阻挠了实事求是地去看待问题，而这些形形色色的观点，就是"常人"的公众意见，但"常人"不是劣等人，就是"人们"或"我们"。"我们"对每一个"我"最危险。**这一类存在结构虽然可资利用，但是它们的地基是否稳固，这一点还隐绰未彰。**各种观点是可以利用的，比如海德格尔解构哲学史，解构也要有的放矢。

也许这些存在结构及其概念可以在某种"体系"的内部要求其权利。而这个体系作为无须乎进一步辩护的、"清清楚楚的"东西，就可以被用作出发点来开始进一步的演绎了。这又是针对黑格尔的。传统哲学作为存在论体系，就是要将存在者纳入体系之中，在体系中得到解释，这种框架实际上伪装了存在者，而建构体系本身的人为性、泛逻辑性则不经反思。

无论把遮蔽把握为掩藏还是掩埋还是伪装，遮蔽本身总又具有两重可能。有偶然的遮蔽，也有必然的遮蔽；后者植根于被揭示者的存在方式。偶然的遮蔽就不讲了，假象也属于其中一种，例如红光之下面颊通红，以为发烧了，这是偶然的。必然的遮蔽是什么呢？"真"同时就是"假"，这就没办法了，为什么会是这样啊？因为作为时间性的动物，人只能在此时此地，当下领会存在对你的展现，这就是根源，有限性也就是时间性，决定了你当下只能看到这样的东西、这个东西的这个方面，再远了你的视域达不到，只能从一个角度去看。想看得全面怎么办？换角度，不停地围绕那个东西去看，这就是胡塞尔说的，先验自我意识的建构；马克思说的，实践；海德格尔说的，时间中去领会存在。只有这样，没有别的办法。所以，人的时间性决定了这一点，自然为什么喜欢隐藏自己啊，不是它本身有灵性，而是因为人是时间性的动物，你不可能看到真理的全貌，问题就在这个地方。揭示存在的无穷尽，归根到底是因为揭示者的有限性。

所有从源头汲取的现象学概念与命题，一旦作为传达出来的命题，无不可能蜕化。什么叫传达？传达不可能自说自话，语言是公共的，"公共"就得"蜕化"，这没办法。命题就是公共的，你说：这是黑板擦，这就是给大家听的，大家都能理解。但是这种公共性，常人对事物的这种理解，也往往遮蔽了它的本来面貌。比如这玩意也可能用作他途。碘盐能防核辐射，大家都这么传达，有这么回事吗？没有。所以公共化无不可能蜕化，这是必然的遮蔽，从亚里士多德的语境看这里的问题，"这一个"和"是什么"的矛盾又出来了。这是什么？这东西本来有无限的可能性，但你不能说：这是这，那是那。你必须说：这是桌子，你这么说没错，公共化，大家都说这是桌子，可是有的时候它可能不作为桌子。啥时候不作为桌子？情况比较少。比如长江发洪水的时候，很多大卡车直接扔下去，用来堵缺口，这个时候它就不是卡车了，而是像沙袋一样的东西，这就是其可能性的发挥。桌子也有其他可能性。对于人来说，更是"路遥知马力，日久见人心"，怎么可能一下子就对某人给个定义呢？这就是现象学。

这种命题会在空洞的领会中人云亦云，丧失其地基的稳固性，变为飘浮无据的论点。苏格拉底这个家伙太坏了，腐化青年，不信神，一定要把他干掉！这是告他的三个人说的。所以苏格拉底确实很悲哀，你读他的《申辩篇》，就会发现他申辩时没那么严肃，辩论并不是很有逻辑，有人以此为论据，说苏格拉底就是找死去的。他的论证一点都不严谨。他内心到底怎么想，这是千古奇案，各种流派从各种角度对他做不同的解释。但是有一点很明确，他的《申辩篇》一开篇就把被告分了两批，一批是那三个家伙，另外一批就是"大众"。针对后一批，苏格拉底自认毫无办法，"苏格拉底不是好人"这个说法由来已久，大家都这么说，公共的，众所周知的，所以他只能死。所以苏格拉底辩论是没用的，随便说上两句，走个程序而已。常人的公共意见无比强大。这就可以看出，"观点"在哲学上没有多大的意义。其他具体学科的工作者，一辈子也就是提那么一个或少数几个观点，很了不起了，但"观点"在哲学里只具有一半的意义。

源始的"掌握"会僵化而变得不可掌握；在现象学本身的具体工作中就有这种可能性。这种研究的困难之处恰恰就是要在一种积极的意义上使这种研究对它本身成为批判的。这是对现象学本身工作"成就"的自我批判。如果你把海德格尔的《存在与时间》当成他的哲学，那是你的误解，海德格尔认为这只是一个准备性的步骤，准备性此在的分析，分析出来之后还有很多别的活儿要做，比如解读哲学史工作，所以这个只是"路标"。哲学要一步步地去做，不会完成，这才叫真正的哲学。现象学是工作，小零钱，而且自己做完的事也别觉得牛得不得了，你们赶快来看，大家赶快来学习。做完一步接着往下走，这是对自己本身的批判，为什么这样呢？

因为你是个时间性的动物，你还能怎么样！海德格尔说"视域"，在海上航行，往前行一段，前面有视域展开了，后面的就看不到了，你能看到的就那么大，你还能怎么办！这就是人根本上的有限性。黑格尔说扬弃，就是过去的还能记住，海德格尔说：做梦！

存在及其结构在现象这一样式中的照面方式，还须从现象学的对象那里争而后得。必须去争、去抢，现象学是辛苦的工作，是争夺战。所以，**分析的出发点，通达现象的道路，穿越占据着统治地位的掩蔽状态的通道，这些还要求获得本己的方法上的保证。**占统治地位的掩蔽状态，这指的就是日常的、自明的、不言而喻的，我们觉得本来就那样的各种观点和成见。要穿越，才能通达。

"本原地"、"直觉地"把捉和解说现象，这是同偶然的、"直接的"、不经思索的"观看"的幼稚粗陋相对立的。我们常说，直接看这个黑板擦，貌似是直接的、不经思索的，所谓感性确定性，其实你偷偷加了"黑板擦"的概念，你只是从这个角度看见了这样的现象。当然，这句话更多的含义是说，本原地把捉现象，是在时间中进行的，和直接地接受外在实在的印象或感性刺激不是一回事。

我们已经界说了现象学的先行概念；在这一地基上，我们也就能确定"现象的"［phanomenal］**和"现象学的"**［phanomenologisch］**这两个术语的含义了。**我用现象学的方法来揭示某个事物，这是可以的，在这个意义上，我们讲现象学和分析哲学一样，作为方法可以用到任何一个对象上，所以它不是一个哲学或学派，也可以叫作一个工具，你可以用到所有对象上，只要你的方式是实事求是，不加主观唯心主义怪想，如其自身地呈现它，但自然科学很难这样。**以现象的照面方式给予的以及可用这种方式解说的，称为"现象的"；现象的结构这种说法便由此而来。**所面对的对象的现象，其实就是它的存在，其存在的显现。**而所有属于展示方式与解说方式的东西，所有构成这种研究所要求的概念方式的东西，则都叫作**

"现象学的"。显然，"现象学的"是就"如何"展示的方法而言的。

因为现象学所领会的现象只是构成存在的东西，而存在又向来是存在者的存在，所以，若意在显露存在，则先须以正确的方式提出存在者本身。现象学就是不停地干活儿，对象呢？随便什么都可以，因为存在一定是存在者的存在，还得从存在者逼问存在。

存在者同样须以天然通达它的方式显现出来。于是，流俗的现象概念在现象学上就变得大有干系。必须从"现象学上"保证那典型的存在者作为本真分析工作的出发点，这一在先的任务已经由分析工作的目标先行描述出来了。流俗的现象只是存在者的显现，分析工作必须由本然显现的存在者出发，但要从"现象学上"保证不停留于此，而是旨在存在者的存在。

就课题而论，现象学是存在者的存在的科学，即存在论。海德格尔这里说的存在论，是他自己意义上的存在论，传统哲学都是存在论，但是关于存在者之存在的"论"，若想展示或描述存在者的"存在"本身，就只有现象学。

从前面对存在论任务的解说中曾产生出基础存在论的必要性。基础存在论，就是先把此在解释清楚，说明此在因为是时间性动物，从而有资格对存在者之存在进行揭示。基础存在论把存在论上及存在者层次上的与众不同的存在者即此在作为课题，这样它就把自己带到了关键的问题即一般存在的意义这个问题面前来了。从这种探索本身出发，结果就是：现象学描述的方法论意义就是解释。现象学，实事求是的方法，具体怎么做呢？解释，面对某个事物来进行解释，伽达默尔后来把它运用到了文本解读的领域中，把海德格尔所开辟出来的解释学具体化。海德格尔自己已经在做了，我们说，他解读亚里士多德、解释黑格尔，这就是现象学的解释工作，就是解释学。

此在现象学的 logos 具有希腊 ermēneuein〔诠释〕的性质。通过诠释，存在的本真意义与此在本己存在的基本结构就向居于此在本身的存在之领

会宣告出来。伽达默尔的解释学或诠释学，从解释文本的领域谈问题，当你真正面对文本的时候，文本就会作为他者，作为你不能左右的、异己的东西前来照面；当一种可能的不确定的东西对你呈现出来时，你就是在领会存在的意义，此时的你，同时也成为本己的此在。

此在的现象学就是诠释学。关于诠释学，可能还是要多说几句。原来的诠释学，本来是针对自然科学研究方法论的，是人文学科的研究方法。据说开始主要是告诉你如何解释《圣经》文本的，自然科学不能胡乱解释，人文学科也不能胡来，但毕竟和自然科学不同，比如《庄子注》和《庄子》就不太一样了，但也不是乱解释。可是受自然科学的影响，人们最初肯定是想阐释文本的原意，西方人就是想猜测上帝的心思，这在本体论上的预设当然就是，有不依人的意志为转移的客观实在，如上帝的心思。可是，解释学告诉我们，回到"原意"没戏，自然对象是探究，人文文本是发挥，文本的存在方式本身就是被不断地解释和丰富，甚至改变，比如古代包办婚姻，就被解释成不尊重爱情。我们从伽达默尔诠释学倒推回来，如果文本是世界这本大书，此在就是不断地解释世界。结合现象学的说法，因为世界不断遮蔽，自然喜欢隐藏自己，就需要不断揭示，这本身就是此在的生存，这就回到了海德格尔。正是他，把解释学给本体论化了。和此在天生就是存在论的一样，也可以说，此在生来就是诠释学的，"宏观"上用现象学的方法。解读哲学史是诠释学的，对此在本身探究的这部《存在与时间》，关于此在的现象学，也是诠释学的。诠释学是具体的方法。此在要参与对一切存在者的揭示，揭示它们的存在，这种生存中的揭示，就是诠释学的。

这是就诠释学这个词的源始含义来说的，据此，诠释学标志着这项解释工作。但只要发现了存在的意义与此在基本结构的意义，也就为进一步对非此在式的存在者进行种种存在论研究提供了视野。将此在解释清楚，然后此在去解释其他存在者，非此在式的存在者，比如：一个杯子或柏拉图的哲学。换句话说，展开此在的同时，此在就提供了视域——时间视域，其中就面对着其他存在者；随后，对它们的各种研究才能展开。**如果**

确实如此，诠释学就也是另一重意义上的诠释学——整理出一切存在论探索之所以可能的条件。对其他存在者的研究中，就包括"本行的"，对存在论本身的探究，揭示它们得以可能的条件，前面说过，找出它们的"出生证"。

最后，此在比一切其他存在者在存在论上都更为优先，因为它是在生存的可能性中的存在者；与此相应，诠释学作为此在的存在之解释就具有第三重特殊意义：它是生存的生存论建构的分析工作——从哲学上来领会，这重意义是首要意义。这就是这部作为残篇的《存在与时间》所做的事情，对此在本身的生存论结构或性质加以描画。海德格尔与众不同之处就是对此在做了生存意义上的存在论探究，这个层面的存在论，是一切存在论探讨的前提条件。这里其实又回到了对本残篇内容的强调。

这种意义下的诠释学作为历史学在存在者层次上之所以可能的条件，在存在论上把此在的历史性构建起来；研究历史就是历史学，首先你是一个历史性的存在者，你在"时间中"活生生地生存着，然后你才可能对你的生存进行"反思"，把它看成一种在"时间内"经历的一个过程。"过程"这个词就已经是次一级的东西了。历史从秦始皇到现在就是一个过程，这是我们跳出当下生存，而以一种反思的理论的角度来看的时候，历史就成了一台戏，你是看客。实际上，你也是身处剧中推动历史的演员，演员可以说就是诠释员。

只要是这样，那么，只可在派生方式上称作"诠释学"的那种东西、亦即具有历史学性质的人文科学的方法论，就植根于这第三重意义下的诠释学。诠释《圣经》，必得在当下领会圣意或信仰的基础上，对它进行那种方法论意义上、狭义的诠释学的诠释。换用我们的话说，就是此在现身投入生存，展现存在的意义，在实际生存中，才会派生出方法论之类的东西。

作为哲学的基本课题的存在不是存在者的族类，但却关涉每一存在者。须在更高处寻求存在的"普遍性"。从宗教的话语讲，神是无所不包、关涉一切的那种普遍性，就是具体的普遍性，而不是族类上的逻辑抽象的普遍性。**存在与存在的结构超出一切存在者之外，超出存在者的一切存在者状态上的可能规定性之外。**存在及其结构不能用种加属差来界定，这些开篇就阐明过。

存在地地道道是 transcendens〔超越者〕。此在存在的超越性是一种与众不同的超越性，因为最彻底的个体化的可能性与必然性就在此在存在的超越性之中。当此在面向其本真的存在去领会的时候，谁也代替不了这个个体。海德格尔用了一个消极的词"死"来表达，死作为自己的事，没人可以代替。我可以同情你，你没考好，我请你吃饭，但如果你要死，自己死去吧。对存在的本真领会无人可以代替，此时你是个孤独个体，借用基督教术语，超越就是面向神，从"人们"中抽离出来，成为个体，个体直接面对存在本身。比如基督教主张超越血缘亲情关系，耶稣不承认自己有母亲、有兄弟，他超越了这些层次，认为四海之内皆兄弟。人只作为个体，对上帝负责，这就是抽象人性论的源头。德国哲学里说的普遍性、特殊性、个别性，是希腊哲学加基督教的产物。张三是个"人"，这是普遍性；中国人，特殊性；他张三本人，个体性。基督教主张超越城邦，人类概念就从这里来，与之相应，就有可能变得抽象。

存在这种 transcendens 的一切开展都是超越的认识。现象学的真理〔存在的展开状态〕乃是 veritas transcendentalis〔超越的真理〕。"超越"的含义很多，柏拉图的"超越"，可能是超出感性的世界，上升到理念世界；基督教的超越，就要去彼岸，通往神那里，和柏拉图类似，但不完全一样。海德格尔有时将超越理解的比较俗，只要通达或面对一个你本身所不是的存在者，就叫超越。再有就是超出日常的公共大众状态，而面向本真存在，对你本身个体生存的那种把握，那就是一种超越状态。当此在个别化的时候，恰恰就是一种超越——本真的超越，于是存在对之展现，也就是真理的展开或显现。超越是认识，其对象不是具体存在者，而是存在。

我们通过前面内容的学习确实感觉到，现象学的方法对于言说存在，对于探究此在，是非常配套的。存在就表现为赫拉克利特所说的"逻各斯"，也如同老子所说的"道"。它是超越于人的、更高的、宇宙的、自然的发生发展。人在其中，因为你是一个会说话的动物、理性的动物，你可以把握，或者用海德格尔的话，响应或回应它在你这里发生的作用。它本身是作为一个完整的东西，而对它做出响应，只是你作为个体此在的角度的一种回应。既然是一种回应，这个东西对你呈现，那肯定是真的状态，此在响应到、感应到这个东西。一个东西呈现在你面前，不会是错误的，英国的经验论也是这样说的，原初给予你的经验，是不会错的。然而，你是站在某个立场上，持某种观点的存在者，就是说，你切实地处于某个处境，或者用尼采的话，有个视角，而且你也只能站在一个视角，因为你是一个个体。你在空间中，你就有一个立足点，从那里来观察世界。用莱布尼茨的话讲，你作为一个单子，你只能表象你的世界。从时间上讲，海德格尔说，就算你活的年长，也把握不了绝对真理，你只能了解某个时间、某个阶段的真理，甚至是当下的、短暂的真理。在那个情境下，对你呈现的就叫作真。由于你的有限性，你不能把你把握到的"真"，当作绝对真理来看待。我们多次讲，盲人摸象是正常状态，我们只能了解事物的一角。因此，展示的东西恰恰也是遮蔽的。电影是一个个画面连成的，但是每个画面既真又假，它不是电影的全部，但在某时某刻，那就是电影的全部。所以，为什么需要现象学呢？现象学就是要对遮蔽的东西不断进行解蔽，从不断遮蔽的东西中把现象"抢"出来。"真理"概念是一个消极概念，去蔽，把遮蔽去掉，才能面对真理。所以我们说，现象的反面不是本质，而是遮蔽。由于你的有限性、时间性，导致了你看到的每件事物都是历史的、过程的、有限的，因此你要不断地打开那个东西，那个东西就是事情本身，存在者的存在。它是一个确定与不确定相依存的一个东西，一切皆流，万物常新。与之相应，认识事物的心态，就是不要主观主义、教条主义，这就叫回到事情本身。这个方法和本体配套得非常好。一切皆流，万物常新，所以，从本体论来讲，某物既存在，又不存在。从认识论来讲，既是，又不是。从方法上讲，不断去解蔽，同时又不断遮蔽。我们的汉语就是奇妙，这里"存在"着一棵树，本体上讲，但是过了一万年，这还"有"一棵树吗？没了。认识论上，这"是"一棵树，一万年后呢？不"是"树，是化石。相应的方法就是：说现象，揭示现象本身，现象一旦被揭示出来，同时就是遮蔽，所以需要不断的去蔽。此在很累，没完没了。

现象学的真理［存在的展开状态］乃是 veritas transcendentalis〔超越的真理〕。超越，在海德格尔看来不意味着超越到某个彼岸世界，而是不断地走向不确定性，走向他者，他者就是不确定，不确定恰恰是存在对此在的呼唤。这种超越本身就是真理的展现，超越是没完没了的，"真"同时就是不真，就是"假"，存在的展开，同时就是遮蔽。尼采的永恒轮回，是很令人费解的一个术语，我理解的是，此在作为有限存在者，一生都在不断地超越自己，最后超越到哪里去了？还是回到你自己，最后你还是你。你考上硕士了，超越了，但那还是你，不管你有没有尼采说的"提高"，你都是朝着你自己的目标去努力，而努力就是回到你自己，传统哲学喜欢说"成就"你自己，达到你自己。形象地用循环表示，就是一个圆圈，起点就是终点，你还是你。但你不能否定这么一个具体的、生动的、丰富的过程。此在嘛，就是揭蔽和遮蔽存在，很累，很有限，但海德格尔并不因此就是在给你灌输消极的世界观。循环并不代表消极，好像自己再怎么努力都还是自己，永远改变不了，超越了半天，我还是我。这就对了，你就是你，这难道不就很好吗？跟别人比，恐怕大部分人要白活了，当官比不上和珅，挣钱挣不过比尔·盖茨。超越而有限，这就是人的真实状态。我不认为线性时间观就导致乐观，循环时间观就导致悲观，我以前有一段时间被忽悠，也有过这样的看法，现在我认为这只是个人的性格问题，循环和悲观、直线和乐观，没有什么必然的逻辑关联。

存在论与现象学不是两门不同的哲学学科，并列于其他属于哲学的学科。这两个名称从对象与处理方式两个方面描述哲学本身。哲学是普遍的现象学存在论；不是说哲学一级学科下分两个不同的二级学科，一个叫存在论，一个叫现象学，还有伦理学、美学等，我们可能会这样设课程，但

在海德格尔看来，不是这样的。在海德格尔心目中，恐怕哲学唯一的方法
就是现象学。没别的方法，因为它的唯一对象就是存在，与其配套的就是
这方法。海德格尔可能根本就不承认分析哲学是哲学，他可能认为分析哲
学根本就不涉及存在，不涉及本体。分析哲学研究深了，会预设本体，如
蒯因的本体论承诺，但不涉及本体，不涉及本体意义上的真与假这个问
题。而海德格尔脑子里的哲学，唯一探讨的就是存在。当然，你也可以探
讨政治哲学、道德哲学、人生哲学，海德格尔认为这些你也可以去探讨，
但是最根本的就是存在，所以，哲学是普遍的现象学存在论，用现象学方
法揭示存在。"存在论"在这个语境中，就是指海德格尔心目中的哲学或
形而上学。

**它从此在的诠释学出发，而此在的诠释学作为生存的分析工作则把一
切哲学发问的主导线索的端点固定在这种发问所从之出且向之归的地方上
了。** 现象学具体化就是诠释学，这个前面已经说过。此在在生存中展示存
在，而生存就是诠释学地生存。从此在出发，以诠释学的方式开展，这是
海德格尔哲学的最大特色，别空对空，要落实到此在，落实到此在的具体
诠释活动。有人认为海德格尔《存在与时间》是主体哲学发挥到了极端，
后来就走投无路了。其实不然，主体哲学的特征之一是理论建构，人为自
然立法，人可以跳出世界来解释世界，而忽视了已经与世界的存在性关
联，有的思想家称之为"具身性"关联，其实就是被抛在世。此在揭示存
在是一种"做"，具体就是诠释，就是哲学活动。海德格尔恰恰是把这个
"做"的维度引进来了，别再跳出世界给我们建立某个世界观了，我们从
此在出发来做吧，这是一切哲学发问的主导线索的端点，都从这里出发，
复归到这里，此在的诠释活动打开存在的意义。

**现象学以胡塞尔的《逻辑研究》开山。下面的探索只有在胡塞尔奠定
的地基上才是可能的。** 这是在恭维胡塞尔，其实他早就与胡塞尔不同了，
不厚道。但客观地讲，同时代的大哲学家不会有太大的不同，要么不是同
时代，要么不是大哲学家，所谓不同，基本上是修辞学的。

　　对现象学的先行概念的解说表明：从本质上说，现象学并非只有作为一个哲学"流派"才是现实的。比现实性更高的是可能性。对现象学的领会唯在于把它作为可能性来把握。可能性，我们可以理解成不确定性，现实性可以理解成确定性。不是因为有了一帮搞现象学的人，现象学才现实地存在。可能性比现实性更高，这句话转到了学理上，就是说，现象学面对存在的丰富性和不确定性。传统哲学一般认为现实性高于可能性，可能性只是逻辑条件不矛盾，比如太阳可能从西边升起，这可以理解，也确实有可能，地球反着转也没什么不可以。但现实性就多了条件，必须是在时间中切实地、经验地发生，所以比可能性内涵丰富。虽然我们日常觉得可能性更"大"，现实性"小"，那是我们仅从逻辑上想。亚里士多德也说，现实高于潜能，小孩能克制自己了，能参加选举了，才是现实的人，否则只能是潜在的人。这就是被赋予了形式——理性或政治性，所以，人的定义就是：人是理性的动物，或人是政治的动物。但海德格尔认为，这样一定义，人的丰富性，存在先于本质的潜能就被限制了。现象学就是用于揭示可能的丰富的对象的。关于这句话下面有个注释，海德格尔奉承胡塞尔的，看上去有点像我们有些学生学位论文后面的"致谢"。我认为研究一个哲学家，不仅要看他的时代，主要是他的思想，但还要结合他的个性。康德和黑格尔同时代，思想精神大致相同，但康德的性格就决定了他是那种心肠比较软的，给人们一个希望——永久和平，这决定了他的哲学框架，就是先验哲学。黑格尔说，搞不定就打，绝对精神总要发展，摧毁花朵在所难免，这就注定了历史哲学。当然，即便打，也是合理的东西战胜不合理的东西，即便和平，也是打出来的和平，这个两人都一样。但是性格决定了一个结婚了、一个没结婚，一个弱一点、一个强一点，一个谈规范、一个谈发展，仔细把握这种差别，还是很重要的。看看哲学家的性格，有时也是必要的，比如，按照列奥·施特劳斯的说法，他居然一概而论地说，尼采的思想中也有显白的，有隐晦的。这话说柏拉图，我想有可能，说尼采，那简直就是扯淡，那个人真诚得都疯掉了，你还说他会隐藏，会说微言大义！这不是理论问题！说海德格尔有隐藏，有显白，这是有可能的，他比尼采狡猾。

考虑到下面的分析中遣词造句之笨拙和"有欠优美"，应当为此做一个注解：以讲述方式报道存在者是一回事，而在其存在中把握存在者是另一回事。"导论"接近尾声，海德格尔和康德一样，要说说自己的语言风格，象征性地谦虚一下，但表达出来的都是自信，大家可以再去看看康德的那些序言、导言，也一样。但这里说的"报道存在者"，或者是说传统哲学规定存在者，规定它的性质等，或者还达不到这水平，只是像低层次植物学那样，三叶草有三片叶子，有的像六片。在其存在中把握存在者，倒过来说，就是把握存在者的存在，存在不确定，所以较以前的哲学，遣词造句"有欠优美"。任何一个对象都可作为现象学的对象来描述，但是你要从中上升到哲学高度。我们把马克思的《资本论》从现象学的角度来理解，从商品出发，最后上升到人的全面自由解放。**对后一项任务来说，不仅往往缺乏词汇，首先缺乏的是"语法"。**存在的不确定性，不确定就是无法规定，决定了言说词汇匮乏。后来海德格尔从一首诗、一幅画中探究存在，再后来，试图借助老子庄子，都是感觉到词汇不够用，语法不够灵活。一句话，知识论传统有缺陷。我们古代没语法，但是我们中国人说话，那才叫个精妙，重读的地方没搞对，间隔、断句不同，甚至语气稍有不同，我们一下子就听出来了。外交部发言人，语调稍有不对，可能就下岗了。可就是没语法，连标点都没有，外国人学中国文化，要他们的命。学太极，顶多学个花架子。当然，我们学《纯粹理性批判》，也不太容易，写个《逻辑学》，几乎没可能。

希腊的存在分析就其水平而言是无可比拟的；终于说了句表扬的话。如果我们可以引这种早期研究为例的话，那么我们可以拿柏拉图《巴门尼德篇》中关于存在论的段落、拿亚里士多德《形而上学》第七卷第四章同修昔底德的某一叙述性段落做一番比较。我们会看到，希腊哲人期待希腊人来理解的表述方式真是闻所未闻。我们的力量本质上较为薄弱，而且如今有待开展的存在领域在存在论上远比希腊人面临的存在领域来得艰难；

我们前面课上已经强调过，海德格尔为什么后期拿艺术、诗，或者拿希腊人，苏格拉底甚至前苏格拉底，拿巴门尼德、阿那克西曼德来说事儿。一是这些资料不确切，任由海德格尔发挥；二是我们说，希腊人在现代人看来，毕竟脑子里进的水多一些。这个要从积极、消极两方面来讲，现代人通过科技取得的利益太多了，于是就被科学的、分析的、逻辑的思路给迷住了，什么东西都想用这样的思路来思考，自认为脑子清醒而理性。对于希腊人，我们可以说他们在这方面不行，他们没能力，面对自然，他们很多事情只能认命了，动不动就打打杀杀，生活秩序混乱。而海德格尔恰恰强调的，就是针对主体哲学的，人们被动性的这个环节。所以，从这个方面，希腊人还是要"原始"些，海德格尔认为希腊人比现在人可解释的东西更多一些，而并不是说他要回到古代。

在这种情况下，概念构造不免更其繁冗，表达也不免更其生硬。其实我觉得，海德格尔的用词谈不上"繁冗"或"生硬"，只是有些"怪异"，你要是个完全外行，读《存在与时间》总比读《纯粹理论批判》要轻松吧，只要你把他的思想脉络搞清楚，发现他用的这些词还是很生活化的。上手、在手、操劳，举的例子是用锤子，不就是日常劳作吗，干过活的都知道。甚至"座架"，就是架子，生硬的框框，Ereignis 也不过就是"事儿"，只是事儿有大有小，有大的现代技术事件，有一只壶所展现的小的情境。大不了他有时改改词性，玩玩前缀，给翻译制造点麻烦，但总的来看，还是比较活泼的，因为存在是活泼的，语言必须配套。这里明显是在假谦虚。

第八节　本书纲目的构想

存在的问题是最普遍最空泛的问题。这里面普遍空泛不一定是贬义或褒义。最普遍的可能就是最丰富的，同时还可能是最个别的。空泛是从逻辑的角度来讲的，存在当然最空洞。**但追问这个问题却也可能把这个问题本己地、最尖锐地个别化于每一此在本身。**真正去做哲学，就是对存在的响应，对存在意义的一种领会，这要落实到此在，落实到个别的你自己。信基督教的人，他们认为，那个在我们看来不着边际的神，会直接作用于他本人。我们有时可以这样理解，现代德国哲学恰恰是莱布尼茨单子论传统的一种恢复。什么意义上说呢？就是从个体出发的传统，在康德到黑格尔这一段，被从类意识出发，追求客观精神、追求普遍性的态势给压倒了，当时的时代精神就那样。现代德国哲学，从叔本华开始，《作为意志与表象的世界》说，世界是我的表象，我们说，主观唯心主义！胡塞尔更干脆，哲学就是唯我论！到海德格尔，提出此在，就是把单子、个体这个维度强调出来。其实莱布尼茨作为近代哲学家，在他那里就非常矛盾。他说的那些知识，有时候就是我们说的自然科学知识，有的时候又不是。比如他强调的两个定律：逻辑必然律，多指自然科学的，近代哲学也追求逻辑必然性；而充足理由律，就是说，"这个"东西此时此地为什么是这个样子，而不是说，"这类"东西的规律是什么。比如我们知道，草的生长是有规律的，但是为什么此时、此刻、这里会生长着这样一棵草，而不是没有这样一棵草，这就叫作充足理由律。维特根斯坦也说，世界是什么样的，这好办，我们努力去探究。世界为什么是这样的，这就不要费脑子了。黑格尔、康德时代更多注重"类"的普遍性，类扬弃个体，你死了不怕，人类不死，你放心去死。到了现代，德国哲学就很明确地从个体出发，我死了，世界就没了，至少我的世界就没了。

赢获"存在"这一基本概念，草描出这一概念所要求的概念方式及这一方式的种种必然演变，这些工作需要一条具体的指导线索。存在概念的普遍性不排斥探索的"特殊性"；这种"特殊性"就是：通过对某种存在者即此在特加阐释这样一条途径突入存在概念。 存在概念的普遍性，恰恰要从特殊的存在者出发去寻求，尽管《存在与时间》规划的很大，大多未完成，而且到后面，海德格尔思想也有些改变。但抓住此在，从这个时间的动物出发，这一方针在规划时是一以贯之的。《存在与时间》最后写成了"此在与时间性"从此在展开存在。其实就算到后来，展开存在也要从具体的、特殊的东西出发，对柏拉图的解释，对康德的解释，对荷尔德林的诗的解读，对艺术作品的解读等等，这些都是"工作"，现象学本来就是"小零钱"。

因为我们在此在中将能赢获领会存在和可能解释存在的视野。在规划这部书时，还是此在优先，这不可否认。领会存在的视野就是时间，此在就是时间的创造者，把存在时间化。**但这个存在者本身是"历史的"，所以，以最本己的方式从存在论上对这一存在者透彻进行解说就必然成为一种"历史学的"解释。**"历史学的"解释是打引号的，指的是真正的在时间中发生的、当下的那种解释，这就是此在的诠释学，诠释活动。诠释学就是描述此在通过生存而打开存在的真实历史过程。

于是，存在问题的清理工作就分成两项任务，本书也相应地分成两个部分：

第一部：**依时间性阐释此在，解说时间之为存在问题的超越的视野。**"此在与时间性"服务于"存在与时间"，所以这本书的名字，海德格尔后来说，不变！虽然规划内容没写完，好像成了此在与时间性，但没关系，我们讲过，收音机没有电波，它根本就没用，电波没有收音机，那就是废物，是污染，两者加起来才是不二的"体"和"用"。

第二部：**依时间状态问题为指导线索对存在论历史进行现象学解析的纲要。**这部分就是解读哲学史，主要是一些上课稿，有30多本，约占《全集》的三分之一。所以，海德格尔计划的工作，其实真的基本都完成了，如果都在这一本书中完成，那这书还能用吗，那得多厚呀！

第一部分成三篇：**1. 准备性的此在基础分析**，这是《存在与时间》的上半部，对此在非本真状态的分析，是准备性的。**2. 此在与时间性**，这是下半部分，是对本真此在及时间性结构的分析。**3. 时间与存在**。时间性是此在的结构，存在的发生要通过时间来显现，时间结构可以彰显存在结构。这部分在《存在与时间》第六章已经开始了，后来主要在《现象学基本问题》和《康德与形而上学问题》讨论，这部分也完成了。

第二部同样分为三篇：

1. 康德的图型说和时间学说——提出时间状态问题的先导。这就是

《康德和形而上学问题》，被称为"第一康德书"，还有它的草稿《对康德〈纯粹理性批判〉的现象学解释》，这两本书主要内容基本一样，里面略有差别，一个是草稿，一个是在草稿基础上整理的出版物。

2. 笛卡尔"cogito sum"（我思我在）的存在论基础以及"res cogitans"（思执）这一提法对中世纪存在论的继承。海德格尔最明显的两个攻击靶子，一个是笛卡尔，一个是黑格尔。他们俩也确实最典型。对笛卡尔的解读和批判，散见于太多著作或论文中，据说第 17 卷比较集中，笛卡尔作为近代哲学开创者的地位，决定了这一点。只是就著作标题而言，没有专门针对笛卡尔的。

3. 亚里士多德论时间——古代存在论的现象基础和界限的判别式。亚里士多德是海德格尔专门用了四本书来阐发的对象，不包括散见的，对他本人的影响非常大。亚里士多德本来就矛盾重重，这是他的特点，但这种矛盾不要理解为脑子不清楚。有的人矛盾是因为不清楚，但你要说亚里士多德脑子不清楚，就充分说明你脑子不清楚。他的特点就是全方位、多角度地对一个事物进行探讨，显得东一榔头西一棒子，写作风格更多像自然科学家，也没有多少文采。再加上他的著作先变成希伯来语、阿拉伯语，再变成拉丁语，再到德语、英语，据说还残存一些希腊语的，全是乱的。但有些东西真是上天造化，像《形而上学》，本来是书籍整理的产物，"物理学之后"，但这一整理还整理出内容意义了，形而上，变成了超越的，基督教再一利用，超越到彼岸了。所以，他本身的不确定性，给了海德格尔阐释的空间，在这个意义上，他也比较偏重亚里士多德。对时间的讨论也是这样。

以上，就是我们对《存在与时间》"导论"的解读，下面，我们再通过这个规划纲要简单地整理一下海德格尔的思路。早期，他肯定是从胡塞尔那里受到了影响，现象学由于引入时间维度，动摇了传统的规范与抽象，依他的那种性格，肯定会被这种比较活泼的东西所吸引。他早期研究"形式指引"，形式指引就类似于胡塞尔的本质直观。形式和质料是个古老问题，不是说一个桌子，质料是木头，形式是方的，从"纯粹"哲学层面上讲，质料只保障事物的存在，"有"而不是无，形式是我们认识这个事物的关键，"桌子"本身就是形式，不是说"方形"是形式。柏拉图的众理念就是形式，我们认识事物，就是认识其形式，形式就是那个事物本身。于是，形式指引的"形式"，就不是与事实分离的框架，不是抽象的形式，而是指引着探究事物的方向，就是针对着事物的。形式开启出一个领域，我们在某个"大致的"意义方向中，不断地去充实对象的意义。这些讨论，还明显带有胡塞尔的话语痕迹，刚刚出道，还要恭顺，但侧重点已经明显不同于本质直观了；关键在于，形式指引已经不再留恋于意识之中，而是要切身地在生存中指引，或者说指引着生存。接着最有代表性的，当然就是海德格尔的这部《存在与时间》，这之前还有另外一些关于"存在"与"时间"问题的初步探讨。这是海德格尔开始另辟话语体系了，按照形式指引的方向去充实对象的意义，就变成了此在在日常的操劳中，通过上手的东西领会自身，通过自身的操劳赋予对象以意义，于是，在世界之中存在，先于任何形式的意识反思，这就叛离了胡塞尔。就如同马克思开始讲商品，而不是讲绝对精神一样，海德格尔从此在、从操劳、从上手的东西、从锤子入手。你想想马克思，当时人家哲学界都在讲精神，讲道德，讲"法"，那也是广义的法，讲圣灵，多么的高大上，德国的那种贵族气息，而马克思，他居然谈商品，讲钱，简直俗不可耐！海德格尔其实干的也是这个事情，马克思好歹还讲商品，他直接就讲锤子了，转变了胡塞尔的话语体系，加上他的课讲得好，有非常好的哲学史功底，通过讲解柏拉图、亚里士多德，他就成名了，这套俗不可耐的话语体系也就确立了，我们今天反而觉得挺受用。其实，他跟胡塞尔的关系，我们要理解为柏拉图和亚里士多德的关系、康德和黑格尔的关系，没有本质上的区别，只是话语体系的转变。原因再强调一遍，除非他们不是同时代，或不是大哲学家。当然，话语体系的转变本身就意味着内容方面的革命性，侧重点的转变。康德侧重先验的东西、理想的东西，起引导和规范作用，黑格尔强调理想要立足于现实，凡是现实的都是合理的；胡塞尔喜欢讲先验自我意识的还原与构造，海德格尔喜欢讲在日常操劳中赋予事物以意义，这里面是有所侧重的，这一侧重，使他脱颖而出，表面上就离开了胡塞尔，就像黑格尔离开了康德，或者亚里士多德批评柏拉图，但他们真的离得不远。你要是觉得他们有天壤之别，那是你对某个人的"喜欢"或"不喜欢"在作祟。那些批评胡塞尔，或看不懂胡塞尔、喜欢海德格尔的人，就会批评说：他是个主观唯心主义，在先验自我意识内打转，我们海德格尔，那谈的是存在；胡塞尔文风晦涩，自己也不知道自己在说啥，后面这句话，暴露了自己看不懂。不喜欢海德格尔的，就说思想在胡塞尔那里全都有了，海德格尔继承了那么多，就是避而不谈，或故意不用那些词儿，不厚道，更不要说与胡老师的关系了，那不只是不厚道了。《存在与时间》论证了此在是时间性的动物，有资格领会存在的意义，能够打开本真的时间视域。打开本真时间视域干什么呢？在这个本真视域中面对本真的存在者，也就是，存在者的存在，如果存在者是一个柏拉图文本，那就从这个文本中，解释出不同的东西，经过解释，让柏拉图以崭新的面目去存在，这就是解释学。所以，海德格尔在相当长的一段时期内，每一个学期就把一个大哲学家解释一下，讲课稿就形成一部著作，这就是后来30多本的哲学史解读，多的一本就有六七百页。《存在与时间》是用来评教授的，其写作时间就在大规模解读哲学史期间，我个人觉得，某种意义上，这是"理论"与"实践"的结合。从这个角度看，《存在与时间》反倒是忙里偷闲，写了一个纲领性的宣言，阐述他的哲学革命及方法，他做哲学的"理论"。与此同时，海德格尔真正的魅力，就是他的这些解读哲学史的实践活动，而这种实践活动，反过来再印证他的"理论"，存在不是"论"出来的，而是展示出来的。

再往后，到了20世纪30年代左右，由于当时欧洲的那个历史状况，纳粹开始活跃了，加上像海德格尔这种德国人对资本主义骨子里的排斥，用阶级术语讲，农民阶级对资产阶级的不屑一顾，对小市民生活方式的蔑视，也可以说是两种文化的冲突。不仅表现为中西文化冲突，西方文化也有古今矛盾，英美人大多喜欢小资生活，德国有些像海德格尔的人则留恋土地，海德格尔据说穿得都很土，喜欢住小木屋，不怕蚊子多。当然，今天人看来，更小资。作为一个大思想家，教授也评过了，那么大的时代，他能不琢磨琢磨现实的事情吗？什么叫大时代，就是动荡的时代、变革的时代，他经历的可能是历史上最动荡的时代，动荡之顶点，就是战争嘛！知识分子好政治，看来在德国也一样，大思想家遇到大时代，总要说两句，甚至干点啥。这个时候，他就从学理的角度，大多应该是比较中性的，进行了类似马克思做的某种社会批判，用他的术语就叫作：技术批判。可能这是知识分子的使命，也可以说，是冲动吧。我们注意到，那个时期，他更多的是对尼采的解读，而且肯定不是在挖掘尼采的"原意"，他把尼采的强力意志解读为近代主体意识的极端化，主体哲学最后的、极端的表现形式，尼采是最后一个形而上学家。你如果真的信了海德格尔的解读，尼采真的要成为纳粹理论家了。可尼采不是，那么，海德格尔对纳粹是持一种批评的态度，还是赞成的态度，这也就很难说了。他把西方的所谓没落，说成是西方文化发展的必然结果。当然，作为一个哲学家，他不会去谈论妇女服饰、饮食文化等，他更方便从哲学史、思想史这个角度进行探究，这就是我们前几节里讲的，他认为现代人对确定性的极端诉求，从古代就萌发了。从现代科学追求的普适性、康德要求的客观性，追溯到笛卡尔的确定性、基督教的可靠性，再到亚里士多德的在场形而上学。反过来，在场形而上学的极端表现形式，就是现代科学技术，后来他又总结出一个词："控制论"。美国是控制论，苏联也是控制论，纳粹其实也是控制论，大家都在谋求控制，控制就有被控制，都不愿被控制，就打起来了，这再正常不过了，那个时代，就是控制和被控制的矛盾的大爆发。他一直不肯承认他的政治错误，他对纳粹到底是个怎样的一个情结，这就要看我们怎么理解了。从学理层面上，从中性的立场，这就是一个历史事件，也不能只怪德国人。我们的教科书也说，第一次世界大战是资本主义瓜分世界，没有"控制"好平衡的结果，而二战是一战的延续，资本主义绝不是某一个国家的事情，从这个意义上，只有中国这样的国家才持有的正义，英美都是帮凶，美国最狡猾，这边卖坦克，那边卖飞机，最后假正经，冒充正义。那么，要是不在形而上层面，他有没有具体伦理道德层面的讨论呢，人总要降到现实中来嘛。确实很少，他大多沉溺于宏观的解释框架，而且针对现实又说了一些让人难以接受的话，比如他说纳粹屠杀犹太人和现代农业没什么不同，和大批中国人饿死没什么不同，盟军占领德国和德国占领法国没什么不同，这些都让人难以接受。降到形而下层面，这就不能原谅了。对于这些，我们就要结合个人情结去理解，像海德格尔那样的一些德国人，他们骨子里确实抵触现代性的生活方式，虽然纳粹也好、英美那套也好，都是一样的，但他们幻想着纳粹会改变资本主义一统天下的局面，改变成什么样子，他们其实也不知道，当时那个情境，也就跟着起哄了。

如果说，西方的这种发展是一种必然性的话，而且正在主宰着全世界，那么，还有没有什么与此不同的东西？海德格尔给人的印象就是，没办法！西方文化的发展必然如此。而根子上是西方文化、西方传统生活方式、思维方式让他们没办法，于是，他就想从东方寻求某种不同的文化、不同的思维模式，借以摆脱西方那种逻辑思辨的、知识论的、控制论的传统。据说，在他最低迷落魄的时候，有个叫萧师毅的中国学者，给他讲了天将降大任于斯人也，就要苦他心智、劳他筋骨、饿他体肤、行拂乱他所为，并使他接触到了老子和庄子，于是，他发现了新事物。但是，我觉得不要把这看得太重，由此表明我们的传统文化有多么的高明。一是海德格尔最终也学不到我们的精髓；二是对老庄的解读，其实和对诗和艺术作品的解读一样，只不过是为了摆脱西方知识论的传统，换一种表述方式。诗是荷尔德林的诗，不是李白的诗，画也是凡·高的画，不是八大山人的画。海德格尔后期那种天马行空的表述方式，我们就可以理解了，这是他故意而为之的。《存在与时间》已经摆脱了胡塞尔那种传统话语体系，还有一部号称秘密代表作的《形而上学基本概念》，也是风格怪异，但是看来他觉得还不够，后期试图再次通过另外一种话语体系来表达思想，甚至想要摆脱"语法"的限制，想要像诗人那样来言说，试图彻底超越传统。中国古人恰恰就是这样说话的，因此，对老庄感兴趣是一种巧合。但是，我们看到，他毕竟不是中国人，《道德经》那样的文章，他写不来，他的超越是有限的。海德格尔敏锐地指出，控制论是我们时代的毛病，有没有办法可以克服呢？似乎没有什么办法，因为这种东西可以给人带来利益，是大家都愿意的，而且谋求克服，本身就是一种控制。所以呢，他感叹道，还只有一个上帝能救渡我们。但这句话不是表明他信神，而是说，人要摆正自己的位置，哲学家从来都是不信神的人。

"导论"解读，到此结束。

出版后记

本书是上课录音的整理，是在我的研究生的协助下完成的。刚开始没经验，也不知道自己一节课能讲多少字，就让我现在已经毕业的学生李云龙一个人录入，别人辅助。后来才发现字数太多，我自己做最后整理的时候才体会到，他当时一直没和我说过任务之艰巨。后来他毕业了，我才动员我全部的在读学生帮忙，人多果然力量大，很快就完成了。在此，除李云龙之外，我还要感谢袁晓天、王钊、许海龙、马渊、杨辉南、陈小雨，还有已经毕业了的王琛。没有他们的帮助，这事儿干不成。

责任编辑：钟金铃
版式设计：汪　莹
封面设计：石笑梦

图书在版编目（CIP）数据

《存在与时间》导论讲读／赵卫国　著 .— 北京：人民出版社，2019.5
ISBN 978 - 7 - 01 - 020420 - 8

I. ①存⋯　II. ①赵⋯　III. ①海德格尔（Heidegger，Martin 1889 - 1976）
－存在主义－哲学思想　IV. ① B086.48　② B516.54

中国版本图书馆 CIP 数据核字（2019）第 030351 号

《存在与时间》导论讲读
CUNZAI YU SHIJIAN DAOLUN JIANGDU

赵卫国　著

人民出版社 出版发行
（100706 北京市东城区隆福寺街 99 号）

环球东方（北京）印务有限公司印刷　新华书店经销

2019 年 5 月第 1 版　2019 年 5 月北京第 1 次印刷
开本：710 毫米 ×1000 毫米 1/16　印张：17.5
字数：240 千字

ISBN 978 - 7 - 01 - 020420 - 8　定价：45.00 元

邮购地址 100706　北京市东城区隆福寺街 99 号
人民东方图书销售中心　电话（010）65250042　65289539